趋势策略

跟随聪明资金一起进场、离场

凌 波◎著

中国宇航出版社

·北京·

版权所有　侵权必究

图书在版编目（CIP）数据

趋势策略：跟随聪明资金一起进场、离场 / 凌波著. -- 北京：中国宇航出版社，2025.5. -- ISBN 978-7-5159-2523-3

Ⅰ.F830.91

中国国家版本馆CIP数据核字第2025LF4309号

策划编辑	卢　册	封面设计	王晓武
责任编辑	卢　册	责任校对	吴媛媛

出　版
发　行　**中国宇航出版社**

社　址　北京市阜成路8号　　　邮　编　100830
　　　　（010）68768548
网　址　www.caphbook.com
经　销　新华书店
发行部　（010）68767386　　　（010）68371900
　　　　（010）68767382　　　（010）88100613（传真）
零售店　读者服务部
　　　　（010）68371105
承　印　三河市君旺印务有限公司
版　次　2025年5月第1版　　2025年5月第1次印刷
规　格　710×1000　　　　　开　本　1/16
印　张　17.5　　　　　　　　字　数　274千字
书　号　ISBN 978-7-5159-2523-3
定　价　69.00元

本书如有印装质量问题，可与发行部联系调换

前　言

　　交易市场中，最值得信赖的朋友是趋势，最大的敌人往往是我们自己。回顾一下交易成绩表现最好的那段时间，一定集中了大量的优质交易信号和完美的机械操作。这些优质信号离不开趋势背景的支撑，完美的操作得益于事先制订好的交易策略。"趋势"与"策略"，正是本书要讨论的两个关键词。

　　每位交易者一直在重复做的一件事情，就是在不确定性中寻找更大的确定性。不管是选择交易品种，还是选择交易时机，总是存在很多可能性。如何在众多看似飘摇不定的机会中选择更可靠的那一个呢？这就需要交易者提升在择时方面的功力和眼光，本书将力求帮助大家实现这一目标。

　　技术分析是交易者推崇的一种理解市场的方式，价格和成交量是市场中最真实的两种指标。在判断一只股票或者其他交易品种的优劣时，再好的基本面消息和财务指标，都不如亲眼见证价格上涨更有说服力。好的交易品种、好的交易时机，一定会受到市场多方关注，这都会在盘面上体现出来，价格和成交量往往会呈现爆发迹象。本书尝试为交易者总结这类市场规律，它们是最珍贵的市场片段，并且会不断地重复出现。

　　本书共包含20多个主题，广泛涉及技术分析的各个主要方面，从基础的K线形态、价格形态、指标形态，到量价理论、波浪理论，再到多种止盈止损策略、加减仓策略等。希望通过对经典价格走势和经典策略的案例分析，来帮助交易者了解价格波动规律，制订应对策略，最终实现稳定盈利的目标。

书中总结了一些小技巧，例如利用指数分时图红绿柱来判断市场强弱的方法，利用与大盘同步的关键信号操作期货品种的方法等。当然，重要内容还是止盈止损策略，书中会着重介绍四大趋势跟踪策略——ATR棘轮止损策略、吊灯止损策略、变速吊灯止损策略和自动扶梯止盈策略，每一种策略均包括逻辑原理、指标公式、公式源码、案例分析以及策略优化等内容。原版策略和优化策略之中，均包含着大量的交易智慧，从策略思路到具体细节，都能为交易者提供极具价值的借鉴。

本书还将与交易者一起进行一场大复盘，对历史底部和顶部进行系统梳理，以帮助交易者更深入地理解趋势周期和行情级别。对2021年市场顶部以及2024年市场底部的成功预测无疑是本书的一大亮点，这将增强交易者对学习技术分析方法的信心。

最后要重点提一下对分形结构的讨论，其中的案例分析可能是目前为止对市场一段价格走势进行的最为彻底的一次分解，七种趋势级别和七个时间周期的介绍，将为交易者剖析市场运行内在的本质规律。

趋势分析适用于所有具有良好流动性的交易品种的K线图表。本书案例涉及的品种包括市场指数、个股、ETF基金以及期货合约，讲到的方法及策略适用于股票、基金、期货和外汇等各种交易市场，当然也适用于各种分析周期。希望这些趋势策略能够助力交易者在市场中乘风破浪。

感谢交易者朋友对我以往作品的支持和建议，很高兴收到你们的反馈，这其中有不少真知灼见。我会在微博或者以后的书中解答一些大家共同关心的话题。例如，很多交易者问到关于MACD指标交易系统的加仓问题，在本书中已提炼为第12章"分批进场策略与加仓位置选择"，希望能对有着同样疑惑的交易者有所帮助。

由于水平有限，书中难免存在不足之处，还请交易者朋友多多指正。与交易相关的问题和建议，请发邮件到邮箱lingbostock@163.com，也可以在我的微博（凌波的交易室，https://weibo.com/lingbostock）发私信或留言。作为一名实战交易者，我非常愿意与各位交易者共同交流，共同进步！

目　录

第 1 章　趋势分析从价格图表开始

1.1　为什么要相信 K 线图而不是你自己 ·················· 2
1.1.1　是否乘上了趋势 ······················ 3
1.1.2　横盘期间的持仓 ······················ 4
1.1.3　冲顶阶段 ······················ 6
1.1.4　这波趋势持续多久了 ······················ 7
1.1.5　继续跟踪趋势，捕捉可能出现的第 5 上升浪 ············ 8
1.1.6　又一个循环 ······················ 10

1.2　共振进场信号——多重确认策略 ·················· 13
1.2.1　确认信号 1：突破与回测 ······················ 14
1.2.2　确认信号 2：趋势线 ······················ 15
1.2.3　确认信号 3：支撑与阻力 ······················ 17
1.2.4　确认信号 4：KDJ 指标 ······················ 18
1.2.5　多头与空头交易案例分析 ······················ 18
1.2.6　蝉与共振进场信号 ······················ 23

第 2 章　底部右侧的突破进场点

2.1　深证成指历史大底右侧进场位置 ·················· 26
2.1.1　识别与交易突破形态 ······················ 26
2.1.2　如何定义突破 ······················ 26

- 2.1.3 为什么难以识别与交易突破形态 ················· 28
- 2.1.4 历史大底案例1：深证成指2008年10月底部 ········ 29
- 2.1.5 历史大底案例2：深证成指2014年3月底部 ········· 30
- 2.1.6 历史大底案例3：深证成指2019年1月底部 ········· 31
- 2.1.7 假如我错了呢 ··································· 33
- 2.1.8 下一个底部进场点在哪里 ························ 33

2.2 期货品种小级别底部右侧进场位置 ················· 34
- 2.2.1 不同周期K线图中的相似图形 ···················· 34
- 2.2.2 "看大做小"原则 ······························· 36
- 2.2.3 顺大势案例1：跨度较大的突破 ·················· 37
- 2.2.4 顺大势案例2：3-3浪起点是最佳多单进场点 ······ 39
- 2.2.5 其他周期案例1：没有回测的突破 ················ 40
- 2.2.6 其他周期案例2：多次回测支撑线 ················ 42

第3章 让顺势交易成为首要原则

3.1 为什么逆市交易是高难度动作 ····················· 46
- 3.1.1 小级别弱势突破 ································ 47
- 3.1.2 日线下降趋势 ·································· 49
- 3.1.3 小级别逆市做多信号出现在日线的小阳线 ········ 50

3.2 做对方向，大大降低获利难度 ····················· 52
- 3.2.1 小级别顺势做空信号 ···························· 52
- 3.2.2 顺势单子让利润奔跑 ···························· 54
- 3.2.3 真正的最后一跌 ································ 56
- 3.2.4 日线上的顺势波段操作 ·························· 57

第4章 利用大盘指数研判短线转折信号

4.1 期货品种螺纹钢与股市大盘同步波动吗 ············· 61
- 4.1.1 2024年2月5日螺纹钢期货合约与深证成指走势比较 61

4.1.2 2024年2月6日螺纹钢期货合约与深证成指走势比较 …… 64

4.1.3 2024年2月7日螺纹钢期货合约与深证成指走势比较 …… 66

4.2 指数分时图中的红绿柱在期货短线交易中的应用 …………… 69

4.2.1 案例分析1：2024年2月5日螺纹钢日内交易信号 …… 70

4.2.2 案例分析2：2024年2月6日螺纹钢日内交易信号 …… 73

4.2.3 案例分析3：2024年2月7日螺纹钢日内交易信号 …… 76

第5章 超级趋势指标

5.1 超级趋势指标介绍 …………………………………………… 82

5.2 超级趋势指标计算公式 ……………………………………… 85

5.3 超级趋势指标公式源码 ……………………………………… 86

5.4 运用超级指标进行交易 ……………………………………… 89

5.5 作为其他指标的确认信号 …………………………………… 91

5.6 产生预警信号 ………………………………………………… 93

第6章 ATR 棘轮止损策略

6.1 ATR 棘轮止损策略介绍 ……………………………………… 97

6.2 ATR 棘轮止损策略公式 ……………………………………… 100

6.3 ATR 棘轮止损策略 TBQuant 公式源码 …………………… 100

6.4 案例分析1：流畅的行情 …………………………………… 104

6.5 案例分析2：有一定宽度的行情 …………………………… 105

6.6 案例分析3：更加复杂的行情 ……………………………… 107

6.7 案例分析4：止损线主动追逐价格 ………………………… 109

第7章 ATR 棘轮止损策略的优化

7.1 初始止损：固定启动位置 …………………………………… 112

7.2 启动时机（价格因素）：一定盈利后启动 ………………… 119

7.3 启动时机（时间因素）：一定 K 线后启动 …………… 123
7.4 逐日累加数值 …………… 127
7.5 最低值的周期 …………… 128
7.6 短线向下突破 …………… 130
7.7 ATR 的周期 …………… 134
7.8 跟踪止损策略有助于形成明确的离场信号 …………… 135

第 8 章 吊灯止损策略

8.1 吊灯止损策略介绍 …………… 139
8.2 吊灯止损策略公式 …………… 140
8.3 吊灯止损策略 TBQuant 公式源码 …………… 141
8.4 吊灯止损线通达信公式源码 …………… 144
8.5 案例分析 1：1 分钟线多头吊灯止损线 …………… 145
8.6 案例分析 2：1 分钟线空头吊灯止损线 …………… 147
8.7 显示持仓方向的单一吊灯止损线 …………… 148
8.8 案例分析 3：日线多头吊灯止损线 …………… 150
8.9 案例分析 4：日线空头吊灯止损线 …………… 151

第 9 章 吊灯止损策略优化

9.1 只进不退的止损线 …………… 154
9.2 调整公式中最高（低）价的计算方式 …………… 158
9.3 增加进场、离场过滤条件 …………… 162

第 10 章 变速吊灯止损策略

10.1 变速吊灯止损策略原理 …………… 171
10.2 变速吊灯止损策略 TBQuant 公式源码 …………… 174

10.3　案例分析1：偏宽松的止损 …………………………………… 180
10.4　案例分析2：偏紧的止损 ………………………………………… 182
10.5　案例分析3：对比两种止损方式 ………………………………… 184
10.6　案例分析4：得到市场奖励"屠大龙" …………………………… 187

第11章　自动扶梯止盈策略

11.1　自动扶梯止盈策略介绍 …………………………………………… 190
11.2　自动扶梯止盈策略TBQuant公式源码 …………………………… 191
11.3　案例分析1：多头分批止盈信号 ………………………………… 196
11.4　案例分析2：多头长波段止盈信号 ……………………………… 198
11.5　案例分析3：空头止盈信号 ……………………………………… 201
11.6　案例分析4：利用持仓K线数量优化策略 ……………………… 202
11.7　应用交易策略需注意的一些细节 ………………………………… 206

第12章　分批进场策略与加仓位置选择

12.1　主要趋势起始位置进场 …………………………………………… 209
12.2　次级趋势起始位置进场 …………………………………………… 211
12.3　次级趋势起始位置进场并采用偏紧的跟踪止损策略 ………… 213
12.4　主要趋势与次级趋势起始位置进场 ……………………………… 215
12.5　主要趋势与次级趋势起始位置进场并以新进价格为跟踪
　　　止损基准 …………………………………………………………… 217
12.6　第5-5浪值得进场参与吗 ………………………………………… 219

第13章　市场顶底实战研判

13.1　成功预测2021年市场顶部 ……………………………………… 221
　　　13.1.1　本轮长期上升趋势 ……………………………………… 222

13.1.2　市场顶部形态和三个离场点 ················· 223
　　13.1.3　强于大盘的个股表现 ····················· 225
　　13.1.4　与大盘同步的个股表现 ···················· 227
　　13.1.5　大盘关键点位分析 ······················ 228
　　13.1.6　利用变盘窗口操作ETF基金 ················· 230
　　13.1.7　顶部更容易出现明显的反转K线形态 ············· 234
13.2　成功预测2024年市场底部 ························ 235
　　13.2.1　本轮长期下降趋势 ······················ 235
　　13.2.2　由前三次下降趋势的周期来定位本轮底部位置 ········ 236
　　13.2.3　预测底部右侧关键点位 ···················· 238
　　13.2.4　预测走势与实际走势对比 ··················· 239
　　13.2.5　强势板块底部右侧第二进场点 ················ 241
　　13.2.6　强势个股底部右侧第二进场点 ················ 242

第14章　股票市场的上帝指纹——分形结构

14.1　第一级别趋势：周线整体5浪结构 ·················· 248
14.2　第二级别趋势：日线第5浪 ····················· 250
14.3　第三级别趋势：1小时线第5-5浪 ·················· 254
14.4　第四级别趋势：30分钟线第5-5-5浪 ················ 256
14.5　第五级别趋势：5分钟线第5-5-5-5浪 ················ 259
14.6　第六级别趋势：1分钟线第5-5-5-5-5浪 ··············· 261
14.7　第七级别趋势：1分钟线第5-5-5-5-5-5浪 ············· 263
14.8　背离与背驰 ····························· 266
14.9　由分形树看市场分形结构 ······················ 267

后　记 ································· 269

第 1 章
趋势分析从价格图表开始

理性是最好的品质,如果你不疯狂的话,你已经比95%的人做得更好了。

——查理·芒格(Charlie Munger)

市场循环结构实际上是一种排列组合,从中我们能识别出主要趋势、中期趋势和短期趋势。市场循环结构就是由这三种趋势组合而成的一张图表。

——马丁·普林格(Martin Pring)

1.1 为什么要相信 K 线图而不是你自己

市场如潮，人如水。市场很大，一个人的观点对市场来说无关紧要，市场不关心你看多还是看空，也不会在意你的成本是多少，它像潮汐一样，有着自己的涨跌节奏和规律，潮汐不会在意一滴水的想法。在强大的市场趋势面前，个体交易者所能做的只有敬畏与顺从。

不可否认的是，交易者在场外和场内是截然不同的两种心态。从持有仓位的那一刻开始，交易者就像汇入江海的一支细流，变得身不由己，这时能保护你的只有自己的交易原则，一切多空观点在市场面前都会显得脆弱无力。如果你想对抗趋势，趋势会摧枯拉朽一般给你无情的教训。

因此，站到市场趋势一边是最明智的做法，市场上涨你就做多，市场下跌你就做空。曾经有一位新手交易者问市场中的智者：

"新手最容易犯的错误是什么？"

"追涨杀跌。"智者回答。

"怎样才能赚到钱呢？"

"追涨杀跌。"智者再次答道。

悟一下其中的道理，你会发现，确实如此。

技术分析大师威尔斯·威尔德（Welles Wilder）在其所著的《亚当理论》中，提到过这样一则小故事，故事讲的是一位名叫"求是"的交易者利用各种复杂的数学方法证明自己的观点，可是市场似乎总是在和他对着干。他分析出市场应该上涨，而市场却在下跌。正在他一筹莫展的时候，一个名叫"眼前"的五岁女儿恰巧看到了电脑上的行情图，一语道破天机，"爸爸，这条线现在是向下走啊"。"求是"先生如梦方醒，平掉了多头仓位，不仅如此，他还趁机做空。从此，他像变了个人一样，不再研究那些高深莫测的理论，而是专注于眼前发生的事实，交易之路峰回路转。

"看山不是山"，这是交易者容易犯下的一个错误，也可以说是认识市场过程中必须要闯过的一道关口。不要让仓位成为你执念的根源，一旦有了执念，你会对眼前的事实视而不见。

经常审视自己，回到最初的基本原则，这是明智的做法，因为基本原则是交易的基石。作为技术分析者，交易者必须牢记图形分析的基础，否则的话，长期盯盘会变得枯燥乏味，以至于不再关注真正需要洞察的信息，而是寻找自认为真实的信息。

K线在上涨还是在下跌？今天的交易到收盘时能盈利吗？市场情绪如何？媒体在炒作这个概念吗？在我们头脑中闪现的问题不一定是正确的。如果我们不审视自己并回归基本原则，如何知道自己是否关注了错误的问题，而把关注点放在了错误的事情上面呢？

因此，让我们回归基本原则。

1.1.1 是否乘上了趋势

我们经常看到这样一个问题，趋势是什么？这原本是一个简单的问题，可是很多提问者和回答者都进入了"看山不是山"的语境。市场很简单，复杂的是人。技术分析不是一门玄学，我们能够并且应该用简明的语句来表述基本概念。一浪高过一浪就是上升趋势，而一浪低过一浪就是下降趋势。沿着上升趋势的波谷可以画出一条上升趋势线，同样地，沿着下降趋势的波峰可以画出一条下降趋势线。

下面来看一个螺纹钢期货合约的例子。记住，阅读技术图表不仅是一项技能，更是一门艺术。以前发生的走势并不一定会以相同的形式重现，因此，我们需要保持一定的灵活性。

图1-1中，螺纹钢合约在一波调整浪末端形成了一个头肩底形态，这通常是一种底部反转形态，这时需要关注突破颈线的情况。突破发生在

13:35，交易者可以在 13:36 进场做多，开仓价格为 3784，图中标出了这根 K 线。同时以右肩的低点 3778 设置止损。一些更激进的交易者可能在稍早一些的 K 线已经进场，只要不早于右肩产生低点之前，并且能从容面对所承担的风险就可以。

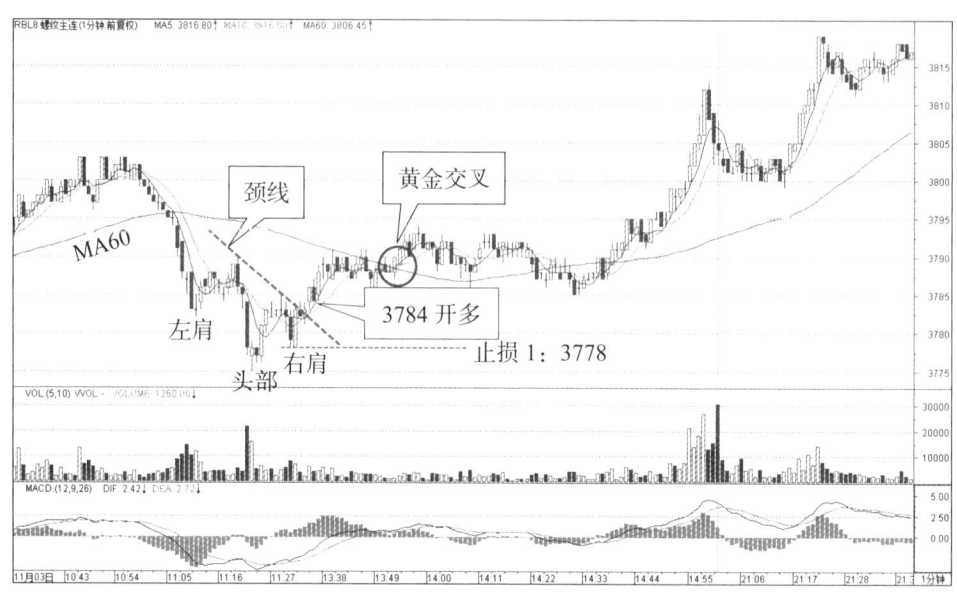

图 1-1　螺纹主连（RBL8）11 月 3 日头肩底开多

进场之后，进入持仓阶段。只要价格不靠近止损线，交易者只需静观价格变化。19 根 K 线之后，MA10 与 MA60 发生了黄金交叉，这是多头信号。行情朝着预期的方向发展，有加仓计划的交易者可以在这时加仓。加仓必须在盈利仓位的基础之上，并且在放量冲顶之前。

1.1.2　横盘期间的持仓

涨跌乏力的行情，对于很多交易者来说是最难熬的阶段。交易者希望市场一直像打了鸡血一样，不管是上涨还是下跌，最好在短时间内给出一个明确的方向。不过，市场有它自己的运行节奏，走势经常会出现价格在一个区间徘徊的情况。

不管你是参考哪个周期的 K 线，日线也好，1 分钟线也罢，价格只有在这个周期调整足够长的时间才会选择方向，这样的调整在日线上可能长达数周，在 1 分钟线上可能长达半小时。对于技术分析者来说，你只要关注 K 线数量就好，在单边趋势形成之前，十几根或者几十根 K 线的调整都是正常的。试想一下，即使是流畅的三浪调整需要多少根 K 线？无论是流畅的还是迟滞的调整行情，本质上都是在整固市场平均成本，确认支撑位或阻力位。其中有些调整浪会显得杂乱一些，不过它们的宽度可能是相似的。遇到这样的行情，交易者就需要多一分耐心，要知道，等到调整结束，随时可能迎来主升浪。

交易者缺乏耐心怎么办呢？培养耐心，或许可以尝试一下冥想，这有助于你进行深度思考。如果你是日线交易者，可以找一些其他事情做，以便分散注意力。在面对盘整行情时，减少对持仓的关注度是一种明智的做法，这样可以忽略一些小级别的、意义不大的波动。要知道，小级别市场波动是很正常的现象，需要以平常心来对待，把你对持仓的关注程度与这笔交易的节奏保持一致，是获得盈利的一个重要技巧。

"投机之王"利弗莫尔（Jesse Livermore）曾经说过，"从来不是我的思考替我赚大钱，而是我的坐功。明白了吗？我一动不动地坐着。"这里指的当然不仅仅是等待机会时的坐功，还包括持仓等待方向时的坐功。要知道，钱是坐着等来的。

需要注意的是，一旦价格接近持仓成本或者杠杆紧绷，会产生巨大的心理压力，普通交易者很难坐得住。但交易者要明确一项基本原则：持仓是否仍在趋势之中？

继续看这笔交易，如图 1-2 所示，MA10 与 MA60 发生黄金交叉之后，价格在 MA60 上方附近调整了 30 多根 K 线，然后短暂形成了死亡交叉。这时要关注是否向下跌破止损线并触发止损信号。价格没有进一步向下，很快又回到了 MA60 之上，并且创出阶段新高，回到了强势多头趋势。这次第 2 调整浪一共耗费了 35 根 K 线。

由这波上涨的起点，也就是最近一个波谷低点 3785 创出阶段新高，确认了一个技术上的支撑位,这个点位恰巧与回落形成右肩的那个波峰重合,这次调整是对这个高点的回测。确认这个高点的支撑作用之后,可以把止损线向上移动到3785(止损2)。这样,这笔交易最坏的结果也是不亏损的,因为现在止损线已经移动到了开仓价格之上。

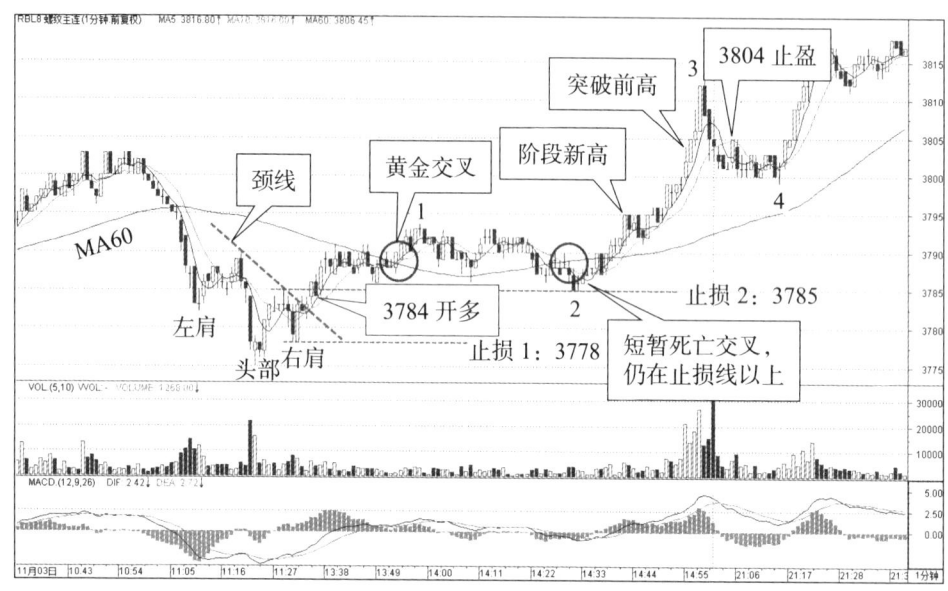

图 1-2　螺纹主连(RBL8)11 月 3 日持仓阶段上移止损

1.1.3　冲顶阶段

市场有了新的特征:价格波动速度开始加快,走出长阳线,成交量明显放大,市场迎来一波主升浪。这时的拉升角度变得十分陡峭,几乎呈垂直状态。这时心情急切的交易者会感到亢奋,红色的连续阳线让人感到愉悦,但是有经验的交易者会关注让人恐惧的信号。要知道,价格波动的速度越快,越有可能预示趋势发生逆转。这正是股神巴菲特所说的"在别人贪婪时我恐惧"的位置。

该合约在突破前高的这波拉升过程中,快速走出了 8 根连续上升 K 线,其中包括6根阳线和2根平线。这是我们预期要抓住的一波拉升行情。

顶部最明显的特征之一就是放量长阳线，这在股票市场中意味换手率达到峰值。在期货市场中，顶部放量也有着同样的意义——多空分歧达到最大。不同的是，期货市场有空头交易者，他们手里的空单将不得不被迫止损，这时会发生轧空行情，尤其是发生长单边行情的时候，大量空头要交出"带血的筹码"。无论哪种周期，主升浪和主跌浪实际上都是对做错方向一方（对手盘）的一次收割。

1.1.4 这波趋势持续多久了

当看到见顶迹象的时候，应该回想一下这笔交易从底部反转以来已经持续了多长时间。随着价格持续走出长阴线，交易者需要注意寻找离场信号，或者至少应该降低仓位以锁定利润。以前提到过对行情进行分类，这有助于分析行情并针对每种可能的走势制订相应的对策。在止盈时，同样存在多种选择，交易者可以在达到预期目标位时在顶部左侧离场，也可以选择更可靠的离场方式，在顶部右侧离场。不要奢求卖在最高点，这是不可能达到的目标，可能偶尔一次卖在顶点，但不可能每次都卖在顶点，能够做到在顶部区域离场就足够了。

在11月3日夜盘开盘时，该合约走出了一根巨量阴线，这是一个短线看空信号，有可能开始针对前一波上涨进行调整。长上影线说明多头一度想反攻，但还是被空头力量所压制。

当MA5与MA10发生死叉之后，进入一个右侧止盈时间窗口。21:05，均线死叉区间发生价格回抽均线，止盈价格为3804，图1-2中标出了这根K线。对于习惯捕捉一波拉升行情的交易者来说，到这里可以清仓离场，20点已经达到了一次日内短线交易的预期利润水平。对于趋势跟踪者来说，可以采用分批离场的策略，保留一部分仓位继续跟踪这波上升趋势，因为趋势还在持续，没有出现一浪低过一浪的走势，也就没有形成向下推动浪。

1.1.5 继续跟踪趋势，捕捉可能出现的第 5 上升浪

趋势一旦形成，就不会轻易改变。相信趋势的交易者终究会得到奖励，而对抗趋势的人可能接到要求追加保证金的电话。

出现第一波长波拉升之后，该合约在正常回撤幅度稍作整理，然后继续上攻并创出新高，如图 1-3 所示。从量价关系来看，价格逐波创出新高，而成交量却在逐渐萎缩，这样就形成了量价背离。图中标出了符合波浪理论的一种浪形，第 3 上涨浪明显放量，形成最强势的一浪；第 4 浪回调，第 5 浪走出了呈 5 浪结构的延长浪。第 3 浪以及第 5-1、5-3、5-5 浪呈现明显的上升趋势，而成交量却呈下降趋势，二者的趋势方向相反，发生了顶背离，说明价格上涨失去了成交量的支撑，趋势能量在衰减。

利用 MACD 指标，同样能判断出见顶迹象：DIF 线呈下降趋势，与价格趋势方向发生了背离，说明虽然靠趋势惯性创出新高，但上涨力度在减弱，这是顶部反转信号。

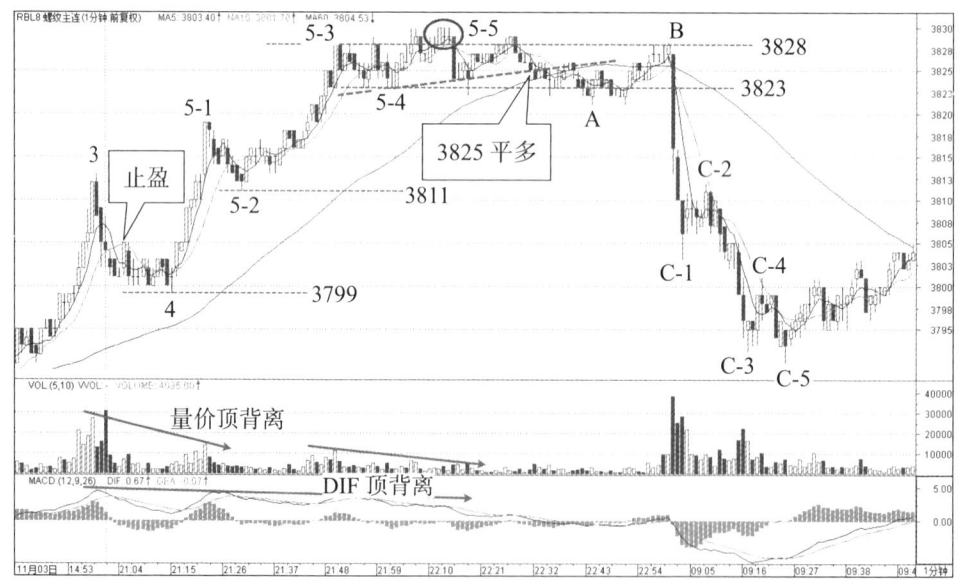

图 1-3 螺纹主连（RBL8）11 月 6 日第 5 上升浪

按策略进行机械操作的交易者，一大优势就是可以把包括延长浪在内的行情吃尽。主观交易者可能在图中第5浪的拉升过程中提前离场，而策略交易者能够一直跟踪上升趋势，直到趋势反转为止。交易者可以采用跟踪止损的方法，价格每形成一个更高的波谷，就将止损线向上移动一次，也就是按照从第4浪到第5-2浪再到第5-4浪的顺序，逐步提高止损。这就像走台阶一样，一步一步地提高止损线，用移动止损来保护利润，直到价格跌破经过最后一次调整后的止损线时离场。此时止损，从客观上说明价格形成了向下推动浪，因为跌破了前低。后面的章节会详细、系统地介绍多种跟踪止损策略。

细心的交易者会注意到，该合约在相对高位走出了一个头肩顶反转形态，第5-5浪顶点对应着头部。沿着头部两侧的两个波谷低点，可以画出一条向右上方倾斜的颈线，当价格向下突破颈线之后，在11月3日22:32发出平仓信号，价格为3825。这笔交易一共获得了41点利润，从第5浪上涨中多获得了21点的利润。乘上趋势之后，市场会给有耐心的人以奖励。如果采用跟踪止损方法，则应该在22:43跌破3823时以收盘价3822离场。

在头肩顶形态中，第5-3浪顶点对应着左肩，左肩高点3828成为一个阻力位，价格多次上攻3828～3830区间。当价格一而再再而三地试图突破同一高位而不过的时候，就要格外小心了，因为涨不上去就会下跌。最后一次回测这个阻力位之后，11月6日开盘立即快速下跌，走出连续长阴线，并且放出巨量。我们把这波杀跌定义为C浪，可以在其中标出5个次级别的下跌浪。

这次做多交易遇到了一个算是比较温和的顶部，离场时间窗口足够大，有足够的反应时间，头肩顶呈扁平形状。交易者经常遇到的是宽度更窄的顶部，甚至是尖顶或者倒V字形反转。这次使价格向下远离顶部的长阴线杀伤力巨大，如果这笔交易没有在趋势反转的初期离场，那么将失去第5浪上涨所产生的大部分利润，C-1浪下跌正好回到了第5浪的起点附近。交易者可以想象一下在价格跌破颈线之后马上出现V型反转的情形，这种走势十分凶险，并且会经常出现。所以，一个及时、合理的顶部离场策略非常重要。

另外值得一提的是，我们曾经多次提到过上证指数在历史大顶 6124 点前后的走势，并把随后的 B 浪反弹以及 C 浪杀跌作为一个形态模板。图 1-2 中，螺纹钢 1 分钟线的这段走势与那个形态模板有几分相似，交易者可以对照上证指数的那段顶部行情，再思考一下面对这种形态的对策，也许会有新的启发。

1.1.6 又一个循环

交易者仔细观察一下 C-5 浪末端的形态，可能会注意到，这里又形成了一个头肩底形态，C-5 浪的波谷对应着头部，如图 1-4 所示。这时在日线上，螺纹钢仍然处在多头市场，属于做多有利区间，交易者仍然可以在 1 分钟 K 线图上重复图 1-1 中的操作模式，继续做多。

图 1-4　螺纹主连（RBL8）11 月 6 日头肩底开多信号

当价格向上突破这个头肩底的颈线 3801 之后，开始寻找做多信号。在 11 月 6 日 9:44，K 线在均线黄金交叉区间回撤，以 3799 开多。同时，以右肩的低点 3795 设置止损。进场之后，价格很快回到颈线之上，并且创出阶段新高。随后，MA10 与 MA60 发生黄金交叉，这时可以加仓。

进入持仓阶段，后面的走势与图 1-1 中的走势十分相似，这次价格仍然回测了一次右肩高点 3801。回测形成波谷之后，确认这个位置存在支撑，价格重新回到上升趋势，并且创出阶段新高。这次第 2 调整浪一共耗费了 20 根 K 线。这时同样可以将初始止损向上移动到 3801，这样这笔交易最坏的结果也是不亏损。与图 1-1 不同的是，这次拉升的动能不是很强劲，可能是由于前面的那个 C 浪下跌所形成的压力作用导致的。

这次不很强劲的主升浪之后，开始寻找止盈信号。在 13:15，K 线在均线死亡交叉区间回抽，以 3816 止盈。这时的上升趋势仍然没有被破坏，交易者可以继续以部分持仓跟踪趋势。最终在一次冲高之后，出现了一个形似右肩的形态，发生在 14:17，以 3820 平多离场，共获得 21 点利润。收盘价确认跌破 3820 之后，开始形成向下推动浪。

这里把明显放量并且持续时间较长的这波拉升定义为第 3 浪，把再次放量并且时间短暂的这波拉升定义为第 5 浪，在成交量图中，用两个圆圈标出这两次放量的位置。显然，这次的第 5 浪走势要弱势很多，只多获得了 4 点利润。而图 1-3 中的第 5 浪要强势很多，走出了延长浪，多获得了 21 点利润。

图 1-3 中曾经画出过一条位于 3828 点的阻力线，这次反弹的最高点正是这个价位。前面 C 浪下跌的起点 3829 也是一个关键点位，所以不难理解为什么这波反弹停止在 3828 点。

离场之后，价格回测了一次离场价位 3820，这也是 MA60 的位置，然后快速下跌，向下远离 MA60，如图 1-5 所示。这波下跌最低回到了前面头肩底的右肩低点 3795 点，之前曾以此作为初始止损线。可见，关键点位在这段行情中起到了重要的支撑或压力作用。

到此为止，就在螺纹钢期货合约 1 分钟 K 线图上完成了两次波段操作，这两次的价格波动模式相似，操作模式也非常相似。也许大家已经注意到，这两次波段操作发生在一整段连续行情上。这种相似模式的市场片段会经常重复出现，但在连续行情中出现的情况并不多见。适合操作的价格形态之间，往往会填充着一些"无序"的价格波动。

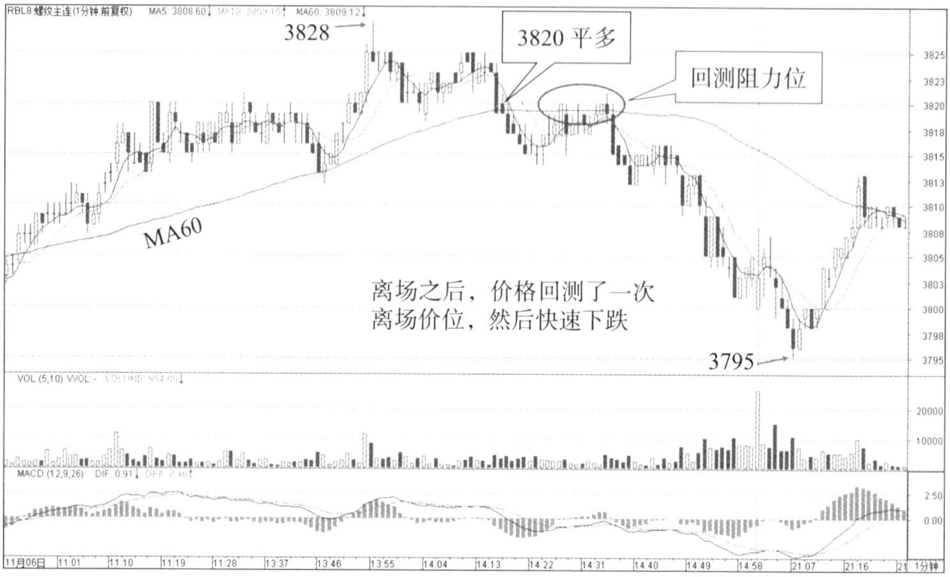

图 1-5　螺纹主连（RBL8）11 月 6 日平多信号之后

本书还会提供大量案例分析，不仅包括期货、股票和基金等多个品种，还包括周线、日线、分钟线等多种 K 线周期，大家会逐渐习惯把关注点放在 K 线图本身，而不是某个品种或者周期。在技术分析者眼中，不同品种或者不同周期的 K 线图之间没有本质区别，它们是一段时间内价格数据的图形化，交易者可以用它们来判断是否会产生符合一定条件的交易信号。

值得一提的是，头肩形态是经典技术分析中最具代表性的形态之一，早在 20 世纪 30、40 年代就已经被技术分析者采用，其他很多形态都可以看作是它的一种变形。头肩形态是一种十分有效的技术形态，值得大家深入领悟其中蕴藏的早期交易者的智慧。

盘面信息是非常重要的，如果交易者在面对沉闷的整理行情时能够保持耐心，并且在面对剧烈的反转行情时能够控制住人性本能的冲动情绪，就会发现做出有效交易决策所需要的信息都在图表上，而不在交易者的头脑里。一旦交易者被自己的情绪主导，应该恐惧的时候反而抱有期待，应该冷静的时候反而又会消极地应对市场变化。技术分析者解读盘面信息的过程充满挑战，事实上，这条路相比研究基本面、学习财务知识并没有轻松多少，只有少数交易者能坚持足够长的时间，最终成为成功的交易者。

使用该策略的交易记录

做多交易（图 1-2）

交易品种：螺纹钢主力合约

开仓价格：3784

止损价格：3778

止盈价格：3825

开仓时间：2023 年 11 月 3 日 13:36

平仓时间：2023 年 11 月 3 日 22:32

盈利点数：41

做多交易（图 1-4）

交易品种：螺纹钢主力合约

开仓价格：3799

止损价格：3795

止盈价格：3820

开仓时间：2023 年 11 月 6 日 9:44

平仓时间：2023 年 11 月 6 日 14:17

盈利点数：21

1.2　共振进场信号——多重确认策略

在大、中、小三个周期的 K 线图中，以相同或不同的技术分析方法逐步确认交易信号，这种方法被称为三重滤网。大家在用电子地图查看一个目标地点的时候，可以不断放大观察视角，从省份到城市，再从城市到城区，最后定位到目标地点，这是一个逐步"瞄准"的过程。三重滤网方法也是同样的道理，它能帮助大家精确地找到一波行情的"起点"或"终点"。

本小节要讲的方法不是"缩放"关系，而是在一个既定周期下，通过多种不同方法相互验证，来确定价格"路线图"中的"起点"，这个方法有点像"并列"关系。还用查看电子地图来类比，相当于在城区图上分别从三个方向各确定一个寻找目标地点的参照物。这样做的目的是提高进场点的可靠性，提高买入成功率。

技术分析者扮演着形态猎手的角色，在危机四伏的市场丛林中，只有强者能够生存下来。成功的交易者非常自律，他们像电脑程序一样严格执行每一步操作。他们坚持一套原则，因为他们相信按照这个流程就会有收获。经验丰富的猎手能够通过猎物在丛林中留下的踪迹来识别它们。

成功交易的信心来自交易中的多重确认信号。有的交易者依据突破信号，有的交易者单纯依据支撑位和阻力位，还有的采用趋势线，每一种方法都是一种筛选信号的策略。如果在交易中采用多种确认信号，效果会怎样呢？

下面介绍四种确认信号，并尝试在产生共振进场信号的时候出手。

1.2.1 确认信号1：突破与回测

每位交易者都会研究出一套带有自己风格的交易策略。有些交易者采用突破策略，另外一些交易者则采用后发制人的策略，等到回测（或称回撤，价格为了确认支撑位或阻力位而产生的波动）时寻找更好的进场机会，这两种策略各有利弊。等待回测的交易者有时会因为强劲拉升而错过进场机会，或者说行情移动太快，来不及进场。当市场波动率相对较高时，经常不会发生像样的调整，也就是没有"牛回头"的进场机会。然而，看到突破就立即进场的交易者，经常会落入假突破陷阱。在遇到假突破的情况下，采用回测进场策略的交易者损失更少，因为他们的止损幅度更小。图1-6显示的是对上升趋势线的突破与回测。

第 1 章　趋势分析从价格图表开始

图 1-6　螺纹主连（RBL8）突破与回测

图 1-6 是螺纹主力合约 2023 年 9 月 22 日的 1 分钟 K 线图。可以看到，连接几个波谷低点，可以画出一条上升趋势线。价格沿着趋势线向上发展，形成一波上升趋势。在趋势末端，价格向下跌破上升趋势线，原有趋势被打破，原来的支撑线变成了阻力线。价格回落一段距离之后，对上升趋势线进行了一次回测。完成回测之后的空头进场点，不仅在进场价位上有优势，而且短线向下拐头后，向下发展的概率也会进一步提高。

关于举例使用的合约，有一点需要说明，螺纹主连不是一个可交易合约，但它与当月主力合约的 K 线是相同的。为了方便起见，在例子中均使用了主连合约，而不是像 RB2401、RB2405、RB2410 这样的当月主力合约。

1.2.2　确认信号 2：趋势线

采用突破或回测策略的交易者，可以利用趋势线来进一步确认交易信号。采用趋势线策略的交易者利用穿过连续波谷低点或波峰高点的直线来判断趋势方向。这个策略简单且实用，配合突破或回测策略，能够进一步提高成功率。

趋势线策略交易者关注处于同一斜率上的低点或高点，连接两个相邻的波谷低点或高点，就可以画出一条趋势线。在上升趋势中，当价格回落到上升趋势线时，容易产生反弹；在下降趋势中，当价格反弹到下降趋势线时，容易发生回落。当趋势线失效时，就形成了突破。图1-7显示了一条上升趋势线，价格多次回测的低点均落在了这条向右上方倾斜的直线上。

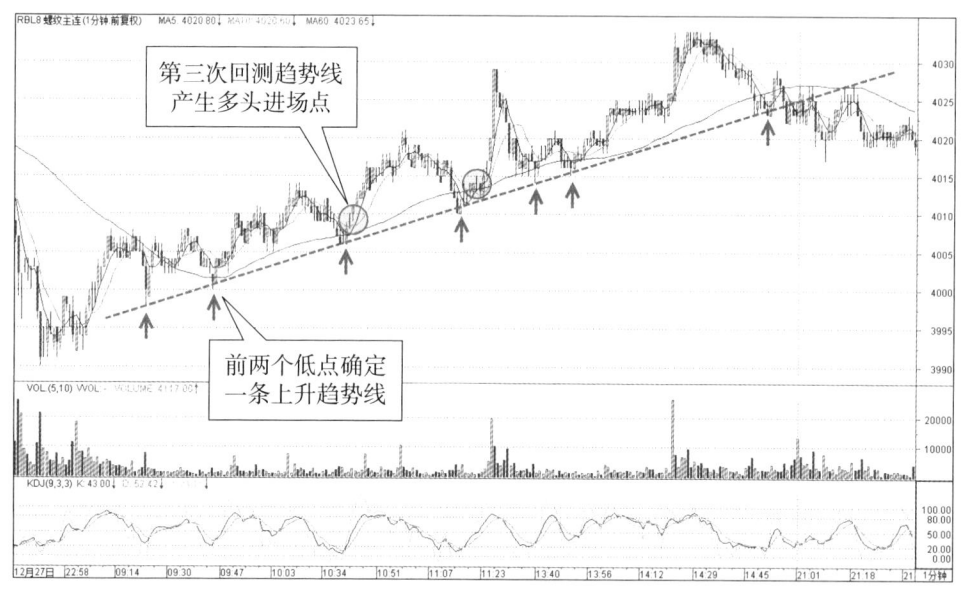

图1-7　螺纹主连（RBL8）上升趋势线

注意，市场方向和进场点由至少两个低点来决定，第一个低点没有方向，直到形成第二个低点才能画出一条趋势线。在第三次回测这条趋势线之后，可能产生一个多头进场点。

采用趋势线策略的一个典型案例就是对称三角形。这个策略解释了对称三角形背后的逻辑：突破行情的趋势线方向总是与初始趋势线方向相反。一条趋势线上升，另一条趋势线下降。两条趋势线的接触点就是交汇点，它出现在对称三角形的末端，这里汇集多个支撑位或阻力位，有经验的交易者还会关注到关键区间（支撑与阻力点位的集中区域）。多重确认策略的进场点将会正好落在两条趋势线的交汇点上，同时处在关键区间，参见后面的图1-10

和图 1-11。

1.2.3 确认信号 3：支撑与阻力

支撑与阻力策略是交易者最常采用的策略之一。这是一种简单、易用的策略，但如果使用不当，可能有较高的风险。关键区间是指由许多支撑和阻力点位形成的一个价格区间，市场很可能测试这个价格区间。图 1-8 显示了一个关键区间（用阴影标出的区域）。

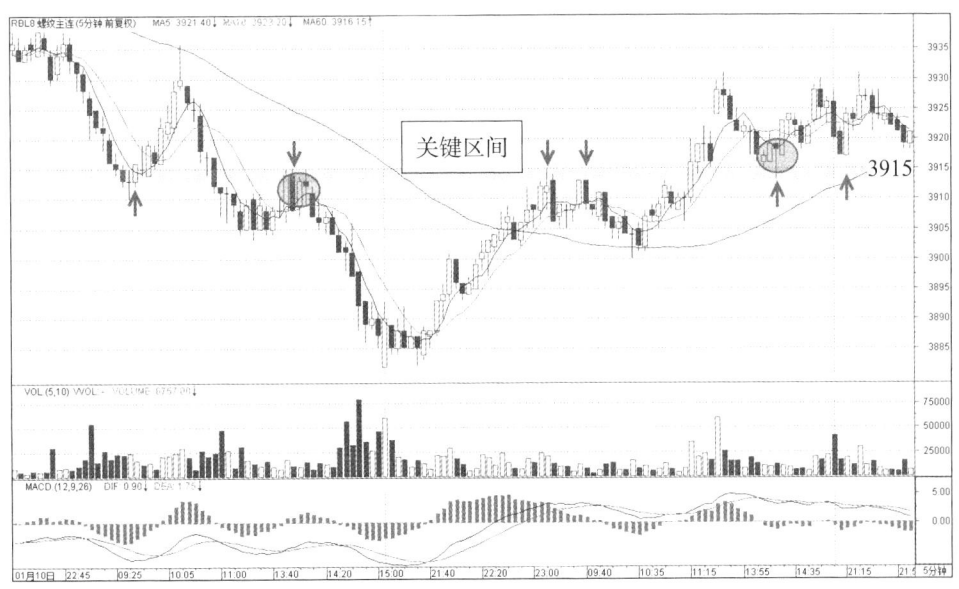

图 1-8　螺纹主连（RBL8）支撑与阻力点位构成的关键区间

图 1-8 是螺纹钢合约 2024 年 1 月 10 日—11 日的 5 分钟 K 线图（交易者可以在图片最下面一行看到时间坐标和 K 线周期）。图中一共有 3 个波谷和 3 个波峰，先后止步于 3915 点附近的价格区间，波谷低点与波峰高点十分接近。市场反复测试了 3915 这个价格区间。

支撑和阻力还可以用来确认突破。在图中的左侧行情中，一个下跌浪跌破了前一个波谷，这时支撑位变成了阻力位，随后价格回测阻力位并形成一个波峰，确认形成向下突破。在图中的右侧行情中，两个波峰回升到关键区间，遇阻回落，然后一个上涨浪突破了阻力位，这时阻力位变成了支撑位，随后价格回测支撑位并形成一个波谷，确认形成向上突破。长期交易经验告诉我们，关键点位是一种非常简单且实用的技术。

1.2.4 确认信号 4：KDJ 指标

随机指标 KDJ 是第四个确认信号，不仅能让交易者提高盈利能力，还能提高交易者对市场的认知水平。当 KDJ 指标值进入 80 以上的超买区间时，表示市场涨过头，价格回落的可能性增大；当指标值进入 20 以下的超卖区间时，表示市场跌过头，价格反弹的可能性增大。在趋势线的交汇点，当市场处于超买区间时应该做空，当市场处于超卖区间时应该做多。《随机指标 KDJ：波段操作精解》一书中详细介绍过该指标的用法，并多次提到过，它是一个擅长识别短线转折点的指标，能帮助交易者在市场反转时及时进场。

无论是做短线还是做波段，这个策略都能完美地发挥效用。这种形态背后的逻辑和前面讲过的三个法则有一些相似之处，都可以用来判断趋势反转。不管是在顶部还是底部，经常能见到头肩形态及其变形形态的影子。

图 1-9 是多重确认信号策略示意图。即使没有画线，交易老手看到这种形态，只凭盘感也能感觉到交汇点上方附近是一个"阵眼"，这是一个以小博大的好位置。新手交易者可以大胆画线，不必担心画错，画得多了自然就会有心得。画线还有另外一个好处，就是有助于安抚情绪，让内心平静下来，让大家更关注技术细节而不是交易结果。

1.2.5 多头与空头交易案例分析

将以上四种确认信号配合使用，可以使进场位置更加准确。这个进场位置虽然简单，但需要足够的耐心，尤其是在一种 K 线周期下操作单一品种的时候。趋势线交汇点以及关键区间的回测点位，能够提高交易的成功率。下面的交易发生在 2024 年 1 月 4 日，如图 1-10 所示。

第 1 章 趋势分析从价格图表开始

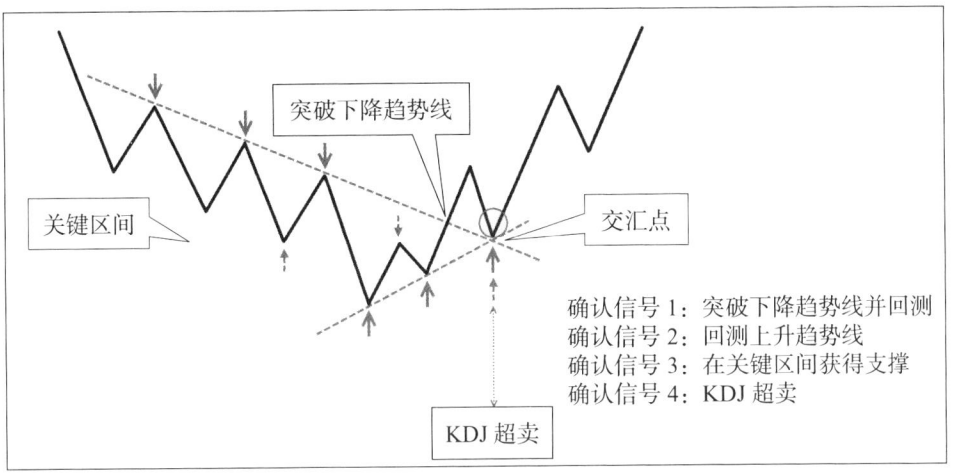

图 1-9 多重确认信号策略示意图

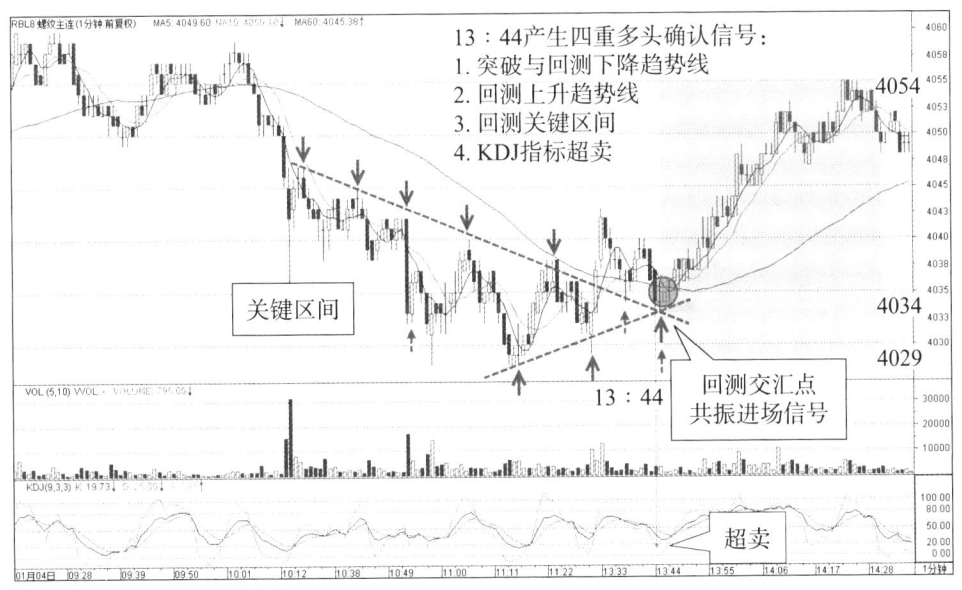

图 1-10 螺纹主连（RBL8）交汇点形态做多

图 1-10 是螺纹合约在 2024 年 1 月 4 日的 1 分钟 K 线图。多头信号遵循着同样的多重确认信号模式。阻力线的末端是一个可能的反转区间，在下降三角形的末端形成了一次向上突破。对阻力线形成突破之后，产生一个多

头信号。进场点发生在回测上升趋势线时，正好落在两条趋势线的交汇点附近，并且关键区间在这里产生了支撑作用。进场点发生在 13:44，价格为 4034，这时 KDJ 指标的 J 线经过超卖区间（指标值 0~20 区间）向上拐头。多种多头信号相互验证，提高了这个进场信号的可靠性。这个信号虽然简单，但可用于机械操作。

这里对止损和止盈的设置进行一些简要的说明。多单进场之后，马上以落在支撑线上的前一个波谷低点设置止损，止损价格为 4029。如果行情没有朝着预期方向发展，将以亏损 5 个点的代价离场。进场之后，该合约很快开始放量拉升，不断创出反转以来的阶段新高。从前期下跌初始位置可以判断出，上涨的压力在 4050~4058 区间。价格上涨到这个区间之后，在 KDJ 进入超买区间的时候止盈，发生在 1 月 4 日 14:23，止盈价格为 4054。这次波段操作一共获利 20 点，盈亏比达到 4:1。

做多交易（图 1-10）

交易品种：螺纹钢主力合约

开仓价格：4034

止损价格：4029

止盈价格：4054

开仓时间：2024 年 1 月 4 日 13:44

平仓时间：2024 年 1 月 4 日 14:23

盈利点数：20

盈亏比：4:1

再来看一个利用交汇点形态做空的案例，如图 1-11 所示。

图 1-11 是螺纹合约 2023 年 11 月 6 日的 1 分钟 K 线图。支撑线的末端是一个可能反转区间。在对称三角形末端形成了一次向下突破，对支撑线形成突破之后，产生了一个开空信号。价格稍有回落，很快回测了上升趋势线，空头进场点出现在两条趋势线交汇点附近。空头进场点发生在 14:27 和

14:34，KDJ 指标的 J 线两次从 100 线以上的超买区间向下拐头。第二个进场点（14:34）叠加了多重空头确认信号，不仅受到下降趋势线的阻力作用，还受到由关键区间和对称三角形末端产生的阻力作用。另外，从均线上来看，价格还受到 MA60 均线的阻力作用，这算是第 5 种确认信号。这是一个共振进场信号，多种信号相互验证，提高了这个空头进场点的可靠性。

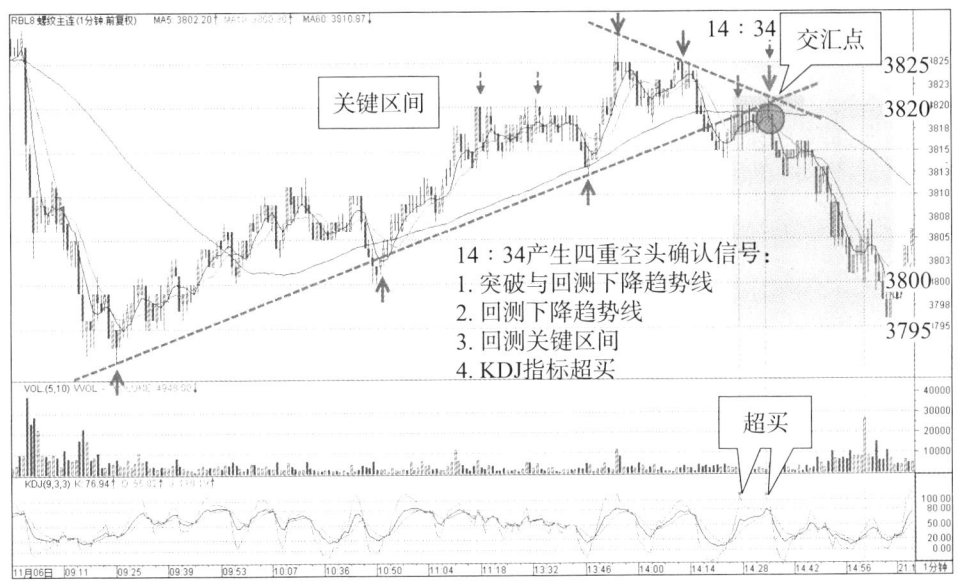

图 1-11　螺纹主连（RBL8）交汇点形态做空

在右侧价格坐标处标出了进场价位、止损和止盈价位，下面是对图中所做标注的一些简要说明。

（1）3820 价位的阴影：支撑位与阻力位集中区间，即关键区间。

（2）虚线向下箭头：对关键区间的测试。

（3）向上箭头：对上升趋势线的测试。

（4）向下箭头：对下降趋势线的测试。

（5）3820～3825 价位区间的阴影：止损区间，3820 为开仓价格，3825 为止损价格。

（6）3820～3795 价位区间的阴影：止盈区间，3820 为开仓价格，

3795 为止盈价格。

可以看出，这是一次典型的空头波段操作。这个策略适用于所有时间周期，短到 5 分钟、15 分钟，长到 60 分钟、日线。两条趋势线的交汇点正好落在关键区间，这为空头提供了一个绝佳的开空单机会。止盈时，有两个关键点位，一个是上升趋势中第二次回测趋势线的波谷低点 3800，另一个是低位头肩底的右肩低点 3795，第 1 节提到过这个点位。这笔交易的盈亏比达到了 4:1，如果能将胜率保证在 50% 以上，甚至 30% 以上，都可以得到一个正期望的交易策略。

做空交易（图 1-11）

交易品种：螺纹钢主力合约

开仓价格：3820

止损价格：3825

止盈价格：3800

开仓时间：2023 年 11 月 6 日 14:27

平仓时间：2023 年 11 月 6 日 21:04

盈利点数：25

盈亏比：4:1

采用多重确认信号策略的时候，需要注意避免同源的方法。虽然是多种方法，但如果它们是同源的方法，那其实都是一回事，很难说互相确认，这在统计学上属于多重共线性问题。最好将趋势指标、振荡指标（识别超买与超卖）、量能指标配合使用。

要想成为一名专业交易者，大家需要研究价格上的确认信号。这些确认信号都非常明确，即使不懂交易，只要按部就班地逐条执行策略步骤，也可以完成一次交易，这也符合大家常说的"KISS"原则（Keep It Simple and Stupid，尽量简单）。

这样的策略执行起来可以减少心理压力，避免产生过多的想法，也不会在盘中有任何纠结的问题，可以减少很多不必要的失误。交汇点叠加了概率优势，交易者可以充满信心地果断下单。如果删掉研判行情画出的趋势线，整个决策过程看起来就像变魔术一样。

总之，多重确认策略在判断进场位置时，需要采用多种高效且简单的确认信号。确认信号包括突破与回测趋势线，回测趋势线（顺势方向），回测关键区间（支撑位与阻力位密集区间），以及 KDJ 指标进入超买或超卖区间。不管一个策略有多好，都无法保证不产生亏损。可控的亏损没那么可怕，可怕的是失控。因此，采用合适的止损策略仍然是明智和必要的。

1.2.6　蝉与共振进场信号

时令已快到夏至，蝉已经悄然爬上枝头，藏在树叶底下此起彼伏地叫个不停。蝉的一生在酷热而短暂的夏天就要过去，但它们此前在地下已经最长蛰伏了 17 年。

蝉的一生基本上只有两个阶段，第一个阶段在地下，第二个阶段在树上。不过，蝉在地下的时间要远长于在树上的时间，有的蝉可能在地下度过 3 年、5 年、7 年、13 年，甚至 17 年，而在树上的时间却只有 2 个月左右。

注意蝉在地下蛰伏的时间数字，这些数字都是质数。人们常说，所有质数都是孤独的，因为除了 1 和它本身之外没有其他因数。正是因为如此，蝉在钻出泥土的时候，会尽量避免出现"扎堆"的现象，这样可以确保其拥有充足的领地和食物。由于蝉在地下度过的时间非常长，在树上的活动时间短暂又错峰出现，所以为这个物种赢得了一些存活优势。

为什么蝉的生命周期会是质数呢？科学家用进化论给出了解释。如果蝉的生命周期为 12 年，那么它和那些生命周期为 1 年、2 年、3 年、4 年、6 年或者 12 年的天敌遭遇的概率就更大；同样，如果蝉的生命周期为 6 年，那么它和那些生命周期为 1 年、2 年、3 年或者 6 年的天敌也会相遇。然而，当它的生命周期为质数的时候，比如 17 年，那么它仅会和生命周期为 1 年或者 17 年的捕食者相遇。科学家也通过理论模型和数学模型证明了这种质数周期的合理性。这样来看，蝉是一种聪明的昆虫，为了提高自己的生存概率，躲避天敌，进化出来了一种生存策略。

回到交易上来，在选择进场信号的时候，交易者要做的事情正好与蝉相反，你要尽量与更多的同向资金相遇，设法提高出现共振信号的概率。本小节讲了技术上的多重确认信号，之前还讲过多周期确认信号，前者是技术共振，后者是周期共振，它们都属于一种共振信号。

蝉选择质数周期是为了躲避天敌，而交易者选择共振信号是为了跟随主力资金。如果一个交易者利用日线、小时线和 15 分钟线的共振时间窗口进场，那么操作周期为日线、小时线或者 15 分钟线的交易者也会判断出这是一个好的进场时机，他们将为这个交易者"抬轿子"。这是周期共振，技术共振也是同样的道理，比如本小节所讲的多重确认信号。

在发生共振信号的位置，采用各种技术的人，采用各种周期的人，他们都会采取行动，就像蝉在雨后的夜晚找到了钻出泥土的时机一样，多路资金汇集到一起，无疑会增加形成趋势的概率。共振信号让市场形成了一股合力，或许这也算是一种"蝉"意，道法自然。

第 2 章
底部右侧的突破进场点

对我来说很重要的是,在过去10个月里认识到,你永远不可能完美地交易期货。我一直希望自己能做到尽善尽美,但永远不会做到。你不能把握最高点,也不能把握最低点。一旦我悟出了这个道理,便释然了很多。

——拉里·威廉斯(Larry Williams)

受群体行为影响是人类的天性,尤其是在情绪亢奋的情况下。在每个市场循环中,群体的行为都是相同的。有些趋势持续的时间更长,有些趋势波动的空间更大,但每次牛市和熊市的心理进程始终是相同的。

——罗伯特·普莱切特(Robert Prechter)

2.1 深证成指历史大底右侧进场位置

2.1.1 识别与交易突破形态

所有上涨都源自一次突破，这肯定是一句正确的表述。识别与交易突破形态是一种非常有利可图的交易方法。交易者在实际操作中会发现，判断突破形态的条件虽然可以很明确，但是由假突破产生的虚假信号会造成很大的困扰。等待一次对关键点位的突破要花费相当长的时间，有时首次突破就是最佳进场机会，后面价格不断拉升，然而有时又会反复在关键点位拉扯，所谓的最后一个"黄金坑"会反复出现。

如果是做股票，那么前期筑底阶段的调整行情会显得比较漫长，毕竟这是日线级别的行情，一次长达半年之久的调整并不罕见。这时的消息面往往是负面的，人们对市场的关注度降低。当一只股票最终停止下跌的时候，也许起初很难觉察到趋势的改变。这种情形下，操作难点不在于保持警觉与识别潜在的突破，而在于当产生确认信号时，对该信号保持足够的信任。

2.1.2 如何定义突破

一个交易品种的一次突破，是指价格毅然决然地运行到前期一个阻力位之上，在这期间通常会伴有明显放量的现象，因此市场中有"放量突破"这种说法。突破可以有两个方向，一种是向上突破，形成上升趋势，另一种是向下突破，形成下降趋势。通常所说的突破是指向上突破，有时大家会用跌破来指向下突破，这意味着价格运行到前期一个支撑位之下，然后产生一段新的下降趋势。本书主要以做多为例，在不加说明的情况下，突破指的是向上的突破。

在一次突破形成之前，价格通常已经处于下降趋势。股市中，经常听说过这样一句话："横有多长，竖有多高。"这句话的意思是说，股价筑底的时间越长，后面形成的突破就越强劲，表现在上升趋势持续的时间和空间上。例如，2018年全年处于下降趋势，深证成指下跌了4000多点，后面的牛市持续了两年时间，2019年和2020年一共上涨了8000多点。

从股市的大级别趋势来看，当主要下降趋势的持续时间以年来计算的时候，市场会进入吸筹阶段。随着价格水平不断下降，投资价值会逐渐显现。价值就如同河底的河床一样，裸露出来的面积越大，进场捡便宜货的资金就越多，这让市场的一定价位成为坚实的底部区域。

从2007年以来，深证成指的7000点下方就是这种强力支撑区间，这期间有三次主要底部形成于这个点位附近，如图2-1所示。技术分析者不用看庞杂的基本面消息也知道，当市场再次进入8000点以下时，长线资金就可以进场捡便宜货了，7000点以下则是绝佳的价值投资区间。考虑到经济增长，这个支撑位应该逐步提高，呈上升趋势。在行情的另一端，上方的阻力位也

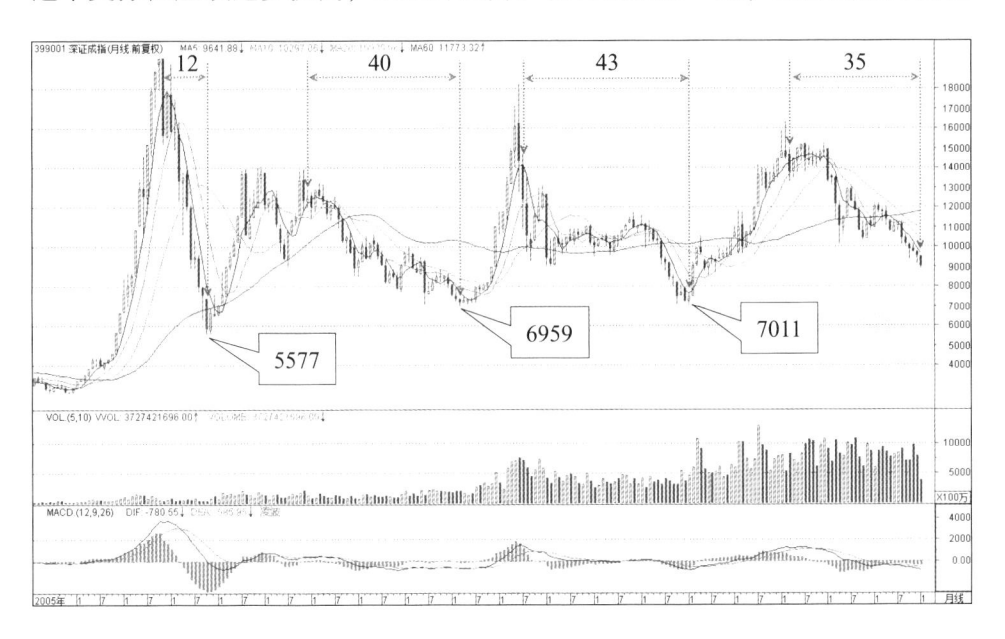

图 2-1 深证成指（399001）月线图上的支撑位

很明显，16000点附近是月线级别的阻力位，以后再次出现上升趋势时，这个位置大概率会形成顶部，或者在这里经过调整之后再上涨。

其他级别趋势中的支撑位或阻力位也是同样的道理，价格一旦回落到先前的一个关键低位，买方就会进场收集筹码；当价格回升到先前的一个关键高位，卖方就会离场兑现利润。

比较难把握的一点在于，突破关键点位的强度并不总是一致的，因为市场不是线性运行的。突破的强度不足时，会导致交易者过早进场，市场会在一个关键点位反复振荡，继续积蓄力量，不会马上形成新的明显趋势。突破的强度过大时，市场又会去寻求新的支撑或阻力，这在下跌时表现为反复寻底的过程，导致交易者失去信心，清仓退出。

此外，趋势反转的节奏也并非一致，有时会出现所谓的吸筹阶段，形成U型、W型或L型底部，将会消耗比较长的时间。有时又会出现V型反转，即快速的反向行情，这在所有周期都可能出现。

2.1.3 为什么难以识别与交易突破形态

市场大级别的下降趋势一旦确立，就会持续很长时间，可谓是熊途漫漫，这是一个相当枯燥的时期。熊市初期，一部分交易者还会抱有希望，随着反弹一次次无功而返，即便是最坚定的多头也会减少对市场的关注度。通过前面的深证指数走势图可以看到，以月K线显示的行情，可以连续产生好几根阴线，这就意味着长达数月的下跌行情。

消息面也会随着熊市的延续发生变化，利好消息逐渐减少，利空消息不断放大。交易者甚至会经常看到个别更关注负面消息的股市专家的观点，还会听到某只股票表现不佳的消息，其原因包括该公司的市场份额被竞争对手蚕食，或者管理层出现决策失误，营业收入不及预期，虚假财务报告等。

市场预期不佳，再加上市场不断创出新低的事实，这些都是使交易者难以保持关注度的原因。负面情绪会让交易者暂时对股票失去兴趣，但是你是否经常有这样一种感觉，股票总是在你对它失去兴趣的时候形成突破并开始拉升的。

2.1.4　历史大底案例1：深证成指2008年10月底部

上证指数与深证成指的历史大顶都形成于2007年10月，接下来的调整幅度接近70%，超过了黄金比例61.8%。在这波下跌中，深证成指从19000点上方回到了6000点下方，底部走势如图2-2所示。

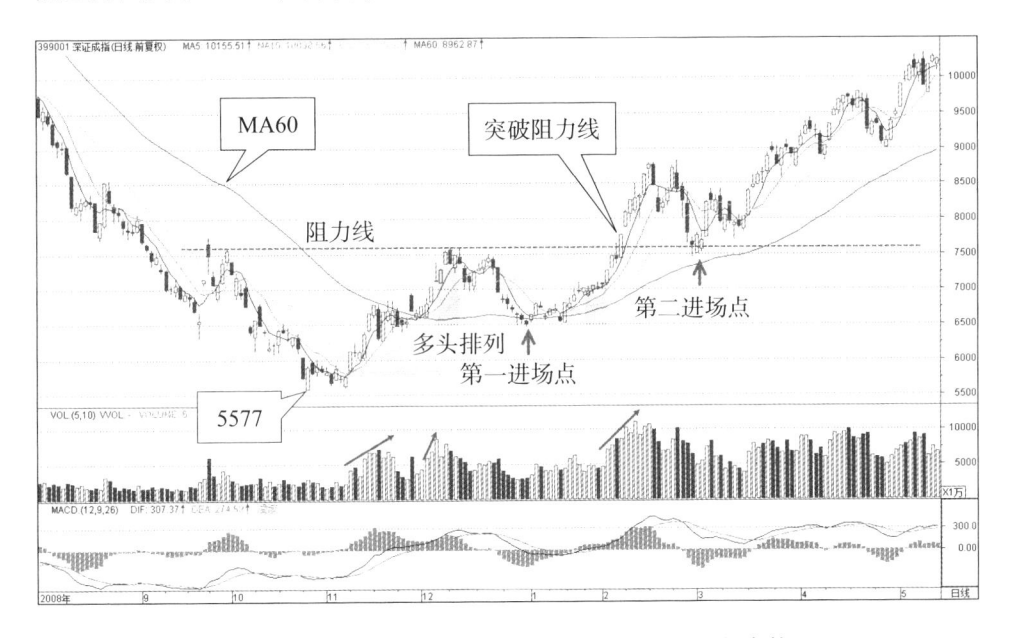

图2-2　深证成指（399001）2008年10月底部走势

这仍然是大家熟悉的一种底部形态，从形态上看，它符合头肩底的特征。该指数在2008年10月28日创出低点5577点。市场没有在底部形成一个较长时间的吸筹阶段，而是直接形成反转。11月10日开始温和放量，随后成交量进一步明显放大，该指数快速回升到MA60（60日均线）附近，经过短暂调整之后，放量站上MA60。MA5、MA10、MA20和MA60从上到下依次排列并向上移动，形成均线多头排列形态。指数反弹到前期高点附近开始回落，回测MA60的支撑力度。沿着两个波峰的高点可以画出一条水平方向的阻力线。该指数在中长期均线MA60之上获得支撑，这是底部右侧的第一个进场位置，随后指数放量突破阻力线，即头肩底形态的颈线。如果以头部低点 5577 点将底部区间分成左右两个部分来看，右侧的成交量是左侧的两倍以上。

形成突破之后，该指数在 2009 年 3 月 2 日回测支撑线，即前期的阻力线，并获得支撑，这是底部右侧的第二个进场位置。在这个时间窗口，大部分个股都出现了买入时机。在市场走出底部的时候，个股会出现轮番上涨的态势。

如果你对股票市场没有足够的关注，那么 ETF 基金将是一个不错的选择，还可以选择一个表现不错板块的指数基金。

2.1.5　历史大底案例 2：深证成指 2014 年 3 月底部

再来看另一个历史大底之后的反转走势，如图 2-3 所示。这轮熊市最终停止在 6959 点（2014 年 3 月 21 日），在此之前，深证成指运行在一个下降通道之中，可以在前面的月线图 2-1 中看到持续 40 根月 K 线的向下推动浪。

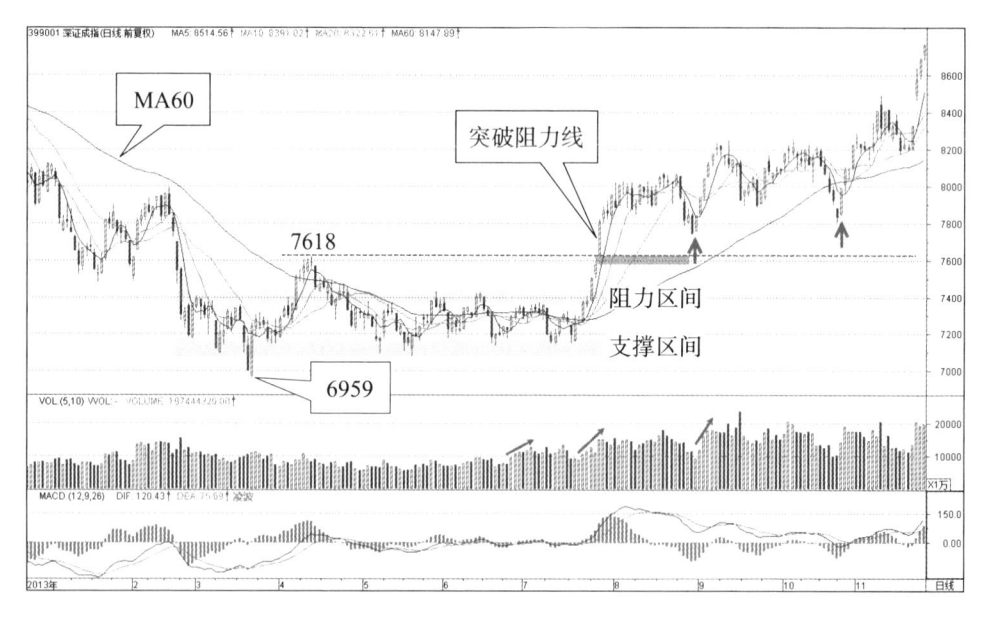

图 2-3　深证成指（399001）2014 年 3 月底部走势

该指数从底部低点回到 MA60 以上并创出一个阶段高点 7618 点，之后展开了长时间的区间振荡行情。从图中可以看到，指数围绕 MA60 上下振荡，下面有一个支撑点密集区间，上面有一个阻力点密集区间。大家可以把这个区间看作一个复杂头肩底形态的右肩位置，指数围绕 MA60 上下波动，有分析者会把这个阶段称为吸筹阶段。

面对长达 3 个多月的整理行情，很多人都会降低对市场信号的警觉，市场就是在这时发起攻势，快速向上突破了阻力线，形成一个向上跳空缺口（7578～7630 点），之前的阻力线随之变成支撑线。再加上这个缺口支撑作用的加成，这个位置成为以后一段时间的相对低位，价格一旦回到这个位置附近，就会吸引资金进场。

突破阻力线的长阳线支撑起了一波牛市行情，此后价格回测 7618 点支撑线的时候，都没有回到这根长阳线的半分位以下，这个缺口上方是一个强力支撑位。图中的两个向上箭头表示底部右侧的两个进场位置。

2.1.6 历史大底案例 3：深证成指 2019 年 1 月底部

最后一个历史大底反转案例发生在 2019 年，如图 2-4 所示。

深证成指在 2018 年几乎全年都处在向下推动浪之中。2018 年 10 月 19 日创出一个低点 7084 点，当天收出了一根长阳线，与前一根阴线构成了看涨吞没形态，这是一个底部反转形态。随后指数开始反弹，并且短暂站上了 MA60。可是，这时 MA60 仍然具有强大的压力作用，实际走势中指数果然遇阻回落，回到了前低附近，并于 2019 年 1 月 4 日创出新低 7011 点。当天收出一根长阳线，与前一根阴线再次构成了看涨吞没形态。前后两个波谷低点的 K 线组合形态非常相似。

指数回到 MA60 以上之后，多条均线形成多头排列，MA60 开始向上移动。细心的交易者会注意到，在这三个历史大底的案例中，MA60 与价格的关系都有一个特征，那就是价格先突破该均线，然后回测均线。当价格突破前期高点时，带动均线发生转向。当 MA60 的方向由向下转为向上时，可以

图 2-4 深证成指（399001）2019 年 1 月底部走势

认为市场进入技术性牛市。

回过头来看 7084 和 7011 这两个低点，虽然前一个低点更高，但仍然可以认为它是这波下跌行情的最低点。为什么呢？因为第一个低点距离 MA60 的偏离程度更大，说明下跌力道更大，所以它是真正意义上的低点。第二个低点是针对 MA60 的调整，下跌力道减弱，形成了底背离，预示着反转概率加大。在讲布林线时提到过类似的概念，如果切换到 BOLL 指标周线图，会看到第一个低点在下轨之外，而第二个低点在下轨之内，这是在下降趋势末端经常出现的一种 K 线与 BOLL 指标相配合的形态。

2 月 13 日，该指数向上突破阻力线，随后成交量明显放大，指数连续上涨，没有回测进场机会。在上涨过程中形成了一个中继缺口，这成为后面行情的支撑区间。单纯等待回测进场的交易者，可能会错过第一波拉升行情。这轮牛市持续了两年时间，涨幅达 120%，不少基金在这两年走出了翻倍行情。

2.1.7　假如我错了呢

很多人是因为不安全感才贸然入市的，这就是人们会抱团的原因。甚至有些基金经理都会抱团，他们似乎更担心自己做与众不同的事情，而不是更担心业绩的好坏，这也可以解释为羊群效应。作为交易者，很容易受到自我怀疑情绪的干扰，特别是当没有办法知道一只最近表现不佳的股票，它的未来表现如何的时候。股票走势不是线性的，它们会朝着阻力最小的方向行进。大家很容易担心自己做出后悔的决策，并且为了避免错过机会而进场。

没有人能保证股票会按着自己预期的模式运行，这正是股票的风险所在，你无法把握其中的不确定性。知道尽管自己在正确的时机进场但仍有可能犯错，这是成熟交易心理的表现。出现趋势反转信号，由于犹豫不决导致错过进场时机，然后在市场炽热的时候追高进场，这不是明智的交易方式。请始终牢记一条原则：追势不追涨！

2.1.8　下一个底部进场点在哪里

写到这里的时候，市场正处在又一次的寻底过程当中。前面已经分析了三个历史大底的案例，假设市场仍会以相似的模式形成反转，那么有两个关键位置需要关注，如图 2-5 所示。

图 2-5 是深证成指从 2023 年 9 月开始，截至 2024 年 1 月 17 日的日线图。根据以往的底部走势，预测了这次底部价格形态和均线形态。如果非要预测止跌位置的话，这轮下跌很可能会跌破 8000 点整数关口，然后开始反转或者开始一波像样的反弹。

作为技术分析者，大家应该知道，市场的左侧底部是很难预测的，甚至是无法预测的。要想乘上迎面驶来的列车，最好是等它停下来，然后再上车。无论下降趋势走到哪里停止，大家始终要关注右侧买点。通过前面三个案例，交易者应该对底部形态有了更深入的了解。价格向上突破 MA60 时，往往同时走出下降通道，也就是说，市场摆脱了下降趋势，多头开始占据优势。

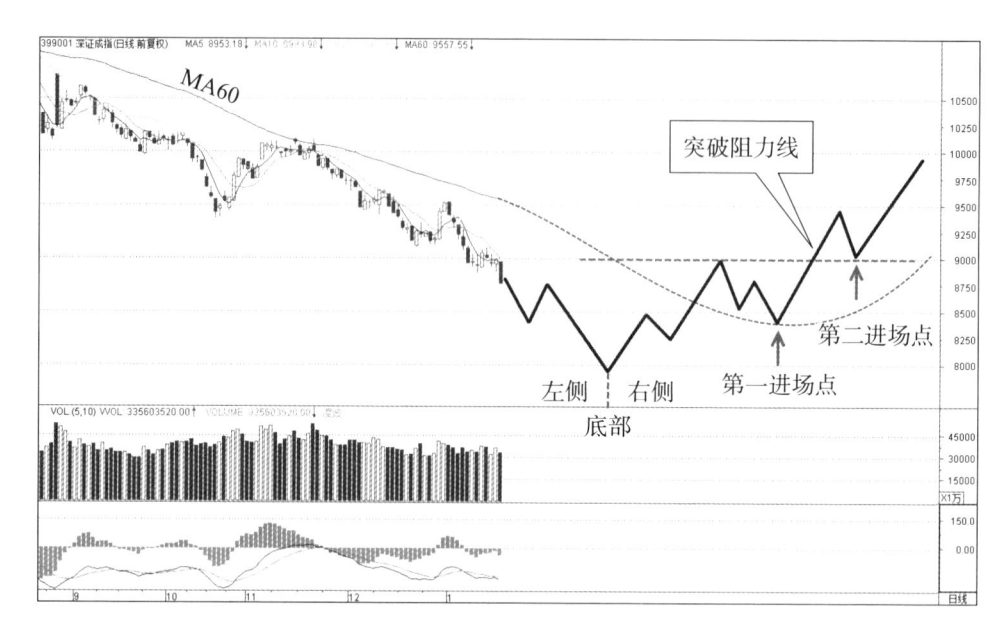

图 2-5　深证成指（399001）2024 年的底部在哪里

当价格回测 MA60 时，产生第一个多头进场信号，同时应以最近一个波谷低点设置止损点，这通常是右肩位置。价格首次反弹到 MA60 之上时会产生一个波峰，穿过其高点可以画出一条阻力线，当价格突破这个阻力线之后，往往会形成均线多头排列，带动 MA60 开始向上移动，进入多头市场。当价格回测支撑线（之前的阻力线）时，产生第二个多头进场信号，同时应以支撑线以下一定距离设置止损点。

2.2　期货品种小级别底部右侧进场位置

2.2.1　不同周期 K 线图中的相似图形

三个历史大底的反转形态，应该已经给大家留下了深刻的印象。市场每一次底部反转总会表现出一些相似性，它们是值得借鉴的价格路线图。

这里以一个期货品种为例，看看是否可以利用同样的模式进行操作。下面先来看一个案例，如图 2-6 所示。该图显示的是螺纹钢的一段行情，交易者可以将这幅图与前面的图 2-4 进行比较，看起来是否有些相似？

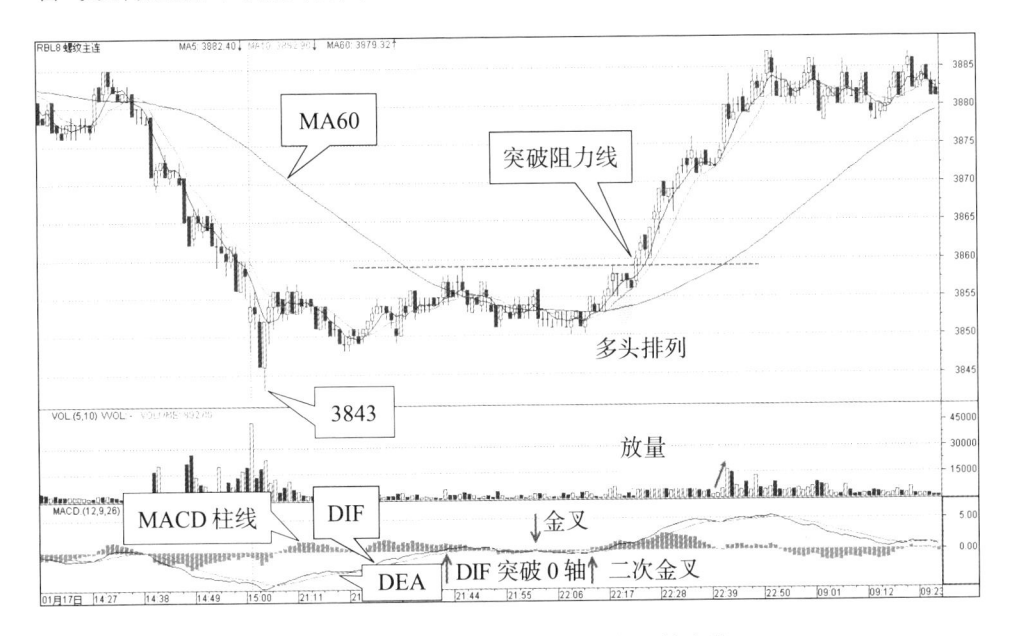

图 2-6　螺纹主连（RBL8）底部反转走势

下面结合 MA60、成交量和 MACD 指标来试着总结一下二者在形态上的一些共同特征。

（1）前期的下降趋势一波三折，形成连续的下跌推动浪，MA60 长期向下运行。

（2）下降趋势末端走出长阳线和长阴线，并且明显放量，产生关键低点。

（3）价格向上突破 MA60，MACD 指标的 DIF 线首次明显突破 0 轴。

（4）价格回测 MA60，MACD 指标在 0 轴附近调整。

（5）MACD 指标的 DIF 线与 DEA 线在 0 轴附近形成二次金叉，说明完成三浪调整。

（6）多条均线形成多头排列，MA60 向上移动，DIF 线进入 0 轴以上的多头市场。

（7）成交量明显放大，价格突破阻力线。

以上是相当一部分底部形态的共同特征。巧合的是，这两个案例还有两个个性化一些的共同点，一个是左侧的下降趋势由 260 根以上 K 线组成，右侧的上升趋势由 520 根以上 K 线组成；另一个就是都有突破进场点，没有回测进场点。

由于图表显示范围所限，图中没有显示整个下降趋势与上升趋势，交易者可以找到这两段行情，花一点时间仔细对比一下。图 2-4 中深证成指的底部出现在 2019 年 1 月，图 2-6 中螺纹钢的底部出现在 2024 年 1 月 17 日，前者是日线图，后者是 1 分钟图。

是的，你没看错，这两幅图的 K 线周期有很大差别。对于前者来说，260 根 K 线下跌、520 根 K 线上涨相当于下跌一年、上涨两年。对于后者来说，相当于下跌一天、上涨两天。尽管如此，大家仍然可以用相同的策略对它们的走势进行分析与操作。作为技术分析者，不管是哪个周期的图表，都应该按照同一种既定方法来操作。交易者眼里只有 K 线，至于哪个周期，对分析行情的影响并不很大。

2.2.2 "看大做小"原则

没有对行情进行分类的 K 线图表就像一个杂乱的线团，找到关键点之后，就算是找到了行情的"线头儿"。尽管有的线绳长一些，有的线绳短一些，但已经有了捋清线团的入手点。

了解艾略特波浪理论的交易者都知道，市场行情可以分为多种级别，任何一个大级别的波浪都可以细分成次级别的上涨浪和下跌浪（牛市和熊市）。例如，图 2-1 中以月线图显示的行情，整体看上去是一段区间振荡行情，如果切换到周线、日线，K 线数量就会大约膨胀 4 倍、22 倍，盘面提供的信息也会相应大量增加。月线图上的一个单边行情，可以拆分成日线图上的几个牛熊循环。同样的道理，日线图上的行情，也可以进一步在 60 分钟、15 分钟、5 分钟 K 线图上不断细分。

道氏理论把主要的三个级别上的波动称为"潮汐""波浪"和"涟漪"，

分别对应着长期趋势、中期趋势和短期趋势。级别越高、周期越长的趋势，其可靠性和稳定性越强。

本书经常采用 1 分钟线，但这并不代表建议交易者在实际操作时也采用 1 分钟线，也不代表鼓励进行小级别的波段操作。本书的目的是介绍交易方法和策略，它们适用于所有周期。在 1 分钟线和在日线上进行技术分析是同样的道理，而且 1 分钟线上很容易找到大量的案例，它们同样适用于更长周期的 K 线图。

另外有一点需要说明的是，短周期图表不仅可以观察到当前级别的趋势，还可以观察到更大级别的趋势。在行情软件中，将 1 分钟线压缩显示，可以观察到更大级别的趋势。交易者应该同时关注当前趋势以及更大一个级别的趋势，所谓"看大做小"就是这个道理。在大级别上升趋势中做小级别的上升趋势，要比在大级别下降趋势中做小级别的上升趋势容易得多。要知道，没有哪条原则比顺势操作更有助于提升业绩。

2.2.3 顺大势案例 1：跨度较大的突破

在上升趋势做多，其优势是显而易见、不言而喻的。下面来看一个顺势操作的案例，如图 2-7 所示。

图 2-7 是螺纹钢 2023 年 11 月 15 日的 1 分钟 K 线图，其中的关键低点 3891 点出现在 11 月 15 日 14:06。右侧方框中显示的是日线图，用向上箭头标出的是 11 月 15 日的日 K 线，当时价格正沿着 5 日均线向上移动，处于明显的多头趋势。

在 1 分钟图中，沿着第一波反弹高点 3930 点画出一条阻力线，当价格向上突破这条阻力线时，说明开始形成向上推动浪。这次等待突破的时间较长，直到 11 月 16 日 9:59 才形成首次突破。不过这次突破不能算成功，价格很快又回落到阻力线下方。10:50 形成第二次突破，这次突破的力度更强，成功突破了阻力线，阻力线变成了支撑线。当价格对支撑线完成回测并向上拐头时，产生开多信号，在 13:47 以 3937 点开多单，同时以 3932 点或以下

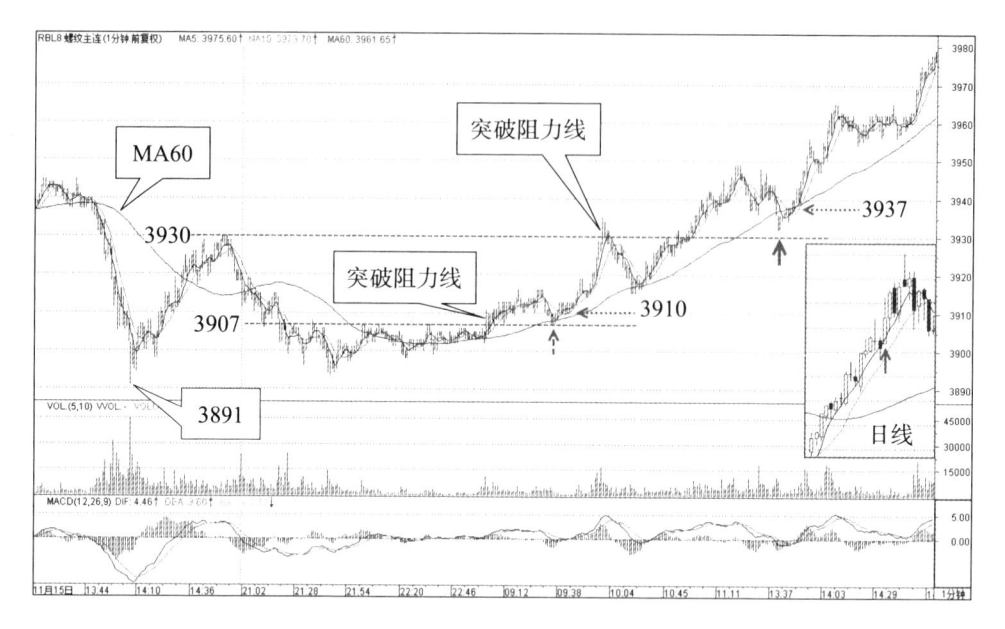

图 2-7　螺纹主连（RBL8）2023 年 11 月 15 日 1 分钟线底部反转走势

一定距离设置止损。如果以 MA5 和 MA10 的金叉区间来计算波段长度，这波上涨一直持续到了 3960 点以上，有 20 点以上的利润。这次交易的盈亏比达到 4:1，是一个符合预期的数值。

这次的底部形态跨度较大，细心的交易者会发现，在更低的位置出现了一个更小规模的突破与回测形态。3907 点是一个由多个支撑点与阻力点构成的关键点位。按照同样的模式，可以在 9:40 以 3910 点开多单，同时以 3907 点或以下一定距离设置止损。如果在这里开仓，到突破时已经可以止盈，达到了 20 点的预期利润。如果留有部分仓位继续跟踪趋势，则可以一直拿到 3960 点，50 个点的利润对于日内波段操作来说是一次大赢，盈亏比达 10:1（按 5 个点止损计算）。

从低位 3910 点的开多位置开始算起，这波上升趋势一共形成了 5 个波峰，一直上涨到 3990 点上方。随后，该合约展开调整，回落了一个交易日，几乎回到上一笔交易的开仓价，在 3912 点创出又一个关键低点，如图 2-8 所示。关键低点之后，可以再一次用同样的模式找到做多位置。

2.2.4 顺大势案例 2：3-3 浪起点是最佳多单进场点

从图 2-8 右侧的日线图可以看到，日线仍然处于多头趋势，由箭头标出的 11 月 20 日日 K 线正沿着 5 日均线向上移动。从 1 分钟图形来看，这是一个比较简单的案例。

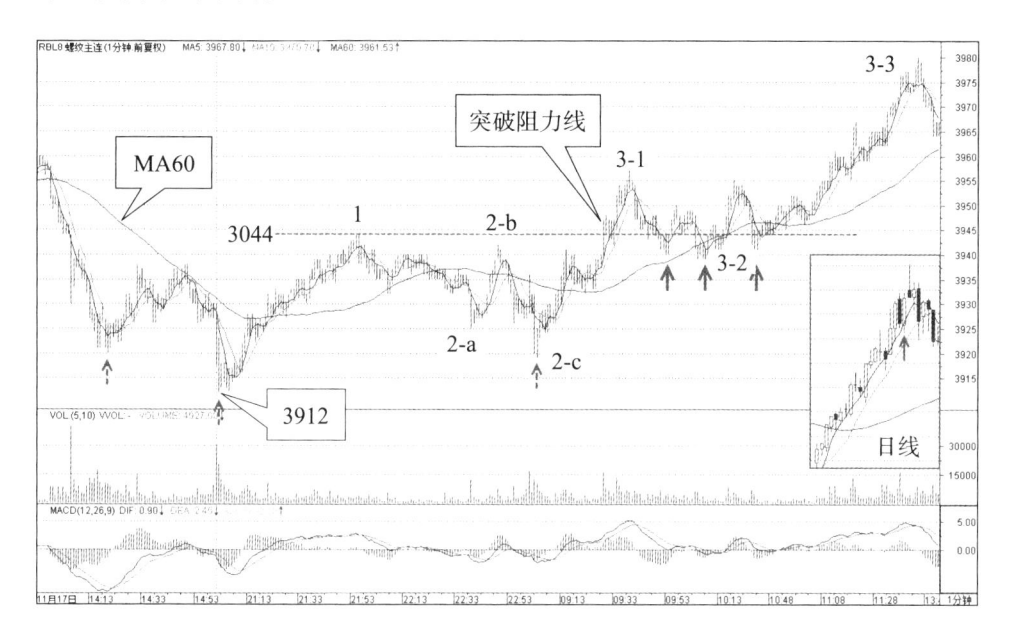

图 2-8　螺纹主连（RBL8）2023 年 11 月 20 日 1 分钟线底部反转走势

暂且假设关键低点是某一轮上涨浪的起点，那么阻力线通常是第 1 浪的波峰，在本例中是 3944 点。随后展开第 2 浪调整，通常是三浪形式的调整，也就是形成两个波谷，但这里却形成了三个波谷。根据波浪的形态和比例，把前两个波谷都放到 2-a 里，2-a、2-b 和 2-c 这三个小浪构成第 2 浪。

直到 9:29 突破 1 浪高点，即突破阻力线，把这一浪定义为 3-1 浪，也就是第 3 浪中的第 1 小浪。随后价格回测支撑线，一共获得三次支撑，用三个向上箭头表示。三个箭头后面，当 MA5 与 MA10 发生黄金交叉时，都可以开多单，金叉发生的时间分别为 9:56、10:12 和 10:49，均以 3945 点开多单。开仓的同时，以最近的波谷低点 3940 点或其下一定距离设置止损。

将第二次回测支撑线形成的低点定义为 3-2 浪。理论上，在这之后的 3-3

浪起点是最佳多单进场点，也就是发生在 10:12 的金叉。注意，这里并不知道第 3 浪是否会走出延长浪，只是按照现有的图形暂时这样标注。通常来说，第 3-3 浪应该是主升浪。从实际走势来看，这个主升浪走出了十分完美的图形，成交量逐渐放大，在 3975 点以上形成波峰，有 30 点的利润，这次交易收获了一个比较大的盈亏比，达到 6:1。

头肩底及其变形形态是底部常见形态，本例的底部形态就有一点头肩底变形形态的意味，见图中用三个向上虚线箭头标出的位置，它的两个肩部的高度相当。

如果行情发展到 3-3 浪之后没有再出现更高的波峰，那么标注的浪型就要做出一些修正：3-1 → 3，3-2 → 4，3-3 → 5。如果这样修正的话，第 3 浪似乎不够强劲，第 2 浪的调整时间又显得过长了。通过调整时间，有时候能判断出上涨浪的级别。合理的浪型应该看上去比较协调和美观，因为波浪之间的长度符合黄金比例。关于波浪理论，一直有"千人千浪"的说法，只要不违反数浪原则，交易者可以以自己对行情的理解画出自己判断的浪型。实际上，3-3 浪后面走出了延长浪，突破了前一日的高点，所以在图 2-8 中标注的是一种合理的浪型。

总之，分析的目标是在某一个主升浪的起始位置进场，不管是第 3-3 浪还是第 5 浪的起点，都符合预期。交易的盈利目标是抓住一到两波主升浪，即 3-3 浪和 3-5 浪，或者 5-1 浪和 5-3 浪。无论在哪个级别中，第 3 浪往往是最强势的一浪上涨。

2.2.5 其他周期案例 1：没有回测的突破

通过以上讲解，大家已经熟悉了日线和 1 分钟线上的同一种底部形态。在其他周期上，是否会走出同样的底部形态呢？来看另一个周期的案例，如图 2-9 所示。

图 2-9 是螺纹钢 2023 年 8 月 21 日的 5 分钟 K 线图。观察右侧方框中显示的日线图，当前 K 线处在 MA5 与 MA10 的金叉之中，根据"看大做

图 2-9 螺纹主连（RBL8）2023 年 8 月 21 日 5 分钟线底部反转走势

小"的原则，这是做多的有利区间。如果对前面的案例还有印象的话，可以看出，它与图 2-4 的日线图以及图 2-6 的 1 分钟图相似。价格形成关键低点（21 日 9:05，3635 点）之后，在第一个反弹波峰形成一条阻力线（21 日 11:15，3679 点）。当价格完成对 MA60 的突破之后，向上突破阻力线（22 日 13:35）。

这是一次强势突破，突破之后既没有回测支撑线，也没有回测 MA60，直接放量拉升，走出一波强势的第 3 浪。突破之后随即走出单边行情，这种情况没有回测进场机会。稳健的交易者通常不会在首次突破时就大举进场，而会等到价格确认支撑线之后再出手。如果以突破阻力线的 K 线进场（B1），可以捕捉到两波上升浪，达到盈利目标之后，在第一个上升浪的顶部右侧均线死叉时止盈一次（S1），在第二个上升浪顶部右侧均线死叉时清仓离场（S2）。采用突破进场策略时，最好采用分批进场策略，至少不应该在同一根 K 线上押大注。

做多交易（图 2-9）

交易品种：螺纹钢主力合约

开仓价格：3682

止损价格：3672

止盈价格：3723、3742

开仓时间：2023 年 8 月 22 日 13:15

平仓时间：2023 年 8 月 22 日 21:10、2023 年 8 月 23 日 14:40

盈利点数：41、60

盈亏比：4:1、6:1

2.2.6　其他周期案例 2：多次回测支撑线

图 2-9 之后，螺纹钢在日线上连续两日创出新高，然后调整两个交易日，在 8 月 28 日 14:25 形成了一个关键低点 3642 点，如图 2-10 所示。

图 2-10　螺纹主连（RBL8）2023 年 8 月 28 日 5 分钟图底部反转走势

可以看出，这又一个大家熟悉的价格模式，它与前面讲过的图2-8开多位置比较相似，都是在回测支撑线之后产生开多信号。8月29日9:25，该合约在MA60之上形成一个高点3685点。随后价格先后突破并回测这个点位，一共三次回测并获得支撑，用三个向上箭头表示。三个箭头后面，当MA5与MA10发生黄金交叉之后，都可以开多单，金叉发生的时间分别为8月29日21:35、8月30日11:05、14:40。图中用B1~B3标出了三根开多单的K线，前两次开仓的价格为3685、3686点，第三个金叉发生时产生了一根长阳线，如果开仓时稍有迟疑，很可能挂出一个无法成交的价格。

开仓的同时，以回测支撑线形成的波谷低点3672点设置止损，这个止损幅度较宽，达到了13点。这是在5分钟图表上的操作，通常1分钟、5分钟、15分钟、30分钟……随着K线周期加大，设置止损、止盈的幅度应该相应有所增大，不过盈亏比可以维持在一定水平。

实际上，回测产生的波谷低点下影线在3672点，而波谷的K线实体集中在3680点以上，大家也可以考虑以这个价格设置止损。如果以3680点为止损点，那么最好以收盘价作为判断触发止损的条件，而不是以盘中价止损，这是一个需要注意的细节。为什么呢？因为如果止损幅度偏小，那么盘中的瞬间波动很容易扫到止损，导致以不稳定的价格退出这次交易。

第三次回测支撑线之后，价格创出两次新高，这笔交易能抓住两个上升浪，分别在3720、3740点止盈（S1、S2），盈亏比为2.7:1、4.2:1。如果以3680点设置偏紧的止损，则盈亏比会有所增大，达到7:1、11:1。

还记得前面在1分钟图上抓住一波或两波上涨时的一般止盈幅度吗？当时一般是20点、30点左右，而到了5分钟图上能做到30点、50点左右。一方面是因为随着K线周期的扩大，K线平均波动幅度增加了，另一方面是因为交易者付出的试错代价也加大了，也就是风险增加了，因此利润也会随之增加。

做多交易（图2-10）

交易品种：螺纹钢主力合约

开仓价格：3685

止损价格：3672（或3680）

止盈价格：3720、3740

开仓时间：2023年8月29日21:35

平仓时间：2023年8月30日21:55、2023年8月31日10:55

盈利点数：35、55

盈亏比：2.7:1、4.2:1

第 3 章
让顺势交易成为首要原则

我告诉人们,做交易要做好两件事。首先,你需要一个大概率能够长期盈利的方法,它不必很花哨。确保你遵守了一些基本原则,比如"跟踪趋势""截断亏损""让利润奔跑"等。制订计划是第一步,第二步是有纪律地遵守计划。

——杰伊·卡佩尔(Jay Kaeppel)

"罗马不是一天建成的",真正的主要趋势不会在一天或一周内就结束,它需要更长的时间才能走完自身的逻辑过程。

——杰西·利弗莫尔(Jesse Livermore)

3.1 为什么逆市交易是高难度动作

有经验的交易者一定知道顺势操作的重要性，但有多少人能真正做到一致性地执行这一原则呢？

大家常说"市场如山岳一般古老"，市场中的人性又何尝不是如此！除了贪婪与恐惧这样的人类本性难以改变，人们还会认为自己比多数人更聪明。拿下降趋势来说，经常会出现快速杀跌，然后走出快速反弹的行情。一些自认为聪明的交易者，认为这是一种可以快速获利的操作模式。天下武功唯快不破，快进快出总能抢到几点利润，一旦尝到"接飞刀"的甜头儿，他们就会落入左侧交易的陷阱。这种做法十有八九会以一次大亏终结，然后他们开始反省自己的交易策略，又重新重视趋势，规规矩矩地做起顺势交易。

德国哲学家黑格尔曾经说过，人类唯一能从历史中吸取的教训，就是人类从来都不会从历史中吸取教训。很多人在逆市交易之前，往往已经知道这是违背原则的做法，但还是忍不住重复做同样的事情，却期待得到不同的结果。无法抑制一颗抄底的心，这成了很多人难以克服的心魔。解决办法唯有降伏其心，用魔法打败魔法。如果你曾反复遇到过类似问题，不妨多阅读几遍本节内容，希望能对你有所帮助。

下面以股指期货合约——沪深主连（IFL8）为例进行讲解。股指期货以沪深300指数为标的，这300只成份股覆盖了整体经济的大部分行业。其合约乘数为每点300元，报价单位为指数点，最小变动价位为0.2点。

3.1.1 小级别弱势突破

图 3-1 是股指期货合约 11 月 23 日的 1 分钟 K 线图。仍然按照前面讲过的回测支撑线进场方法,找到多单进场位置——B(14:01,开盘价 3560.6 点,在多头交易中用 B 代表 Buy,开多),同时以最近一个低点 3555.6 点设置止损。开多之后,该合约形成了一波上涨,但成交量相比突破阻力线时明显降低,量价背离说明短线可能发生反转。这个上涨浪相比印象中的 3-3 浪要弱势很多,不仅没能产生大波段,而且量能萎缩,这时要注意这里可能只是从关键低点开始的 a-b-c 三浪反弹模式中的 c 浪反弹。

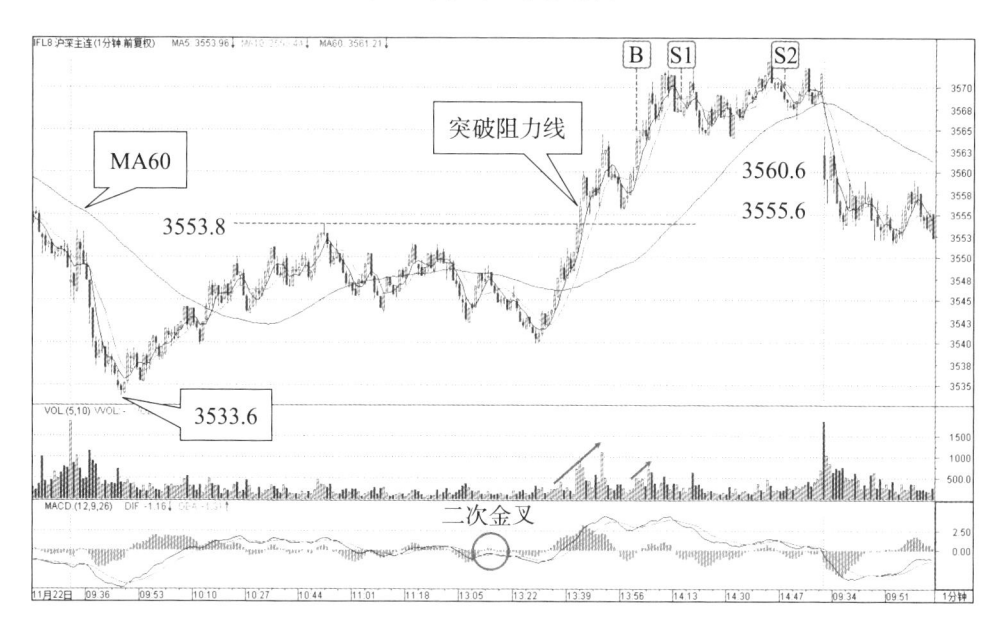

图 3-1 沪深主连(IFL8)11 月 23 日 1 分钟图阶段底部走势

由于拉升幅度较小,所以很快出现了平仓信号 S1(14:15,开盘价 3567.2 点,在多头交易中用 S 代表 Sell,平多),一共有 6.6 个点的利润,相比 5 个点的止损幅度来看,盈亏比接近 1∶1,这笔交易目前来看不太"合算"。可以保留部分仓位继续跟踪趋势,因为后面还有可能出现第二个上升浪。随后,该合约虽然突破前高,但只是微幅突破,在回落时出现了平仓信号 S2(14:46,开盘价 3569.4 点),这次有 8.8 个点的利润,盈亏比不到 2∶1。

这次交易最终以小盈收场,虽然也是抓住了两波上涨,但可以看出来,上涨浪似乎很局促,完全不是印象中的那种强势拉升。该合约在下个交易日一开盘就出现了跳空缺口,迅速向下脱离阶段顶部,重新回到了下降趋势。

在 MACD 指标图中,标出了 DIF 线与 DEA 线在 0 轴附近二次金叉的位置,在图中这种模式下,当发生二次金叉时,通常是一个做多的好机会。但本例在这个位置进场,则要被迫止损离场,因为后面跌破了前低,这可能预示着整个形态的弱势。

当图 3-1 的后续行情创出新低之后,该合约在 11 月 27 日 11:28 再次出现一个关键低点 3492.8 点,如图 3-2 所示。前一个底部(图 3-1)没有形成反转,下面看看这次的底部表现如何。

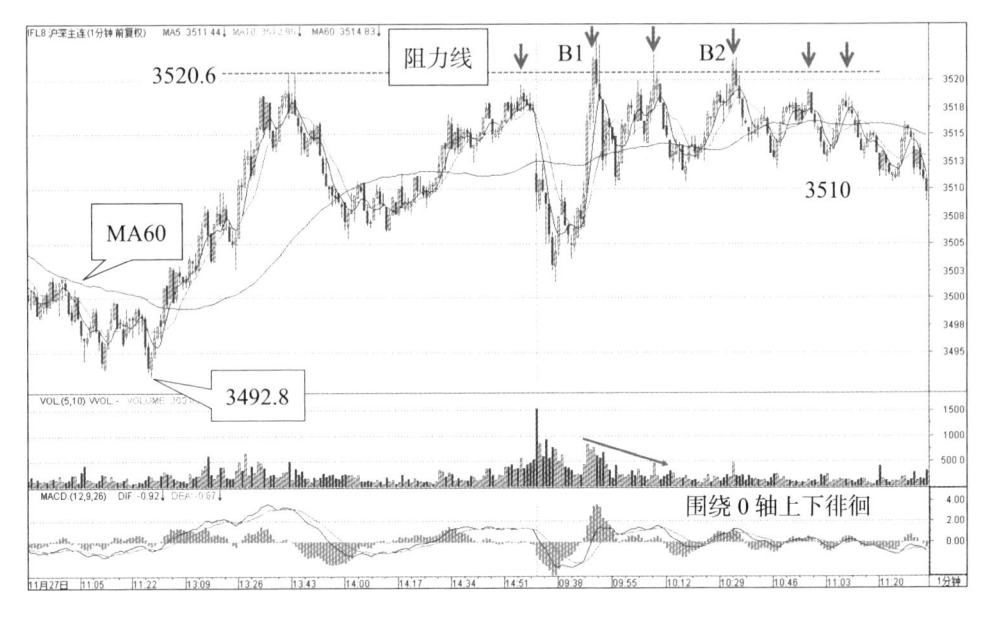

图 3-2 沪深主连(IFL8)11 月 27 日 1 分钟图阶段底部走势

从关键低点后面的反弹走势来看,采用回测阻力线的进场策略根本不会产生开仓信号。3520.6 点的阻力位一共经受了 6 次挑战,图中用 6 个向下箭头表示,其中两次上攻出现了收盘在阻力线上方的 K 线,但都只有 1 根 K 线(B1、B2 位置),其余四次上攻均未能站上阻力线。未能有效突破阻力线,也就谈不上回测支撑线，因此没有回测之后的开仓信号。

如果以突破阻力线的进场策略来操作的话，B1（11月28日9:49，收盘价3521.8点）和B2（10:33，收盘价3521.4点）位置会产生多头开仓信号。注意它们之间有一根K线的上影线突破了阻力线，如果以盘中价格来触发交易信号的话，这里也会开多单。以盘中价格还是以收盘价格来触发交易信号，这是一个值得注意的交易细节。

B1、B2位置的开仓最终难逃止损命运，价格没能形成上升趋势，短暂站上阻力线随即回落，后面跌破了3510点附近的支撑位。从MACD指标来看，6次上攻阻力线对应着6组红柱线，由绿柱线间隔，这是讲MACD指标时讲过的围绕0轴徘徊形态。这是由于DIF线与DEA线反复发生金叉与死叉导致的，表明市场处于振荡区间，没有明确的趋势方向。

任何波段方法都很难操作这样的图形，因为这是大级别下降趋势中暂时止跌的位置，可能发生小幅反弹，也可能只是止跌，在一个箱体内横向整理，多头基本没有多少操作空间，可以说是"巧妇难为无米之炊"。

3.1.2 日线下降趋势

底部反转形态的突破与回测进场策略一直很好用，这时的效用似乎降低了，为什么呢？答案就在日线图上，如图3-3所示。

图3-3是股指期货合约2023年6月到12月的日线图。先来看中长期的MA60，该均线一直在向下移动，价格始终处于中长期均线的压力之下，由此可以判断市场处于中长期空头趋势中。还有MACD指标，它的DIF线大部分时间运行在多空分界线——0轴下方，明确地指示了空头市场。

如果以裸K线来看，向下突破前低3767.6点之后，每个波谷相比前一个波谷都在降低，每个波峰相比前一个波峰也在降低，符合对空头趋势的定义。

两个方框标出了两波下跌行情，分别是9月11日—11月30日，以及11月15日—12月26日，这期间MA5与MA10处于死叉状态，由此判断处于短线空头趋势。

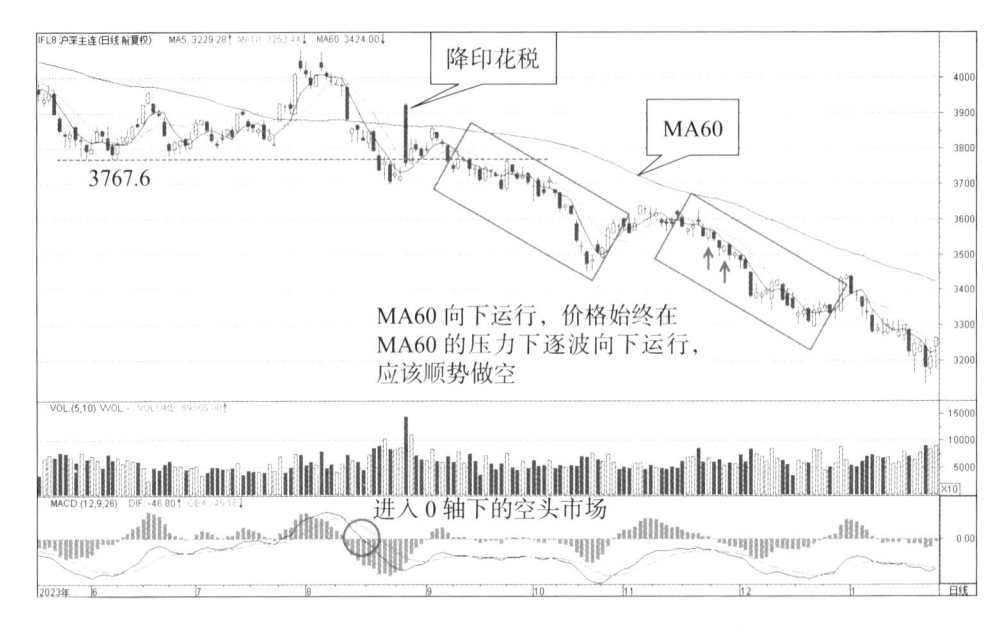

图 3-3　沪深主连（IFL8）2023 年日线图下降趋势

图 3-1、图 3-2 的开多信号发生在 11 月 23 日和 11 月 27 日，即第二个方框中用两个箭头标出的 K 线。可以看出，这两根日 K 线处于"长空兼短空"区间，这显然是做空更有利的位置。如果你是日线波段交易者，应该做空；如果你是日内波段交易者，也应该做空。日内波段交易虽然属于短线交易，但更要有大局观，需要对当前行情所处位置有一个客观的判断。很多人更关心市场将要涨到哪里，却很少有人关心市场当前所处的位置。

3.1.3　小级别逆市做多信号出现在日线的小阳线

逆市做多信号基本上都出现在方框中的阳线"里面"，一方面说明采用底部反转策略可以在分钟线上识别出起涨位置，另一方面，在日线的空头趋势下，多数阳线的反弹空间有限。所以，在空头趋势做多，这是在下降通道中寻觅反弹浪操作，无论在时间上还是空间上都对多头不利，无疑增加了操作难度。顺势做空会容易很多，在日线图上，波段交易者完全可以操作方框中的这两波空头行情。稍后会分析日线图的空头信号。

再来看一个案例，观察一下小级别多头信号是否通常出现在日线图的小阳线之内，如图3-4所示。

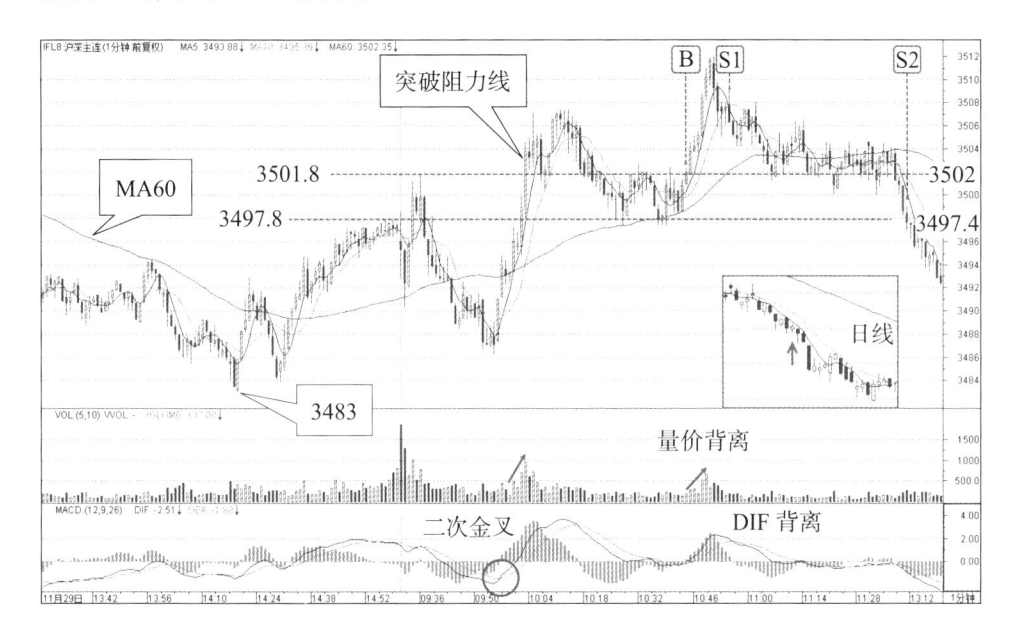

图3-4 沪深主连（IFL8）11月29日1分钟图阶段底部走势

图3-4是股指期货合约11月29日到30日的1分钟K线图。按照前面的回测方法找到多单进场位置B（10:44，3502点），同时以最近一个波谷低点3497.4点设置止损。开多之后，该合约走出连续阳线，但成交量相比前面突破阻力线时明显减少，量价背离，说明短线可能发生反转。当MA5向下交叉MA10时，出现平仓信号S1（10:55，3507.8点），一共产生了5.8个点的利润，相比4.6个点的止损来看，盈亏比接近1∶1。对于波段操作来说，这个盈亏比有些低了。

如果持有部分仓位继续跟踪趋势，价格随后也未能创出新高，最终在S2处（13:11，3497.4点）触发止损信号。以半仓分两次离场的话，这笔交易几乎打了个平手。

复盘来看，3497.8点也许要比3501.8点更合适作为该形态的一个关键点位，因为3501.8点是开盘不久一次短暂冲高形成的瞬间高点。后面的回测是针对 3497.8 点这个价位，并且获得了支撑。

这次阶段底部仍然没有多少做多空间，前期下跌过程中的反弹高点都会成为反弹时的强阻力位。虽然能捕捉到一个小级别的阶段底部，但奈何向上的时间和空间都有限，多头实在没有多少操作的余地。大家已经知道，当前在日线上处于下降趋势之中。在价格向下运行时，经常会走出长单边形式的流畅下跌，随后向上的反弹只是修复之前的剧烈下跌，见下一小节的图 3-5。大家也可以将这种走势看作价格需要等一等长期均线跟下来。要知道，价格止跌是可以不涨的。超跌之后，市场有反弹需要，但并不意味着会发生反转，多头力量在短时占优，而空头力量控制着长期趋势。从日线上可以看到，方向向下流畅的均线带表明了下跌惯性，这是能看得到的"势"。

前面三幅图的多头开仓信号均出现在日线图上的一根小阳线之内，分别为 11 月 23 日、11 月 27 日和 11 月 30 日。在多空双方的较量中，多头在节节败退。在市场中，最明智的做法是等待一方打败另一方之后，再加入强势的一方。不要想着改变多空力量，你不可能改变，你唯一能做的就是选择强势的一方。

3.2 做对方向，大大降低获利难度

3.2.1 小级别顺势做空信号

继续跟踪股指期货的后续行情，寻找交易机会。现在，大家已经知道股指期货在日线上处于下降趋势，空头占据主导地位。图 3-5 是股指期货合约在 12 月 6 日的 1 分钟 K 线图。这是一张更加全景一些的行情图，但由于缩放的原因，可能无法显示 K 线细节，交易者可以在行情软件上查看这一天的行情。

从图中可以看到，该合约前期走出了一波流畅的单边下跌行情，随后第一波反弹 a 浪同样急速，形成了一个小规模的 V 型反转。这时 MA60 已经转

为向上运行，这是走出长 a 浪时会出现的现象。有的交易者看到这种大幅下跌，认为这时价格已经足够低，做多会给他带来安全感，因为下跌动能已经得到极大释放，而且上方有很大的反弹空间。不过有一点大家要知道，这时处在空头市场，前期没来得及离场的多头还在等待出逃机会。

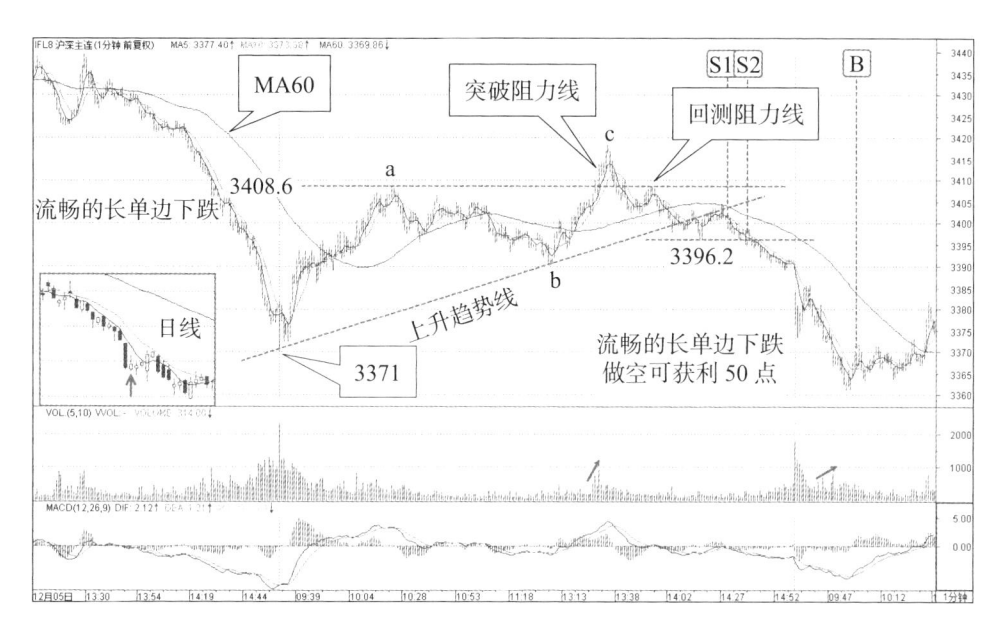

图 3-5　沪深主连（IFL8）12 月 6 日 1 分钟图阶段底部走势

从关键低点 3371 点开始，该合约再次走出三浪形式的反弹，即 a、b、c 三浪。从多头的角度来看，当 c 浪向上突破 a 浪的高点时，应该留意可能出现的开多信号。采用突破策略的多头会产生一笔亏损交易，而采用回测策略的多头"错过"了一次亏损交易，因为没有产生回测开多信号，阻力线没有变成支撑线，没能起到支撑作用。价格从 c 浪顶点直接回落到阻力线之下，回测了一次阻力线，然后进一步向下突破上升趋势线，开始恢复到下降趋势。

把行情图缩小，可以看到清晰的三浪反弹模式。a 浪反弹形成一个阶段高点，b 浪回调，c 浪挑战前高，然后恢复下降趋势。在真正反转之前，很难走出连续的向上推动浪，也就很少见到呈延长浪的主升浪。

有的交易者有看多偏好，遇到空头行情也会不自觉地寻找多头信号，这时不妨用我们的老办法，想象一下翻转图的样子。如果把图翻转过来，经过一波流畅大涨，3371 点成为一个关键高点，然后是 a、b、c 三浪调整。完成 c 浪调整，当价格回到 MA60 上方之后，交易者一定能找到"做多"信号，这往往是第 3 浪的起始位置。

回到实际行情，价格向下突破上升趋势线。当价格回测趋势线并向下拐头时，产生了一个空头进场信号 S1（12 月 6 日 14:30，3400.4 点）。还记得前面讲过的多重确认信号的交汇点吗？这就是其在空头行情中的应用，这里回测了趋势线和 MA60。当价格突破最近一个低点 3396.2 点时，产生另一个空头进场信号 S2（12 月 6 日 14:39，3395 点）。空单进场之后，价格持续下跌并形成了一波主跌浪，最终跌破前期低点 3371 点。

新低之后，当价格向上拐头时，产生空头平仓信号 B（12 月 7 日 10:00，3367 点）。大家会发现，如果方向做对了，获利难度将大大降低，顺势方向的波段长度将为交易者提供足够的操作空间。这个下跌波段达到 40 点以上，这次交易能吃到 30 点的利润。一波能够拉开价差的流畅行情，才是顺势交易策略所捕捉到的波段行情该有的样子。这笔交易的盈亏比达到 4:1。

3.2.2　顺势单子让利润奔跑

"站在风口上，猪也能飞起来"，这曾是互联网行业创业者流传的一句话。在交易市场也是同样的道理，选对方向并找到行情的爆发点，你的账户资金就能快速增长。

再来看一个顺势做空的案例，如图 3-6 所示。

通过方框中的日线图可以看到，当前交易日处在明显的空头市场，这时和空头站在一边更有利。股指期货合约在 12 月 14 日收盘前创出阶段新低，15 日开盘以向上跳空的形式迅速展开反弹。如果没有预先确定日线上的趋势背景，当价格突破阻力线时，有理由进场做多。通过前面的几次逆市做多交易，大家已经深深地认识到，逆市很难做到大波段，在承担同样一次止损风险的情况下，明智的做法是做"长边"，所以在这个位置应坚持找机会做空。

图 3-6　沪深主连（IFL8）12 月 15 日 1 分钟 K 线图

该合约在 10:44 形成了一个关键高点 3393 点，然后回落到 MA60 之下，并形成一个波谷 3374.6 点，穿过这个低点可以画出一条支撑线。价格走势开始进入大家熟悉的模式。经过两小波反弹之后，价格在 MA60 遇到压力，开始回落。最终，该合约以一根长阴线向下突破支撑线，产生空头开仓信号 S（13:01，3369.6 点）。这根长阴线达 7.4 个点，是否要等到收盘价再开仓，这是一个交易细节。稳妥起见，在确认形成突破之后，可以以下一根 K 线的开盘价进场。

这次交易的止损设在哪里呢？通常以前面的一个反弹高点作为空单止损点，即 3382.8 点，这是有技术意义的一个点位。不过，13.2 个点的止损幅度显然有些偏大，考虑到向下突破的长阴线应该很难收复，交易者可以以长阴线的高点作为止损点。另外，前期支撑线已经变成了阻力线，以阻力线 3374.6 点为止损点，也是一个合理的选择。

空单进场之后，走出连续阴线，几乎呈自由落体运动，一直跌破前低 3349.4 点。价格反复创出新低之后，产生空头平仓信号 B（13:44，3346.4 点），一共获利 23.2 个点。盈亏比接近 5∶1，这就是顺势交易的好处。这次交易抓住了一波主跌浪，开仓的位置处在类似 c-3 浪的起始位置。交易者可以再发挥一下想象力，它在翻转图中的多头情况下会是什么样子，是否和强势第 3 浪突破十分相似？

交易者可以仔细观察一下由 3349.4 点和 3374.6 点开始的反弹，它们都是三浪结构，这是一种很典型的调整形态。这两波反弹非常相似，它们是一种分形结构，区别在于前者的规模较大，级别较大，而后者的规模较小，级别较小。在空头趋势中，这种形态的末端（突破前高）都带有一定的诱多意味。

3.2.3 真正的最后一跌

日线上的这轮下跌，到第 27 个交易日终于迎来最后一跌。在这之前，市场已经无情地教训了大量逆市交易者。下面来看市场出现上涨推动浪的情况，如图 3-7 所示。

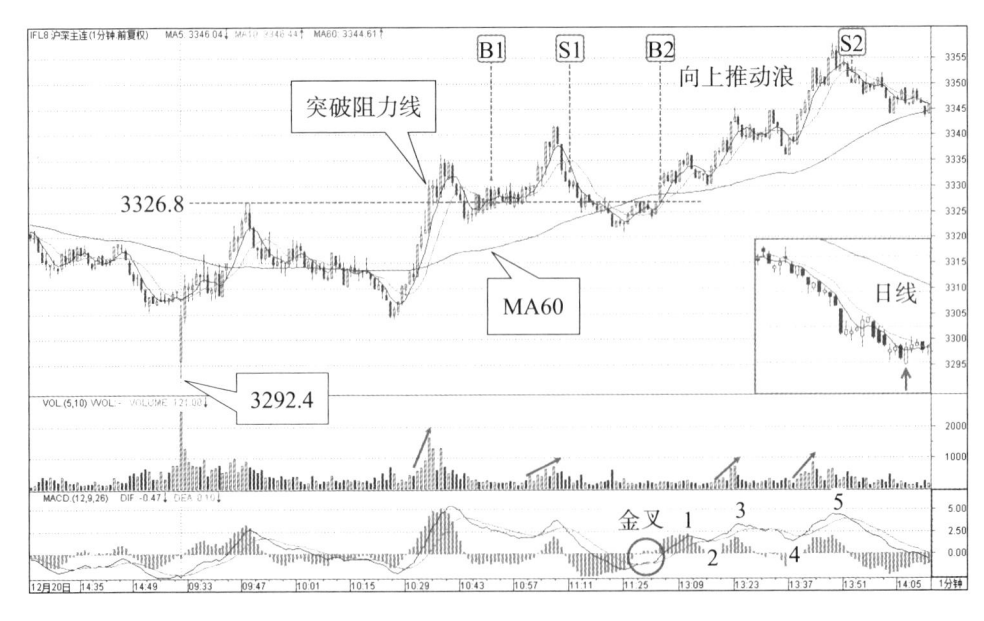

图 3-7　沪深主连（IFL8）12 月 21 日 1 分钟图底部反转形态

图中显示的是股指期货合约 12 月 21 日的 1 分钟 K 线图。可以看到，当日低开的第一根 K 线创出本轮最低点 3292.4 点。然后从多头视角来寻找开仓信号，要知道，在这之前多头已经进行了相当多次的试错。

按照回测进场策略，可以确定两组做多交易信号：B1（10:51，3326 点），S1（11:12，3330.2 点）；B2（13:04，3330.6 点），S2（13:53，3350.8 点）。两次交易的止损点分别为 3322.4 点和 3323.4 点。第一笔交易盈利 4.2 个点，盈亏比稍微高于 1:1，这是众多交易中一次平庸的尝试，没有走出大波段。交易记录中会有大量这种打成平手的交易，小亏试错是获得大盈必须付出的成本。第二笔交易盈利 20.2 个点，盈亏比接近 3:1，这是顺势交易应有的波段长度以及盈亏比。

第二笔多单进场时，价格站上支撑线，同时站上 MA60。随即 DIF 线进入 0 轴以上的多头市场，价格呈现 5 浪形式的向上推动浪。借助 MACD 指标，在一个金叉之后，可以标出一个清晰的 5 浪结构。在主要下降趋势中，大家很少能见到这种向上的推动浪。这种看多的分形结构（市场碎片），预示着市场波动可能发生风格转换。

日线图上，从 MA5 与 MA10 死叉开始，直到最低 K 线，从 11 月 15 日到 12 月 21 日，一共包括 27 个交易日，阳线与阴线个数比为 13:14，区间跌幅为 -242.6 点，区间振幅为 336.4 点。注意，这里采用的做多策略属于右侧交易，如果是纯粹抄底式的左侧交易，则会接更多的"飞刀"，因为日线级别处于下降趋势之中，在 1 分钟级别会有难以计数的新低，逆市抄底能抄到让人怀疑人生的程度。

3.2.4 日线上的顺势波段操作

最后来看"大图"，图 3-8 展现了日线上的全景信息。图中的 3492.2 点是这段行情的一个关键低点，它是自 2021 年 2 月以来的第四个关键低点。在行情软件上可以看到，在此之前已经走出了三轮类似的价格运行模式，由一个低点反弹到 MA60 之上，然后再回到下降趋势并创出新低。

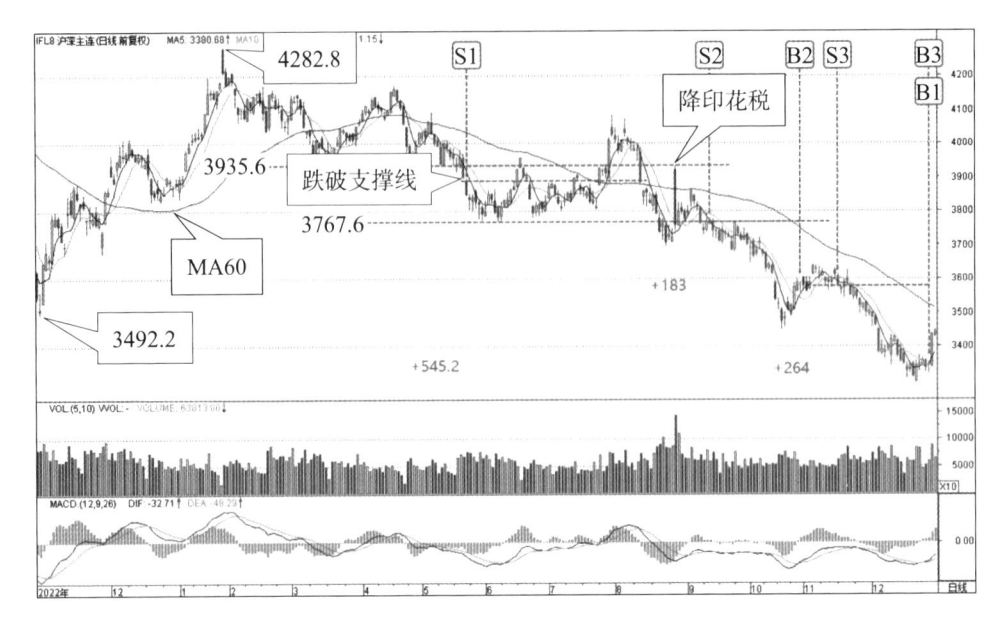

图 3-8 沪深主连（IFL8）日线空头波段操作

虽然这是日线图，但在 1 分钟图上已经见到过很多次这种模式，例如刚刚讲到的图 3-6，它们的共同特征如下。

（1）价格自阶段低点开始呈三浪形式的反弹。

（2）中长期均线 MA60 由向下移动转为向上移动。

（3）价格完成三浪反弹之后，先向下突破 MA60，再回测这条均线。

（4）价格向下突破支撑线，MA60 方向转为向下移动。

按照突破进场策略、均线交叉进场策略，可以找到三组空头交易信号。

S1：2023 年 5 月 24 日，3887.2 点（开盘价）

B1：2023 年 12 月 27 日，3342 点（开盘价）

S2：2023 年 9 月 12 日，3765 点（开盘价）

B2：2023 年 10 月 31 日，3582 点（开盘价）

S3：2023 年 11 月 16 日，3606 点（开盘价）

B3：2023 年 12 月 27 日，3342 点（开盘价）

当跌破位于 3935.6 点的支撑线时，在支撑线上有 6 根 K 线的下影线形成了突破，其中两根 K 线只越过了 0.2 个点，也就是一跳的价格。对于触发信号的价格，是选择以盘中价突破为准，还是以收盘价为准？微小幅度的突破是否算有效信号？这里以收盘价为准，2023 年 5 月 23 日收盘价 3896.2 点跌破支撑线。

位于 S1 的突破支撑做空位置与图 3-6 如出一辙，在开空单的同时，以最近一个波峰的高点设置止损。在第一笔交易持仓期间，价格曾经反弹到开仓价格之上，但没有触发止损，随后价格很快回落并且创出阶段新低。这次持仓可以一直跟踪趋势到最后，与 S3 的持仓一起离场。

图中标出了一根跳空高开的长阴线，不用多说，这种图形是受到消息面影响的结果。8 月 28 日，市场释放出重大利好消息，证券交易印花税实施减半征收，税率下调至 0.5‰，这样一来，一年将减少上千亿元的交易费用，当天市场大幅高开接近 5%。这种重大消息，对于隔夜持仓的交易者来说是一种潜在的风险，如果持仓方向不利，将遭受重大损失。这次发布利好消息的时机选择得不错，正是价格跌破支撑线，可能进一步快速向下的位置。不过从实际走势来看，利好消息延缓了创新低的过程，对趋势没有产生太多影响。

S2～B2、S3～B3 这两次空头波段交易，以 MA60 向下移动并且在 MA60 之下 MA5 与 MA10 发生死叉为开空信号，以 MA5 与 MA10 发生金叉为平空信号。在开空时，以最近一个反弹高点设置止损。死叉与金叉将 MA5 与 MA10 分割成了两段向下运行的均线带，这是最理想的一种空头均线形态。

最后，在空单平仓价位标出了 3 次波段交易的盈亏点数：+545.2、+183、+264。从跌破 3767.6 点的支撑线算起，到最后一跌的低点 3292.4 点，一共有 470 点的做空空间。后两次交易能获得 447 点的高额利润，这得益于正确的交易方向、合理的交易策略以及流畅行情的配合。图 3-6 中 1 分钟线上的一次交易获得了 23.2 个点的利润，而同样的策略在日线上的一次交易获得了 545.2 个点的利润。日线上这 3 次交易的平均利润在 300 点以上，而 1 分钟线上的预期波段利润在 20 点到 30 点之间。不同 K 线周期上的交易各有利弊，交易者应该根据自身操作风格、客观条件来做出选择。

第 4 章
利用大盘指数研判短线转折信号

让你陷入困境的不是未知的世界,而是你坚信的事并非如你所想。

——马克·吐温(Mark Twain)

每个人都在狂热地订购这些芯片来促进人工智能,他们还不知道要用这些芯片做什么。这就像在淘金热中卖铲子一样,卖铲子的人都吓坏了。

——杰里米·格兰瑟姆(Jeremy Grantham)

4.1　期货品种螺纹钢与股市大盘同步波动吗

"看大盘，做个股"是操作股票的一条重要原则，因为多数情况下，个股会与指数同步波动，最明显的一种表现就是它们经常同时创出阶段高点或低点。当然，同一时间点的个别股票或者同一股票在个别时间点有时会与指数不在同一节奏。个股与大盘之间的互动关系有点像鱼与鱼群的关系，从整体上来看，大多数鱼在大多数时间会跟随鱼群移动。相对来说，鱼群的方向更好判断，这对成功捕到鱼有很大帮助。

不知道大家有没有留心观察指数的分时波动规律，大家知道指数在一个交易日通常会创出几个阶段高点或低点吗？不妨先凭感觉给出一个答案，然后再看下文的分析。有了这个数字，你就会对240根K线可能产生几波上涨或下跌有一个概念。

多数个股在大部分时间跟随大盘波动，对于这个观点应该没有争议。那么螺纹钢期货合约是否会跟随大盘波动呢？这就是本节要讨论的主题。这里需要提醒一下，本节涉及很多高点与低点，阅读时需要多一些耐心和细心。（图片中由程序自动标注的文字较小，读者可以到笔者的微博 https://weibo.com/lingbostock 下载这些图片，然后放大显示。）

4.1.1　2024年2月5日螺纹钢期货合约与深证成指走势比较

先来比较一个交易日中螺纹钢期货合约与深证成指的波动情况，如图4-1和4-2所示。

图4-1中，利用公式程序标出了螺纹钢合约在2月5日1分钟K线图中主要高点与低点的序号、价格和时间。在股市交易时间段，一共产生了12个

高点和 8 个低点。由于螺纹钢期货在 10:15—10:30 有 15 分钟的休盘时间，

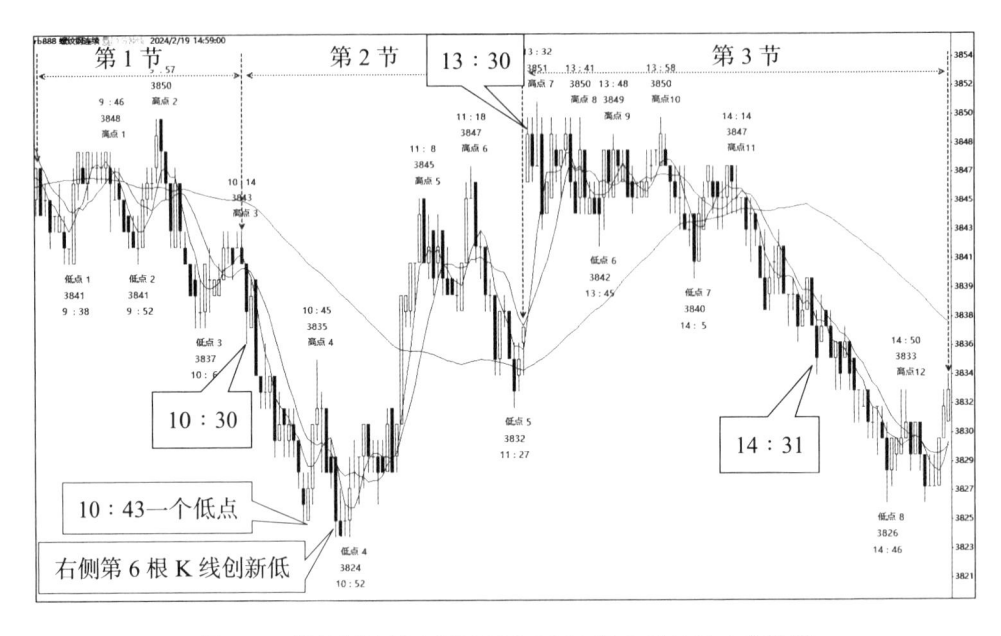

图 4-1　螺纹钢连续（RB888）2024 年 2 月 5 日 1 分钟图

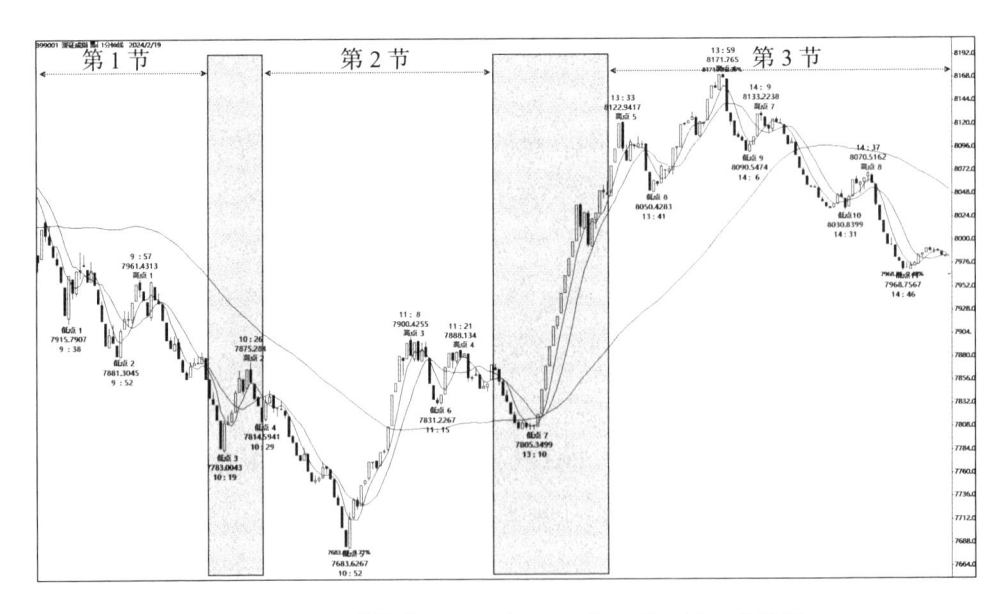

图 4-2　深证成指（399001）2024 年 2 月 5 日 1 分钟图

为了便于观察，这里标出了恢复交易时间 10:30 对应的 K 线，此外，还标出了下午开盘时间 13:30 对应的 K 线。螺纹钢日盘于 9:00 开始交易，为了观察其与大盘的联动情况，以股票开盘时间 9:30 为起点，将日盘交易时间分成了 3 节，第 1 节为 9:30—10:15，第 2 节为 10:30—11:30，第 3 节为 13:30—15:00。这 3 节是指数和螺纹钢合约相互重合的交易时间段。

这里为阶段高点（或低点）给出一个简洁而优雅的定义，当某根 K 线左右两侧至少各有 N 根连续 K 线在其下方（或上方）时，就认为这是一个阶段高点（或低点），N 通常取 10 左右的数值。本节把这个参数设置为 6。例如，如果想判断一个阶段低点，那么当某根 K 线的左右两侧各有至少 6 根连续 K 线在其上方时，这根 K 线就是一个波谷低点。有了这个定义，就可以把它写成公式代码，用程序来自动识别并标出阶段高点或低点。

那么螺纹钢期货合约的日内波动是否跟随大盘呢？来看图 4-2 的深证成指 1 分钟图。

在指数的 1 分钟图中，依然利用程序标出了主要高点与低点发生的时间。指数比螺纹钢期货合约多出 45 根 K 线，也就是在 10:15—10:30 和 13:00—13:30 多出 45 分钟交易时间，即图中的两个阴影区间。可以花几分钟时间对比一下两幅图中的高点与低点，会发现，在这个交易日，这两个品种大部分的阶段高点与低点都发生在同一时间窗口，有的在同一根 K 线，有的误差在 1~3 根 K 线之内。按照时间顺序，螺纹钢合约中的以下高点或低点，都能在指数图中找到对应的高点或低点：低点 1（9:38）、高点 2（9:57）、低点 4（10:52）、高点 5（11:8）、高点 6（11:18）、高点 7（13:32）、高点 10（13:58）、低点 7（14:5）、低点 8（14:46）。这些点位是特征点位，它们就像是价格波动的指纹，大家能够从中识别出一些相似的片段。

其中有几个点位需要特别说明一下，深证成指在 10:19 有一个低点，它发生在螺纹钢合约休盘期间。等到 10:30 螺纹钢恢复交易时，指数点位与休盘前的点位相比是下跌的，螺纹钢在 10:30 恢复交易时走出了一根长阴线。深证成指在 14:31 产生了一个波谷低点，而螺纹钢在这个时间没有形成左右两侧都满足一定数量 K 线的波谷，可以看作是一波连续下跌，直到 10:46 产生一个波谷。

深证成指在下午 13:00 开盘，而螺纹钢合约晚 30 分钟开盘，大盘在这 30 分钟内大幅大涨，螺纹钢在 13:30 开盘时跳空高开。这可以看作螺纹钢合约弥补了这 30 分钟的上涨。

螺纹钢在 10:43 有一个低点，而低点右侧第 6 根 K 线创新低，不满足至少 6 根 K 线在前面的低点上方，所以不构成一个波谷低点。其他一些看似是一个小波谷或小波峰而没有被程序识别出来的位置，可能都是由于这个原因。

图 4-1 中的低点 4（10:52）、高点 7（13:32）、高点 10（13:58）和低点 8（14:46），包括图 4-2 中与之相对应的四个点位，确定了这两个品种当天主要波段的低点与高点，它们是最具特征的点位。

从两个品种的波动特征不难看出，螺纹钢在跟随大盘波动，至少可以说明在 2024 年 2 月 5 日这一天，二者几乎完全同步，创出关键低点的时间相同或相近，只是在波动幅度上有差别。

4.1.2　2024 年 2 月 6 日螺纹钢期货合约与深证成指走势比较

为了进一步验证二者的同步波动情况，再看随后一个交易日的情况，如图 4-3、图 4-4 所示。

2 月 6 日这天的走势应该更好"理解"一些，因为利用程序可以识别出一系列成对的高点与低点。虽然有很多小波段，但走势比较明朗。如图 4-3 所示，螺纹钢合约的 1 分钟 K 线图中一共有 10 对高点与低点。除此之外，还标出了上午休盘之后恢复交易的时间 10:30，以及下午的开盘时间 13:30。

再来看图 4-4 深证成指 1 分钟 K 线图，图中用程序自动标出了 13 对高点与低点，每一个高点都满足其左侧与右侧均至少有 6 根较低的 K 线，而每一个低点都满足其左侧与右侧均至少有 6 根较高的 K 线，这些都是由程序识

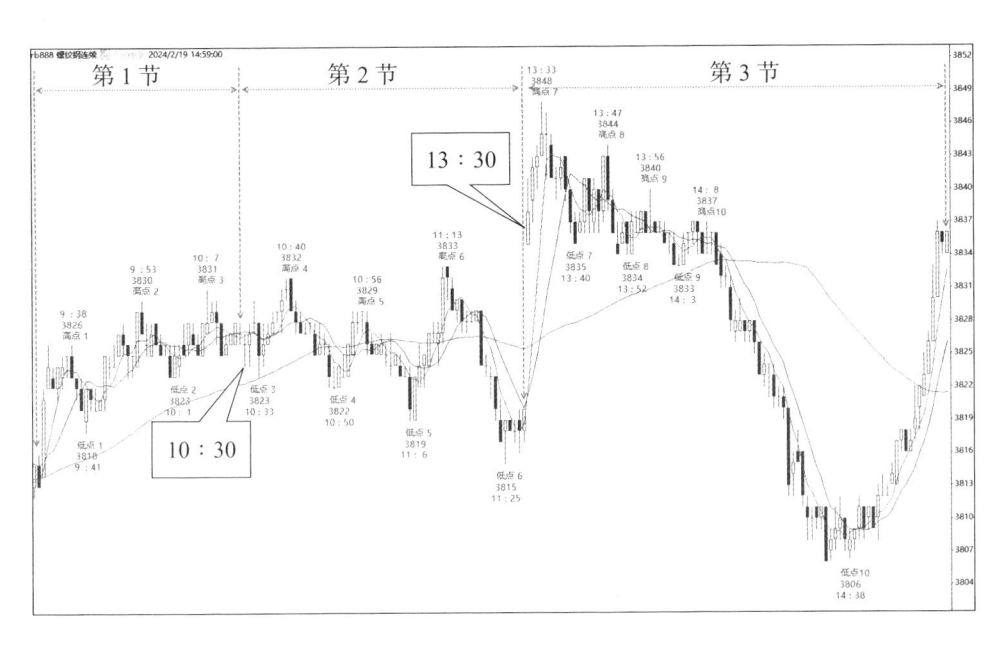

图 4-3 螺纹钢连续（RB888）2024 年 2 月 6 日 1 分钟图

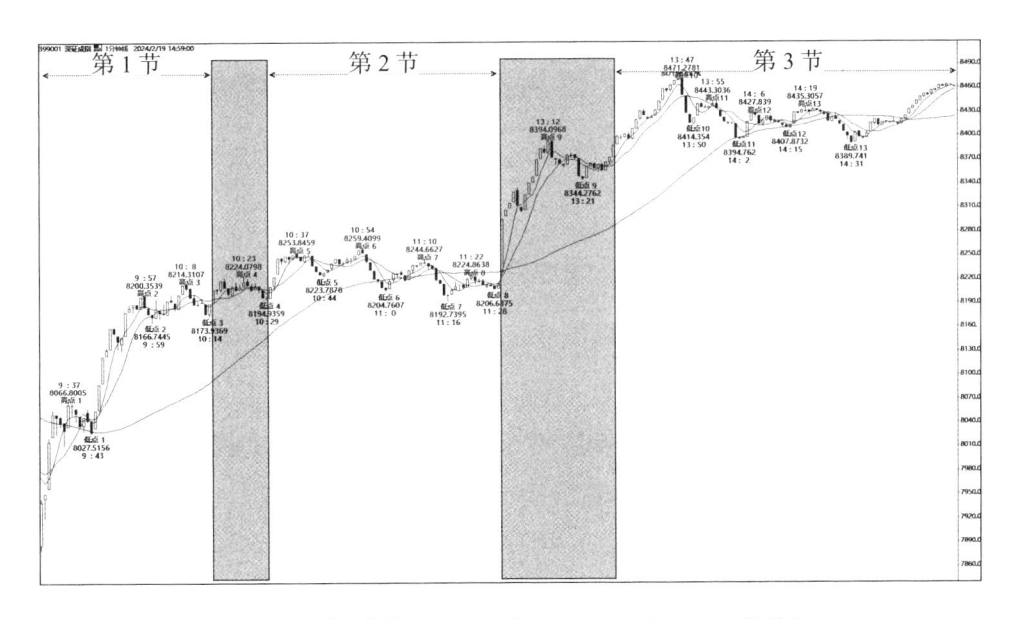

图 4-4 深证成指（399001）2024 年 2 月 6 日 1 分钟图

别出来的客观信号。图中的两个阴影区域分别表示螺纹钢未同时处于交易状态的时间区间 10:15—10:29、13:00—13:29。可以清楚地看到，两个阴影区间把这个交易日分隔成了三节，两个阴影区间各包含 1 对高点与低点，这三节由前至后分别包含 3 对、4 对和 4 对高点与低点，一共 11 对，其中第二节（10:30—11:30）比螺纹钢多出 1 对高点与低点。

第一个阴影区间位于首尾的 K 线价格变化不大，螺纹钢在 10:30 恢复交易时，平稳衔接之前的 K 线。第二个阴影区间内，指数大幅上涨，螺纹钢在 13:30 恢复交易时大幅向上跳空高开，属于明显的补涨。

对比两个品种全天的走势，第一节反弹阶段，二者的高低点对应明显；第二节振荡整理阶段，二者没有完全重合的高低点，但仍然保持着一定的共振节奏；第三节回落和反弹阶段，保持着比较一致的节奏，螺纹钢借势发挥，下跌与上涨波段的幅度都相对较大。

如果从当天的分时图来看，不加权指数（黄线）以 13:47 的顶点为分界，左右两侧的波动比较大，在 4.2 节内容中还会讨论到具体的交易信号。螺纹钢在 13:47 的背离顶点之后产生了一波将近 40 点的下跌，空头可以利用指数分时图中的红绿柱找到做空时机。

这一天指数在日线上走出了跌破 8000 点之后的绝地反击，收出一根长阳线，而螺纹钢收出一根带长下影的小阳线，明显不如指数强势。

4.1.3　2024 年 2 月 7 日螺纹钢期货合约与深证成指走势比较

最后来看 2 月 7 日这两个交易品种的波动情况，如图 4-5、图 4-6 所示。

2024 年 2 月 7 日，螺纹钢合约产生了 9 个高点和 7 个低点，而深证指数产生了 12 个高点和 13 个低点，其中包括螺纹钢休盘期间（阴影区间）的 1 个高点和 3 个低点。螺纹钢以下高低点均能在指数上找到对应点位：高点 2（9:44）、低点 1（9:52）、高点 3（10:4）、低点 2（10:12）、低点 3（10:58）、高点 5（11:0）、低点 4（11:6）、高点 7（11:29）、低点 5（13:42）、低点 6（14:4）、高点 9（14:10）、低点 7（14:24）、高点 10（14:45）。也就是说，在一共 16 个高低点之中，有 13 个都能找到对应点，所有 7 个低

第 4 章　利用大盘指数研判短线转折信号

点全部能找到对应点。

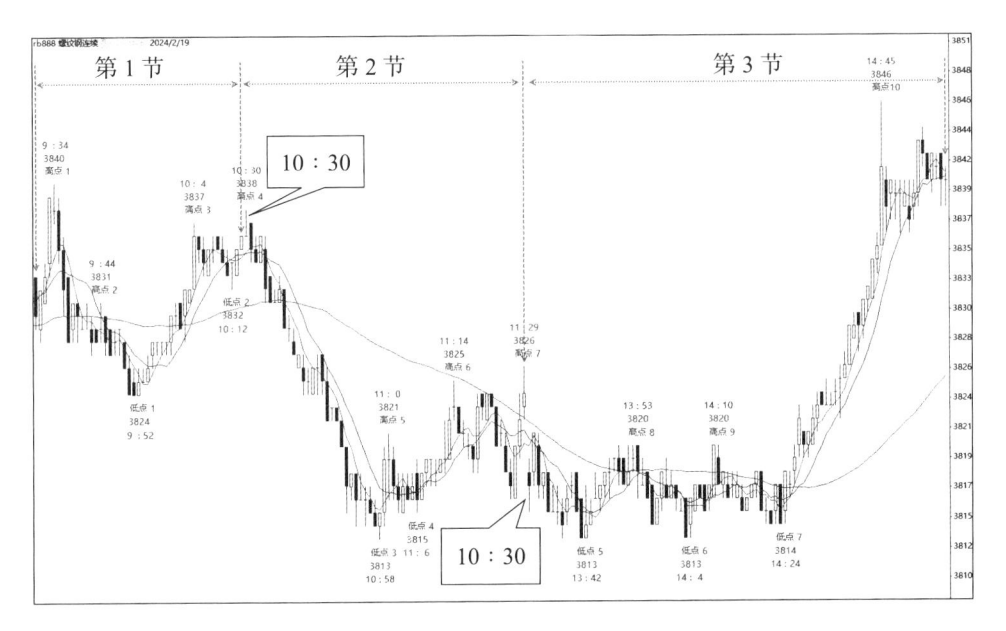

图 4-5　螺纹钢连续（RB888）2024 年 2 月 7 日 1 分钟图

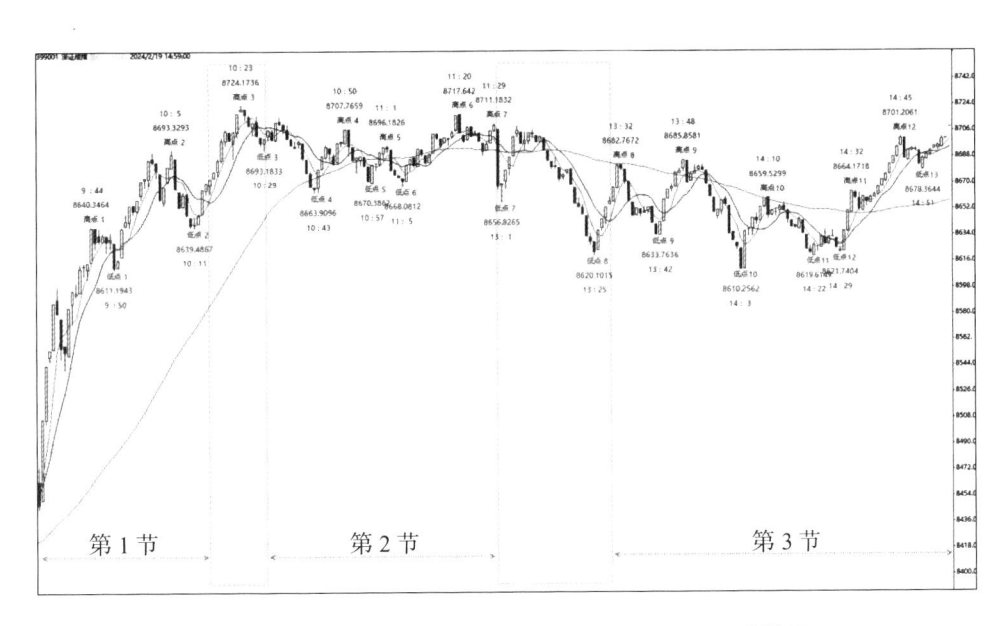

图 4-6　深证成指（399001）2024 年 2 月 7 日 1 分钟图

仔细观察两幅图就会发现，实际上还有一些小的波峰或波谷能找到对应关系，例如螺纹钢高点1（9:34）在深证指数上也有一个对应高点，发生在9:35，只是因为螺纹钢在这之后回落并在波峰右侧形成了低于高点的6根以上K线，即形成了满足条件的高点，而深证指数在短暂回调之后，该高点右侧的第5根K线创出新高，没有形成一个满足条件的高点。但交易者仍然能够看出来，二者的涨跌节奏是一致的，区别只在于涨跌幅度不同。

深证成指包含500只成份股，而且指数数值较高，作为一个群体代表，很容易与另外某个可能同步波动的个别品种产生误差。在时间上，这个误差在1~2根K线以内都可以接受。经过观察发现，螺纹钢在一些时间内与股票指数具有很强的相关性。螺纹钢如同个股一样，要借大盘之势伺机而动，主力资金要等到最佳时间窗口才发动行情。

在采用1分钟K线时，有一个细节需要注意，不同行情软件对K线时间的标注并不相同，比如股市开盘时间为9:30，有的软件显示的K线时间是9:30，有的是9:31，而收盘时间为15:00，有的软件的K线时间是14:59，有的是15:00。这是因为有的软件以当前K线的开盘时间来记录K线，而另外一些软件以收盘时间来记录K线。另外，分时图和1分钟K线图的时间也不相同，在同一行情软件中会出现这样一种情况，这两种图表开盘第一分钟的时间分别是9:30和9:31。

除了时间显示不同之外，每根K线的形态是否完全相同呢？细心的交易者会发现，不同软件上的个别K线也可能有差别，这是因为不同行情软件记录到的高、开、低、收价格可能偶尔会产生误差，尤其是当行情快速波动的时候，某根K线的开盘价或收盘价有可能产生一跳的误差。不过，交易者不必担心，这基本不会对技术分析和交易信号产生很大影响。以螺纹钢来说，一个交易日有345根1分钟K线，通常几天之中才可能遇到1~2根不同的情况。日K线在不同软件之间通常不会有差别。

4.2 指数分时图中的红绿柱在期货短线交易中的应用

刚开始做股票的时候,交易者会经常通过分时图来观察当天的价格走势。学会技术分析之后,交易者会更多地采用 K 线图,因为 K 线图能够提供更多的盘面信息。如果留心观察就会发现,同一个交易品种的分时图与 1 分钟 K 线图,它们的波谷低点价位很可能不一致,为什么呢?道理很简单,因为分时图只记录 1 分钟周期内的一个收盘价,而 1 分钟 K 线图会记录"高开低收"四个价格,它的低点是最低价,所以二者在同一时间的低点会有差别。上一节讲解了大盘与螺纹钢在日内波动期间的关联性,本节将在此基础上试着确定螺纹钢的进场与离场位置,并且会用到深证成指的分时图。之所以引入分时图,是因为分时图中还有一个重要信息——红绿柱。

现在似乎已经很少有人讨论指数分时图中的红绿柱了,早在 10 多年前,流行操作股票权证的时候,一些交易者会将红绿柱作为一项重要参考指标。其中的逻辑很容易理解,既然个股跟随大盘,而权证又跟随个股,那么在 T+0 交易规则下,短线操作权证就可以通过判断大盘的涨跌力道来提高成功率。当时,红绿柱被很多交易者当作一种相当可靠的多空强弱指标。

从图 4-7 显示的深证成指分时图中可以看到两条价格线,其中蓝线(或白线)表示加权指数,即通常所说的大盘指数,而黄线表示不加权指数,即不考虑股票盘子的大小,认为所有股票对指数具有相同的影响而计算出来的大盘指数。通过两条价格线的位置关系可以得知,当蓝线在上、黄线在下时,表示大盘股强于中小盘股;当黄线在上、蓝线在下时,表示中小盘股强于大盘股。

分时图中间位置的柱线就是红绿柱线,它们以昨收价格为基准线(0.00%,以下称为 0 轴),类似于 MACD 指标的 0 轴。分时图的红绿柱线也与 MACD 指标非常相似,0 轴以上的红柱线表示上涨力度,0 轴以下的绿柱线表示下跌力度。红绿柱线反映了当前所有股票的买盘与卖盘在数量上的比率。

红柱线增长与缩短表示上涨买盘力量的增减；绿柱线的增长与缩短表示下跌卖盘力量的强弱。

在本小节，为了确认一个交易信号，需要多次观察、对比两幅行情图中的时间点，交易者在阅读时要多付出一点耐心。

4.2.1　案例分析1：2024年2月5日螺纹钢日内交易信号

图4-7是2月5日的深证成指分时图，它和4.1节的第一个案例是同一天的行情，图中标出了主要低点发生的时间，注意这里是分时价格的收盘低点发生的时间，其中一些低点与图4-8中标注的低点稍有误差。两幅图的阴影区间均表示螺纹钢的休盘时间段。

下面来观察一下分时图中的红绿柱。从图中可以看出，当日上午以及收盘前一小时，位于0轴以下的绿柱线占很大比例，说明在此期间空头占优势。下午开盘后13点至14点这一个小时，位于0轴以上的红柱线占很大比例，说明在此期间多头占优势。

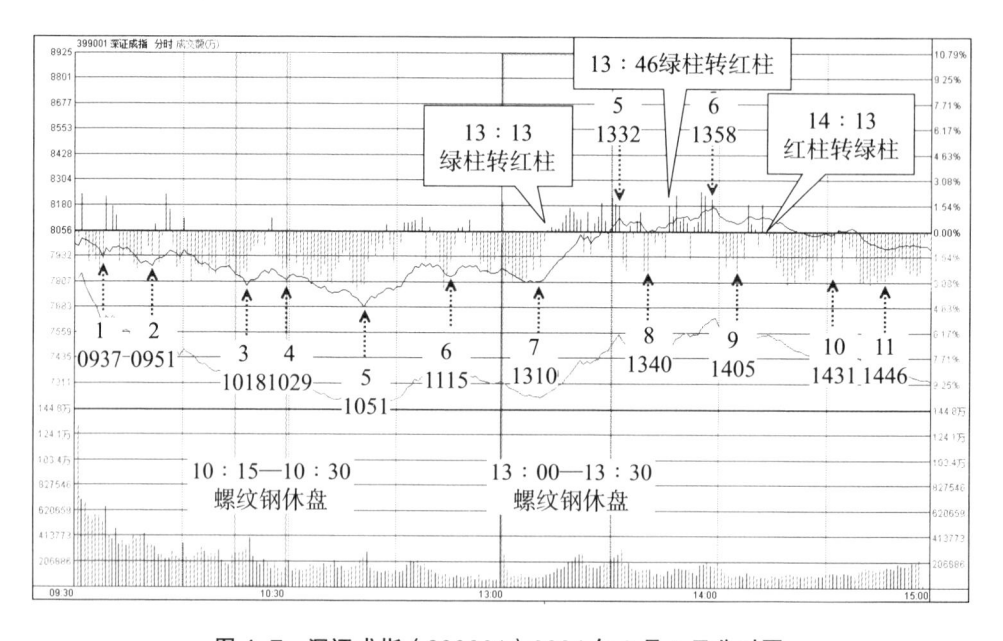

图4-7　深证成指（399001）2024年2月5日分时图

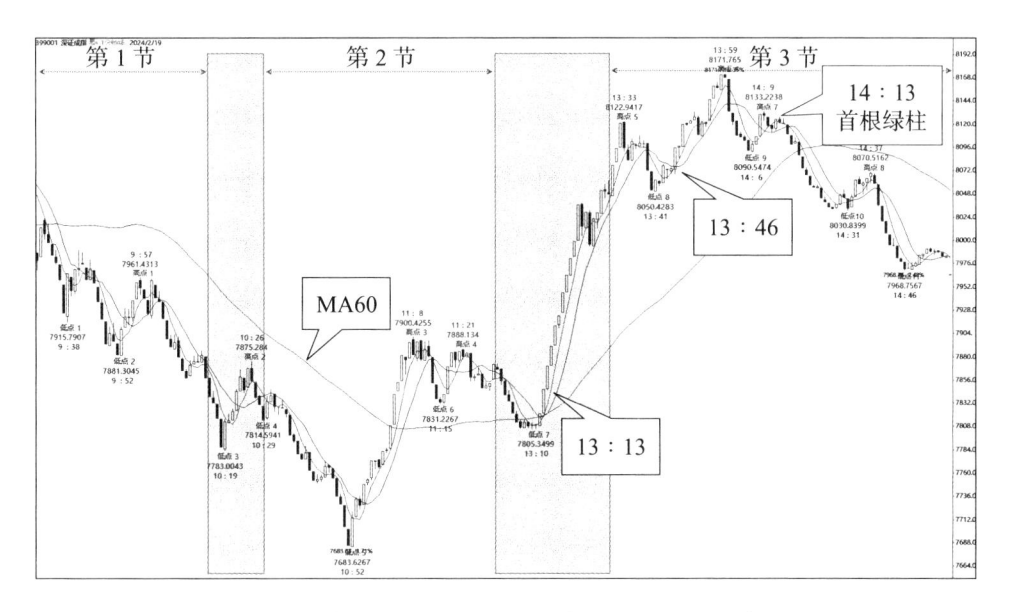

图 4-8　深证成指（399001）2024 年 2 月 5 日 1 分钟 K 线图

红绿柱线究竟怎样用呢？熟悉 MACD 指标的交易者应该知道绿柱转红柱、红柱转绿柱这两个关键点。在 MACD 指标中，这代表 DIF 线与 DEA 线的金叉与死叉，是短线转折点，可以形成买点与卖点。这里的用法与 MACD 指标相似，主要关注红柱与绿柱的转换、发散与收敛、长度与宽度。

使用红绿柱时，最好与既定策略配合使用，而不是单纯参考红绿柱。交易者应该把它当作一种额外的辅助工具，为交易信号增加可靠性和成功率。

下面来试着寻找进场机会。

2 月 5 日，市场在日线上处于空头趋势，当天上午也是空头占绝对优势，代表中小盘股的不加权指数（黄线）一度跌到 9% 以下，这是历史级别的大波动。这一天还跌破了 8000 点这一关键点位。假设有一位短线多头交易者在等待反弹做多机会，图 4-8 在下午开盘后出现了一个典型的做多位置，价格反弹并突破 MA60，然后回测 MA60 并获得支撑，这种图形大家已经见过很多次。这时把视角切换到图 4-7，留意"绿柱转红柱"的进场信号。在 13:13 出现首根红柱，进入做多时间窗口，同时在图 4-8 中也标出了同一时间的 K 线。

在此之后，指数大幅拉升，创出日内新高，这是符合第 3 上升浪特征的一波上涨。在高位经过调整之后，13:46再次出现"绿柱转红柱"的进场信号，此后指数再次创出日内新高，这是符合第5上升浪特征的一波上涨。

有多头就有空头，假设有另外一位短线空头交易者在等待逢高做空机会。图4-8中，价格在13:59形成一个波峰，然后在14:09形成了一个较低的波峰，这个位置很像头肩顶形态的右肩。分时图中的红绿柱在14:13出现"红柱转绿柱"的空头进场信号，进入做空时间窗口。

如果存在一个以深证成指为标的的迷你股指期货合约，那么这两位交易者的三次交易都可以实现盈利。不过本小节讨论的是利用与大盘的联动来操作螺纹钢合约，下面来看在这三个进场时间窗口内，这两位交易者是否能在螺纹钢上实现盈利，如图4-9所示。

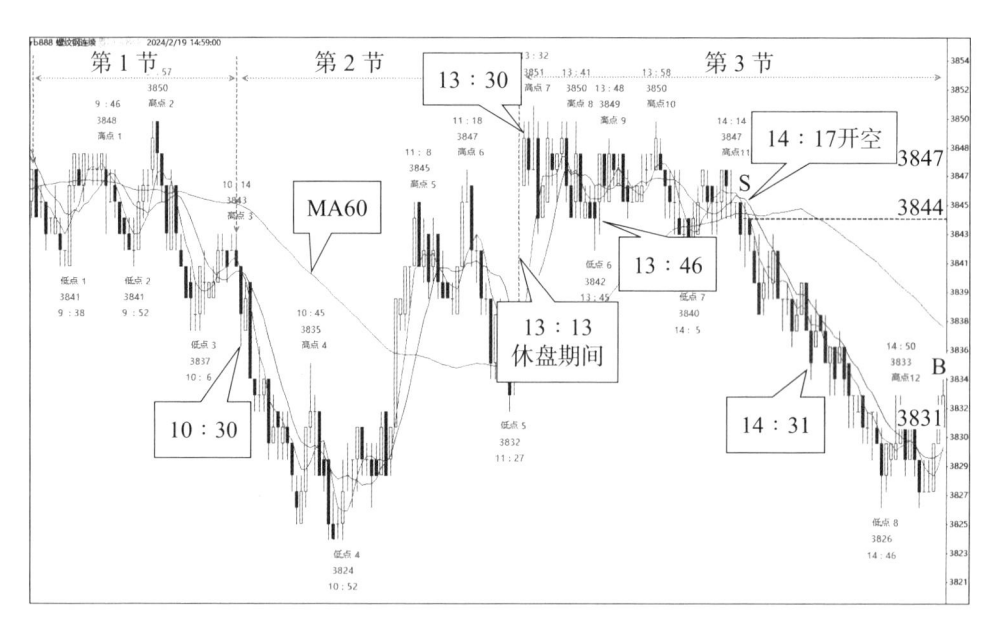

图4-9 螺纹钢连续（RB888）2024年2月5日1分钟K线图

图4-9是螺纹钢连续（RB888）2024年2月5日的1分钟K线图。从K线与MA60的关系来看，该品种与指数同步突破并回测MA60，在第一位短线多头交易者判断出来的第一个做多时间窗口，该合约在13:13处于休盘时间。等到下午开盘时，该品种跳空高开，瞬间兑现了指数在半小时内的涨

幅，这次没有进场做多的机会。第二个做多时间窗口起始于 13:46，如果在随后几根 K 线内找机会进场，直到 13:58 产生波峰，没能创出新高。虽然该品种与指数同步波动，但没有利用这个时间窗口展开拉升行情，这波上涨力度较弱，这次交易可能产生 5 个点的止损。

再来看另外一位短线空头交易者的交易信号，指数在 14:13 出现"红柱转绿柱"空头进场信号，进入做空时间窗口。螺纹钢 14:14 形成一个高点，即图中显示的"高点 11"。注意这里的细节，虽然进入做空时间窗口，但所操作品种还在均线金叉阶段，为了提高进场的成功率，最好等到均线向下交叉。最终 MA5 与 MA10 在 14:17 形成死叉，该交易者以开盘价 3844 点开空（S），同时以最近一个波峰（高点 11）3847 点设置止损。随着指数分时图中的绿柱不断延续，指数与螺纹钢价格连续下跌。指数在 14:31 走出了一个波谷低点，而螺纹钢仍在持续创出阶段新低。直到 14:46，二者同时形成了一个波谷低点，即螺纹钢的低点 8 与指数的低点 11。这次持有空单的时间已经达到 30 分钟，进入止盈离场阶段。该交易者在当日收盘前 14:59 以 3831 点止盈离场（B）。这笔交易获利 13 点，当初设置的止损为 3 个点，所以获得了一个超过 4∶1 的盈亏比。

从最终交易结果来看，多头交易者看对了行情，但在这个交易日没有收获到利润。空头交易者看对了行情，也捕捉到了行情。指数分时图的红绿柱为交易者提供了涨跌力度的背景信息，采用不同策略的交易者都可以利用它来提高交易信号的质量。例如，指数高点 2（10:26）之后，低点 5（10:52）之后，利用出现的首个绿柱或首个红柱，都可以找到不错的做空或做多位置。

4.2.2 案例分析 2：2024 年 2 月 6 日螺纹钢日内交易信号

有的交易者也许会产生一个疑问：为什么不在所有的"绿柱转红柱"之后做多，或者在所有的"红柱转绿柱"之后做空呢？这样不是有更多机会吗？这是因为如果不加分辨地只要看到首根红柱线就做多，看到首根绿柱线就做空，就会发现很多位置开始的在有利方向的波动还没来得及离场，市场就已经改变了方向。简单来说，就是波动的级别太小，不足以产生波段利润。因此，这里建议最好是在既定的策略基础之上，将红绿柱作为一种额外的确认信号使用。

图 4-10 与图 4-11 是深证成指在 2024 年 2 月 6 日的分时图和 1 分钟 K 线图。开盘之后，加权指数就大幅高于不加权指数，蓝线在黄线之上，说明大盘股的表现比中小盘股强势。截至上午收盘，加权指数运行在 2.7% 以上，而不加权指数运行在 -2.7% 以下，说明大盘权重股在拉升指数，小盘股有可能在随后启动。

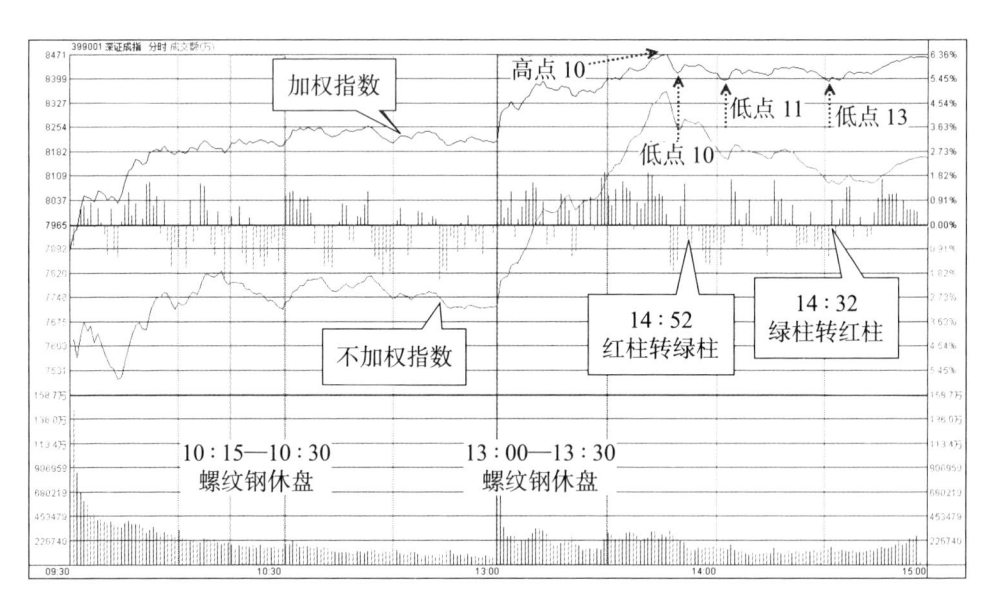

图 4-10　深证成指（399001）2024 年 2 月 6 日分时图

与前一个交易日相似，这个交易日的主要拉升也发生在螺纹钢的中午休盘时段，13:12 创出高点 9，随后在 13:47 创出高点 10。这时蓝线与黄线的距离迅速缩小，说明中小盘股利用指数拉升走出了更大的涨幅。图 4-12 中，螺纹钢下午跳空高开，在 13:33 创出高点 7，随后在 13:47 创出高点 8，该时间与指数同期高点相对应，但并没能创出新高，形成了一个顶背离的高点，说明螺纹钢的表现相对较弱。

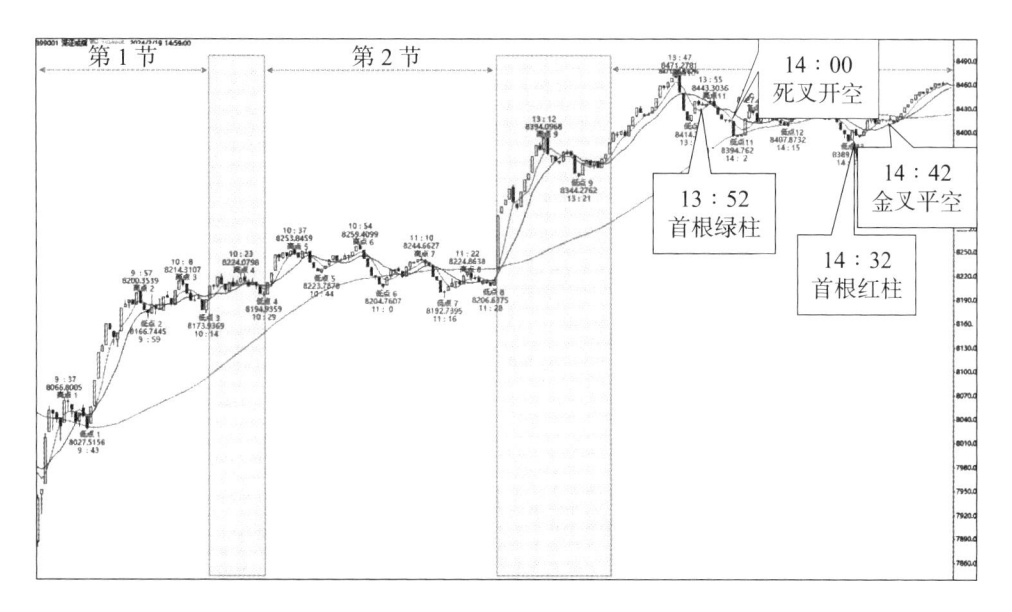

图 4-11 深证成指（399001）2024 年 2 月 6 日 1 分钟 K 线图

指数在低点 10 之后产生了两根红柱线，然后在 13:52 由红柱转为绿柱，进入做空时间窗口。这里需要注意的一个细节是，这时虽然是绿柱，但在 13:53 和 13:54 是两根收敛的绿柱，长度很短，这是小幅反弹的延续，对应产生了高点 11（13:55）。图 4-12 中，螺纹钢与之对应的是高点 9（13:56），这是又一个较低的高点。此后绿柱线延续，指数与螺纹钢均产生均线死叉，螺纹钢在 14:00 产生开空信号，开仓价格为 3836 点，同时以高点 9 位置的 3840 点作为止损线。

空单进场之后，价格回测了一次开仓价位，然后开始连续下跌。同期代表大盘股的加权指数更强势一些，在高位盘整，而代表中小盘股的不加权指数更弱势一些，与加权指数的距离不断扩大，说明中小盘股回落的幅度更大。

指数在 13:31 创出这波调整以来的阶段低点（低点 13），这时持有空单已经有半小时，浮盈超过 26 点，已经达到日内波段盈利的目标。指数在 14:32 出现绿柱转红柱信号，进入空头离场时间窗口。这次空头交易在均线金叉之后产生平仓信号，在 14:42 以 3810 点获利了结，一共获得 26 点利润，盈亏比超过 6:1，是一个不错的盈亏比。

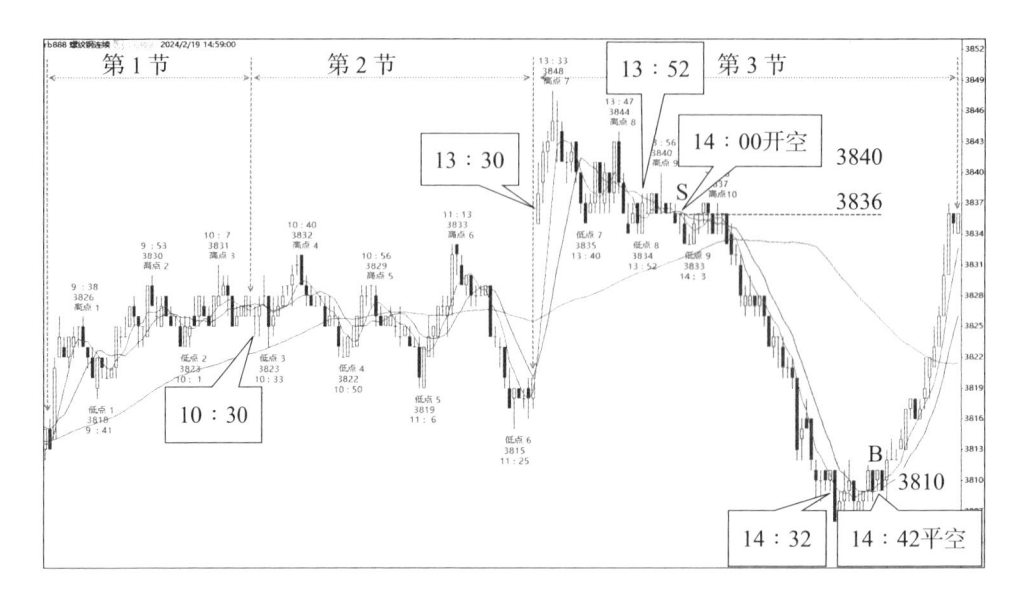

趋势策略：跟随聪明资金一起进场、离场

图 4-12　螺纹钢连续（RB888）2024 年 2 月 7 日 1 分钟图

交易者可能已经意识到，这里是把螺纹钢当作一只个股来看待，它跟随大盘波动的时候，参考红绿柱能提高交易成功率。红绿柱提供了一种趋势背景。在操作个股的时候也可以利用这种方法，但需要注意的是，应以当前交易品种的价格为准，不是所有品种在所有时间都会跟随大盘。红绿柱起到一个额外确认信号的功能，如果价格没有按照预期发展，仍然要严格执行止损，千万不要抱有"应该上涨"或者"应该下跌"的执念。

4.2.3　案例分析 3：2024 年 2 月 7 日螺纹钢日内交易信号

面对同一张 K 线图，无论是哪个周期的图表，采用不同策略的交易者都可以判断出各自的交易信号，正因为如此，才会形成连续的交易价格。多头能赚钱，空头也能赚钱，只有乱做的人会亏钱。本节运用大盘红绿柱背后的逻辑，在自己既定策略的基础上，利用红柱与绿柱的转化来判断短线多空力量的强弱转化，以此提高跟随大盘走势的交易品种交易信号的可靠性和成功率。

图 4-13 与图 4-14 是深证成指在 2024 年 2 月 7 日的分时图和 1 分钟 K 线图。假设有一位空头交易者在寻找多头趋势的转折点做空，另一位多头交易者在寻找空头趋势的转折点做多，他们在这一天能否各自找到一个合适的进场位置呢？

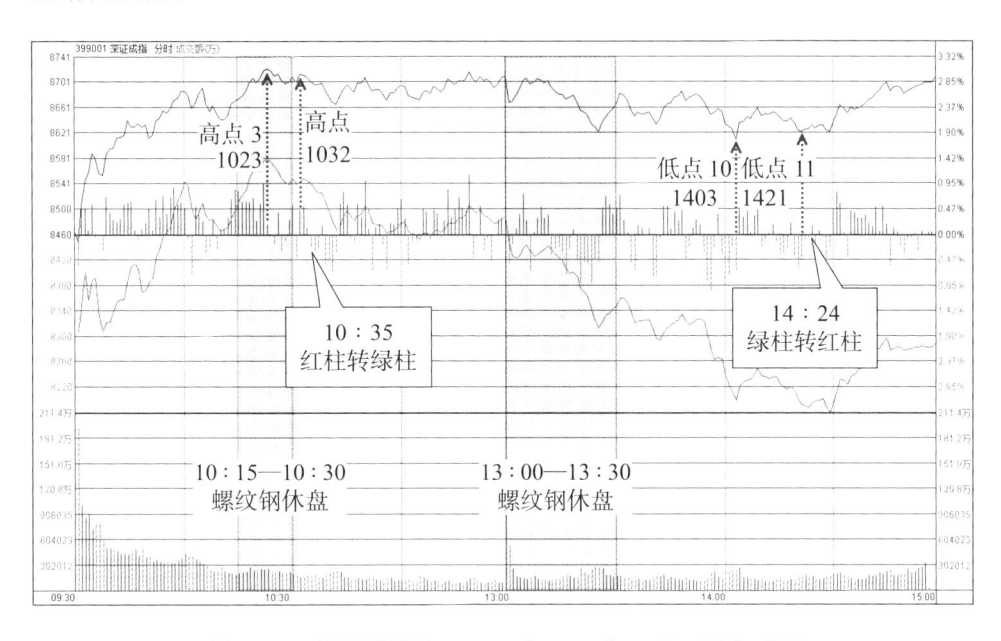

图 4-13　深证成指（399001）2024 年 2 月 7 日分时图

以前多次提到过三重滤网交易策略，这种策略的理念就是按照从大周期到小周期的顺序逐步确认交易信号。这是一个不断放大观察刻度，精确确定交易信号的过程。这里讲的策略与之有些类似，只不过是在同一周期，但也分为三个步骤：第一步是按照一种策略确定开仓时间和位置区间；第二步是利用大盘分时图的红绿柱变化来确定开仓时间窗口；第三步是在所操作品种上按均线交叉来确定最终交易信号。

通过观察图 4-14 可以看出，当日开盘之后，指数价格逐波攀升，发生在 9:35、9:44 和 10:05 的这三个高点与图 4-15 螺纹钢的前三个高点一一对应，但螺纹钢的第二个高点是小幅反弹高点，并没有创出新高。二者的波动节奏相同，波动幅度却有着明显的差别，螺纹钢走得更弱势一些。

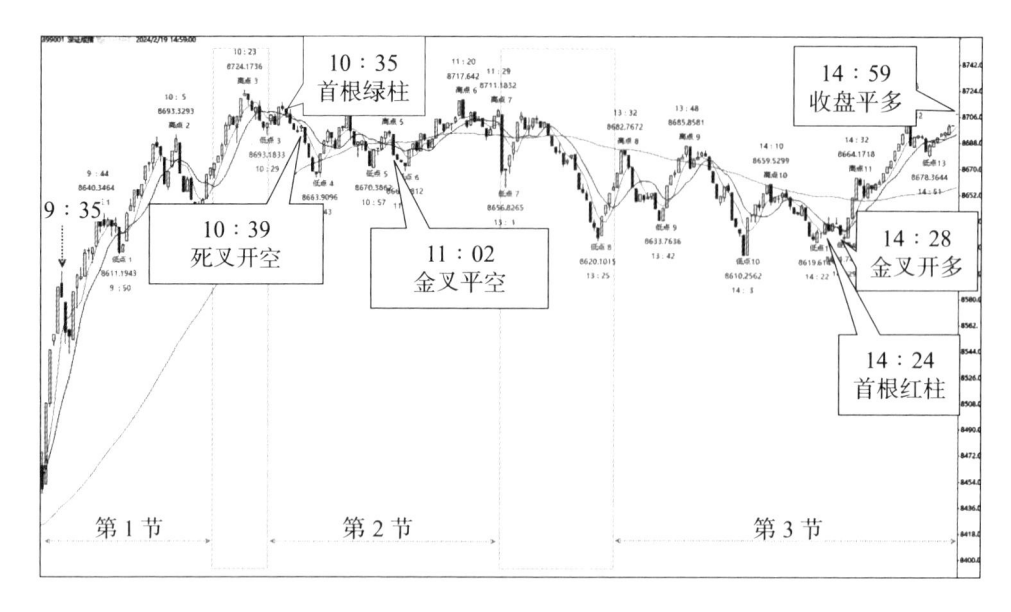

图4-14 深证成指（399001）2024年2月7日1分钟K线图

指数从开盘以来走出了4个连续升高的高点，其中包括9:35那个左右两侧不足6根K线的小高点。然后在10:32形成了一个较低的高点，空头短线交易者首先发现了可能的做空机会。这期间指数的MA60长时间向上移动，价格远离均线，而螺纹钢走势比较弱势，可利用指数回落的机会扩大下跌幅度。指数分时图在10:35出现红柱转绿柱信号，螺纹钢的前几个高点与低点一直与指数保持着同步节奏，由此判断10:35出现的首根绿柱线是做空机会。此时螺纹钢均线正好形成死叉，空头交易者可以马上开空，开仓价格为3833点，同时以高点4位置的3838点作为止损线。

空单进场之后，螺纹钢价格连续下跌，创出日内新低，而同期指数回落到MA60后，沿着MA60上下波动，说明螺纹钢在利用指数下跌或不涨的时间"制造"小波段的单边下跌行情。螺纹钢的低点3（10:58）与指数的低点5（10:57）相对应，这时空头交易者的浮盈已经达到20个点，达到预期盈利目标，可以马上止盈离场，稳健的做法是等到均线金叉之后离场。均线金叉离场信号发生在11:02，平仓价格为3817点，这次交易一共获得16点利润，盈亏比超过3:1，是一个正常范围的盈亏比。

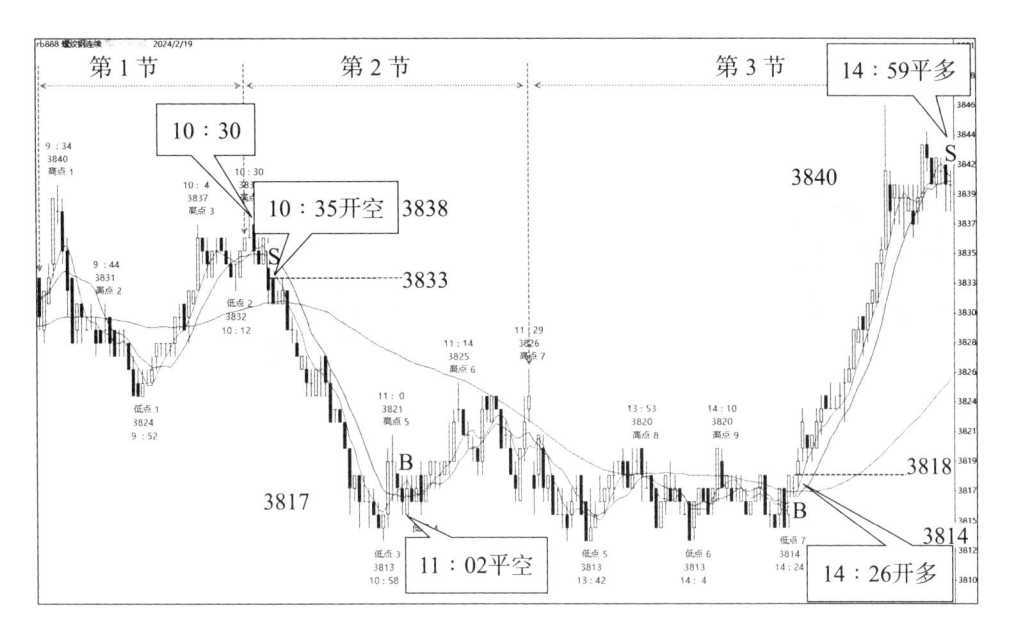

图 4-15　螺纹钢连续（RB888）2024 年 2 月 7 日 1 分钟图

多头交易者一直在等待机会，下午开盘之后，指数和螺纹钢的 MA60 长时间向下运行，指数走出了三个低点——低点 9（13:42）、低点 10（14:03）和低点 11（14:22），螺纹钢也相应走出了三个低点——低点 5（13:42）、低点 6（14:04）和低点 7（14:24）。交易者注意到第三个低点是升高的低点，这时有可能产生向上推动浪，决定在下一个短线空转多的位置进场做多。指数分时图在 14:24 出现绿柱转红柱多头信号。随后，螺纹钢在 14:26 形成均线金叉，多头交易者马上开多，开仓价格为 3818 点，同时以低点 7 位置的 3814 点作为止损线。

多单进场之后，螺纹钢价格马上启动上涨波段行情，同期指数在 14:28 产生金叉开多信号，同时展开尾盘拉升行情，螺纹钢的多头主力利用指数的上涨时间窗口大幅拉升。螺纹钢的高点 10（14:45）与指数的高点 12（14:45）相对应，这时这位多头交易者的浮盈已经达到 28 个点，达到预期止盈目标位。在当日收盘前有机会逢高离场，这位多头交易者在 14:59 止盈，平仓价格为 3840 点，一共获得 22 点利润，盈亏比超过 5∶1，是一个不错的盈亏比。

这次多头交易持仓到上涨波段末端时，产生了一根冲高K线（14:45），这是一根波幅长达11点的长阳线。在达到盈利目标的情况下，完全可以在放量时止盈部分仓位，这是有利的做法，毕竟10个点以上的长阳线不经常出现。如果在收盘前浮盈没有达到20点或者某个既定目标，并且预期的主升浪还没有到来，上涨时间窗口还在延续，那么可以在收盘前了结部分仓位，以避免承担过高的隔夜风险，并保留部分持仓以跟踪趋势。留仓过夜的比例需要根据个人的风险承担能力以及交易品种的波动性来确定。

至此就完成了对本节主要内容的讲解，最后再次强调日内交易需要注意的两条重要原则：第一条是避免过度交易，第二条是永远使用止损。

对于短线交易者来说，不是每个交易日都要有交易信号，完全没有必要时刻寻找交易机会。虽然大级别的空头趋势包含一些次级别的多头趋势，但如果你认为不值得出手，就可以主动放过一些所谓的机会。日线上处于不利位置时，可能连续数日都不会出现交易信号，这是再正常不过的现象。

本节分析了股市开盘期间对期货品种螺纹钢的操作，那么是否应该只在股市交易时段操作呢？建议是把操作重点放在股市交易时段，因为这时的市场更活跃。不过大家也要知道，有些趋势起始位置对应的好的交易信号出现在夜盘或者股市开盘前半小时。

不要考验人性，永远使用止损。市场中不存在应该涨或者应该跌的情况，一切应以当前价格为准。有人在做股票的时候说"不卖不亏"，这在股市中可能成立，因为好股票总会涨回来，除非遇到退市的股票。无论如何，在期货市场千万不要相信这种说法。在市场证明你的交易是正确的之前，应该假设你是错误的。当你看到一个危险信号的时候，最好先离场，等市场转好之后再回来。市场不会无缘无故地出现走坏信号，如果遇到上百点的快速反向行情，会对账户造成严重伤害，甚至有爆仓的风险。记住，不要忽视止损。

第 5 章
超级趋势指标

如果你知道该去哪个狩猎场，那就更好了。在更容易狩猎的地方，我们都会做得更好。一位渔夫告诉我，捕鱼成功的关键在于：在有鱼的地方捕鱼。

——查理·芒格（Charlie Munger）

短期动量先于长期动量。动量先于价格。通常，趋势反转或新趋势生成始于短期动量的增长。

——琳达·拉希克（Linda Bradford Raschke）

5.1 超级趋势指标介绍

超级趋势指标结合了价格与波动率，能够帮助交易者把握市场节奏，始终与大趋势方向保持一致。本节将介绍一种新指标的计算和使用方法。交易者可以通过该指标的构造过程以及使用方法，更深入地了解指标与市场的关系。

正确识别趋势的能力，是交易者必备的一项素质。通常，交易者依靠价格图形结构、MA（移动平均线）、MACD（指数平滑异同平均线）等指标来识别趋势，以使自己的持仓方向与趋势方向保持一致。超级趋势指标用于产生交易信号，设置跟踪止损，搭建完整的交易策略。熟练掌握一个趋势指标，就能举一反三，了解其他同类指标的用法。

超级趋势指标在计算时用到了大家经常使用的一个指标——ATR。ATR的英文名称是 Average True Range，意思是平均真实波幅，是由威尔斯·威尔德（Welles Wilder）发明的一个指标。只要对指标有些研究的人，一定都听到过威尔德的大名，他是著名的技术派分析家之一，RSI（相对强弱指标）、DMI（趋向指标）、SAR（抛物线指标）、MOM（动量指标）等著名指标都是由威尔德发明的。

图5-1中显示的就是超级趋势指标，该指标不仅能识别趋势方向，还可以表明市场波动率的大小。它的走势经常呈阶梯状，反映了价格波动率的扩张与收缩。

大家知道，移动平均线指标是根据一定周期内的开盘价、收盘价、最高价或最低价计算得出。超级趋势指标并非如此，它是根据价格波动幅度计算得出。价格波动幅度是指一定时间内的高点到低点或者低点到高点之间的距离，这是对价格波动性的一种衡量方式。如何确定真实价格的波动幅度呢？这听起来似乎很简单，实际上需要一些严格的定义。比如，当产生向上或向下跳空缺口的时候，应该如何计算 1 根 K 线的真实价格波动幅度？内包线或者孕线形态中又该如何计算呢？

图 5-1　螺纹钢连续（RB888）日线图超级趋势指标

为了解决这些问题，威尔德发明了一种真实波动幅度指标。当天的波动幅度加上与前一日之间的缺口幅度，就等于真实波动幅度，它的数值等于以下三个数值（绝对值）中的最大值。

（1）当天的最高价减去最低价。

（2）当天的最高价减去前一日收盘价。

（3）当天的最低价减去前一日收盘价。

真实波动幅度表明了一个交易品种的波动性，较大的真实波动指标值表明较高的波动性，而较小的指标值表明较低的波动性。

之后，威尔德又发明了平均真实波动幅度指标——ATR，顾名思义，该指标是真实波动幅度的平均值，表明一定周期内的波动性大小。在交易软件中，该指标的缺省参数通常为 14，并且作为副图指标显示于 K 线图的下方，如图 5-2 所示。

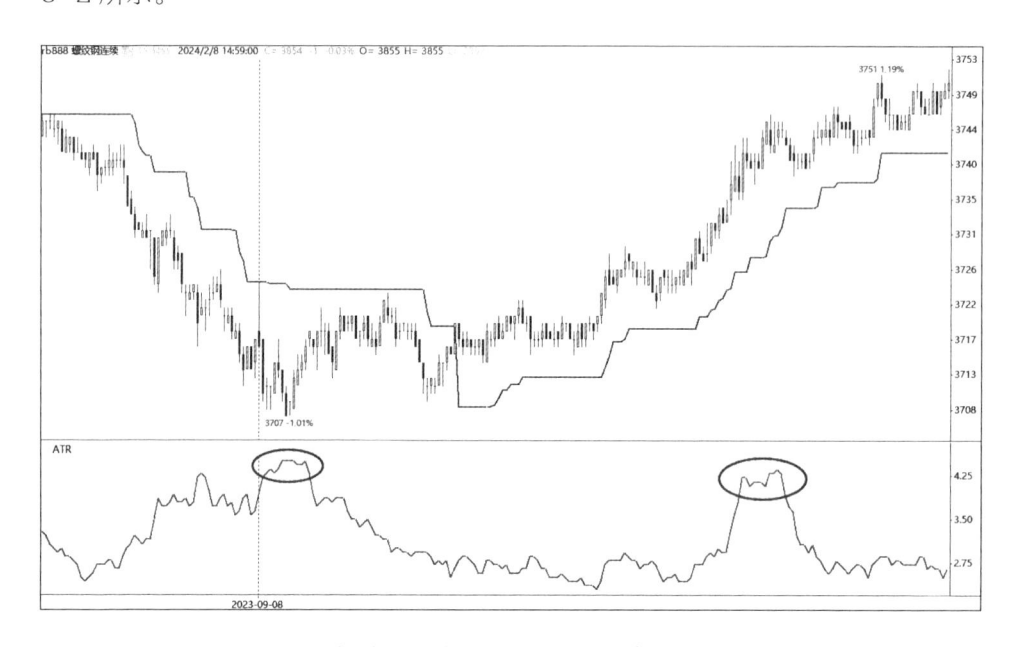

图 5-2　螺纹钢连续（RB888）1 分钟图 ATR 指标

ATR 指标的平均值能够表明价格波动程度，而不是价格趋势。图 5-2 中显示的就是 14 周期的 ATR 指标，可以看出，在 2023 年 9 月 8 日底部反转时以及 9 月 11 日上涨到顶部区域时，该指标均达到了阶段峰值，图中用圆圈标出了这两个区间。交易者可以根据自己的看盘经验回想一下，在一波行情中，哪些位置的价格波动性较低，哪些位置的波动性较高。通常，价格在调整阶段波动得会比较平稳，波动率较低；在凌厉的突破阶段波动得会比较剧烈，波动率较高，这时往往接近底部或顶部。这是在判断趋势方向和发展阶段时可以利用的一点。

5.2 超级趋势指标计算公式

不同于 ATR 指标，超级趋势指标是叠加在 K 线图上的指标，也就是主图指标，而 ATR 像 VOL（成交量）指标一样是副图指标。要想计算超级趋势指标，首先需要计算上轨线和下轨线。

超级趋势指标的计算比较简单、直接，下面是上轨线与下轨线的计算公式：

超级趋势指标上轨线 =（最高价 + 最低价）/ 2 + 乘数 × ATR

超级趋势指标下轨线 =（最高价 + 最低价）/ 2 − 乘数 × ATR

熟悉止损线的交易者会注意到，该指标与吊灯止损线相似，都用到了 ATR 指标。不过，公式中的变量并不相同。这里用中位价取代了最高价（或最低价），然后将其数值加上或减去一定倍数的 ATR。其中，乘数的默认参数为 3，ATR 的默认周期为 10。

当价格位于指标线之上时，表明市场处于上升趋势；当价格位于指标线之下时，表明市场处于下降趋势。当价格收盘在原来趋势方向的指标线之外时，是反转信号。

在《布林线 BOLL：波段操作精解》一书中，除了布林线之外，还构造过很多种其他通道指标，例如唐奇安通道、肯特纳通道。超级趋势指标同样也可以显示上轨与下轨两条指标线，但这里将该指标绘制成了一条指标线。随着价格的运行方向与波动率的变化，这条单一指标线会移动到价格上方或下方，这有助于交易者更清楚地观察价格与指标线的交叉信号。

本节采用螺纹钢的日线图和 15 分钟图来说明超级趋势指标的用法，但该指标可用于所有市场品种以及所有时间周期。

5.3 超级趋势指标公式源码

```
//----------------------------------------------------------
// 简称：SuperTrend
// 名称：超级趋势
// 类别：公式应用
// 类型：用户应用
// 输出：
//----------------------------------------------------------
//--------------------------------------------------------//
// 指标说明：
//   （1）此为范例指标，仅用于说明算法语法，交易者需根据自身经验和需
//   求，经过调整、测试之后再实际应用；
//   （2）当价格向上突破超级趋势线时是多头信号，当价格向下突破超级趋
//   势线时是空头信号；
//   （3）超级趋势指标可以作为跟踪止损线使用，上升趋势时指标线在价格
//   下方跟随价格向上移动，下降趋势时其在价格上方跟随价格向下移动；
//   （4）超级趋势指标呈向上或向下的阶梯形状，平台区间表示价格进入调
//   整状态，在调整区间进场时，可以将平台区间的指标值作为初始止损；
//   （5）所用到的参数均可调整，需要考虑交易品种的波动性。
//--------------------------------------------------------//
Params
    Numeric ATRLength(10);              //ATR 周期
    Numeric Multiplier(3);              //ATR 乘数
Vars
    Series<Numeric> ATRValue;           // 平均真实波幅指标
    Series<Numeric> MedianPrice;        //K 线中位价
```

```
Series<Numeric> UpperChannel;      // 通道上轨
Series<Numeric> LowerChannel;      // 通道下轨
Series<Numeric> SuperUpper;
Series<Numeric> SuperLower;
Series<Numeric> SuperTrend;        // 超级趋势指标线

Events
    OnBar(ArrayRef<Integer> indexs)
    {
        // 指标计算
        ATRValue = AvgTrueRange(ATRLength);
        MedianPrice = (High + Low)*0.5;    // 计算K线中点
        //PlotNumeric("MedianPrice",MedianPrice); // 输出中位线
        UpperChannel = MedianPrice + Multiplier*ATRValue;
        LowerChannel = MedianPrice - Multiplier*ATRValue;
        If((UpperChannel < SuperUpper[1] And UpperChannel[1]
         < SuperUpper[1]) Or Close[1] > SuperUpper[1])
        {
            SuperUpper = UpperChannel[1];// 用前一个值
        }Else
        {
            SuperUpper = SuperUpper[1];
        }
        //PlotNumeric("UpperChannel",UpperChannel);// 输出上轨线
        //PlotNumeric("SuperUpper",SuperUpper);// 输出ST上轨线
        If((LowerChannel > SuperLower[1] And LowerChannel[1]
        > SuperLower[1]) Or Close[1] < SuperLower[1])
        {
            SuperLower = LowerChannel[1];// 用前一个值
```

```
        }Else
        {
            SuperLower = SuperLower[1];
        }
//PlotNumeric("LowerChannel",LowerChannel);//输出下轨线
//PlotNumeric("SuperLower",SuperLower);//输出ST下轨线

If(Close[1] < SuperTrend[1])
{
    SuperTrend = SuperUpper;//
}Else
{
    SuperTrend = SuperLower;
}
PlotNumeric("SuperTrend",SuperTrend);
    }
//----------------------------------------------------------------
// 编译版本    2024/02/09
// 版权所有    lingbo
//----------------------------------------------------------------
```

　　超级趋势指标在TBQuant（交易开拓者，以下简称TB）平台的公式源码中，有的输出指标线语句用"//"符号注释掉了，它们是在构造超级趋势指标时，为了便于观察构造过程中的指标线使用的，最后我们只输出了一条超级趋势指标线。如果你删掉其前面的"//"符号，然后编译一次公式，就可以在行情图上看到那些"隐藏"起来的指标线，它们只是指标线的"草稿"，有助于大家理解构造过程，不影响最终结果。

有了超级趋势指标，再配合一定的开仓、平仓原则，就可以构造出一个交易策略。当然，还可以再加入仓位管理策略，使它变得更加完善。熟练掌握一种指标的用法之后，可以不断融入自己对交易的理解，逐步迭代升级交易策略。交易如同任何一种竞技活动一样，遵循一定的基本原则，但它的战术风格一直处在变化当中，现在好用的方法可能过一段时间之后获利能力会减弱，而以前流行过但效用降低的方法可能又会变得好用起来。

5.4 运用超级指标进行交易

超级趋势指标的主要功能是提供一个主要趋势方向，帮助交易者排除一些价格干扰，使自己的持仓保留在上升趋势或下降趋势。利用超级趋势线的位置，甚至能够识别出可能发生趋势反转的价位。该指标不仅有助于交易者理解价格行为，还能提供进场、离场信号以及止损位置。

（1）交易信号。

利用交叉来识别趋势变化，这样可以形成一个简单的交易策略。例如，当价格初次站上超级趋势线时，作为多头进场信号；当价格跌到指标线之下时，作为多头离场信号。对于稳健型交易者来说，还可以等待趋势反转信号之后的初次回测，然后再建立多头仓位。

（2）止损设置。

虽然超级趋势指标是一种带有滞后性的指标，不能使交易信号出现在价格的波峰和波谷，但是交叉信号经常能识别出趋势反转，使指标线形成尖锐的夹角。当价格从高位回落或者从底部 V 型反转时，指标线会形成明显的波峰或波谷，如图 5-3 箭头标出的位置。当价格与指标线发生交叉时，随后的价格很少会回测指标线的高点或低点，突破价格波峰或波谷，这使得它们成为绝佳的初始止损位。随着一波趋势的延续，超级趋势指标可以作为跟踪止损线或者支撑线、阻力线。

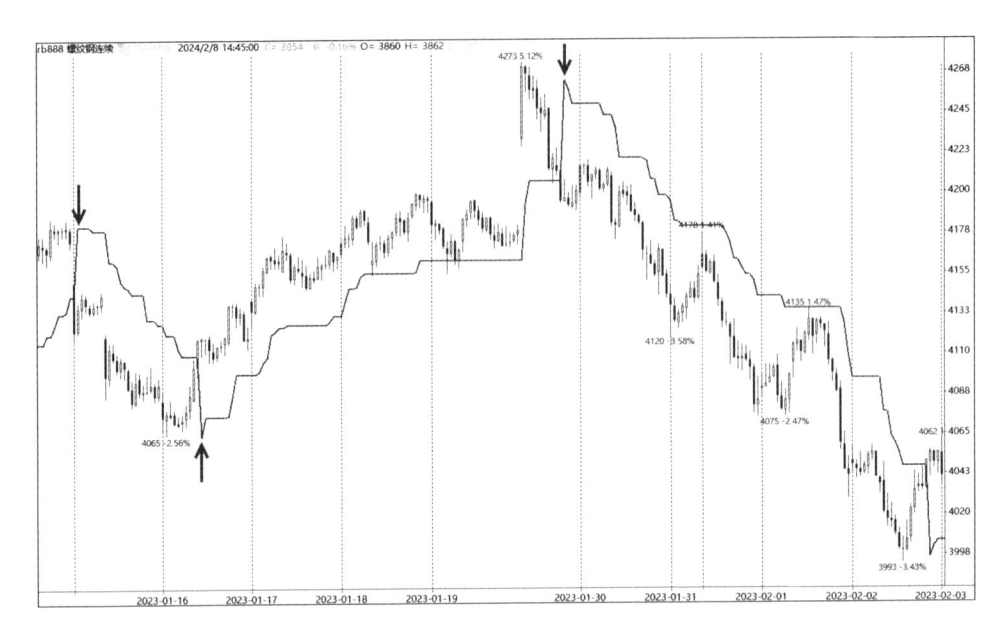

图 5-3　螺纹钢连续（RB888）15 分钟图超级趋势指标交叉信号

（3）整理形态。

该指标线会随着主要趋势上涨或下跌，但当价格发生窄幅振荡、横向盘整或者小幅回撤时，会形成一条水平线。呈水平状态的指标线表明价格行为发生了变化，通过快速识别整理形态，可以帮助交易者避免反复止损。图 5-4 中，用阴影标出的是主要趋势中的价格整理区间，可以看出，在这些区间，指标线呈水平状态。

（4）整理形态的突破。

超级趋势指标线的形状就像逐级上升或下降的台阶，这是该指标的一个明显特征。当价格突破整理区间并形成下一个台阶时，让交易者有机会加仓或新进场一笔交易。采用突破进场策略时，水平线还是设置初始止损的合适位置。在持仓阶段，水平线可以作为跟踪止损线，随着价格上涨或下跌而动态调整止损。

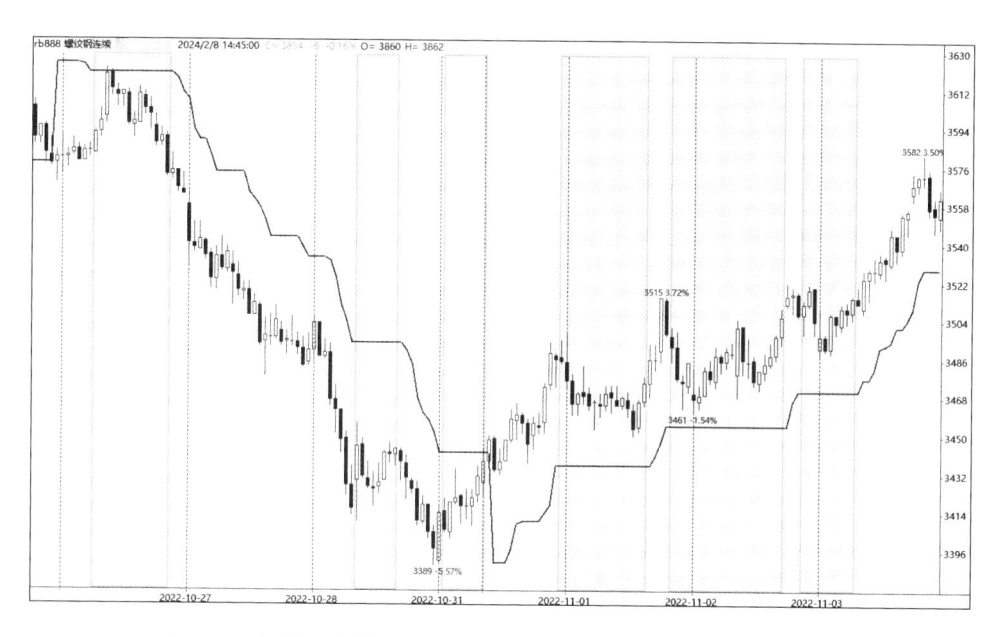

图 5-4　螺纹钢连续（RB888）15 分钟图超级趋势指标整理区间

5.5　作为其他指标的确认信号

　　大家还可以将超级趋势指标配合 MA（移动平均线）、KDJ（随机指标）等其他技术分析工具来确认进场或离场信号。图 5-5 是在螺纹钢连续合约日线图上的主图超级趋势指标与副图 KDJ 指标配合运用的案例。图中用箭头标出了 KDJ 指标经过超买或超卖区间形成趋势反转的位置。从 2013 年 2 月初到 2 月底，KDJ 指标从超买区间（80～100）移动到超卖区间（0～20），2 月 22 日，KDJ 指标向下突破多空分界线（50 一线），不久之后，在 2 月 26 日得到了超级趋势指标的确认，价格从超级趋势指标线上方运行到了该指标线下方，这是趋势反转信号。该指标还确认了 KDJ 指标发生在 2013 年 6 月 19 日的底部反转信号，价格与超级趋势指标线在 2013 年 7 月 4 日发生了黄金交叉。

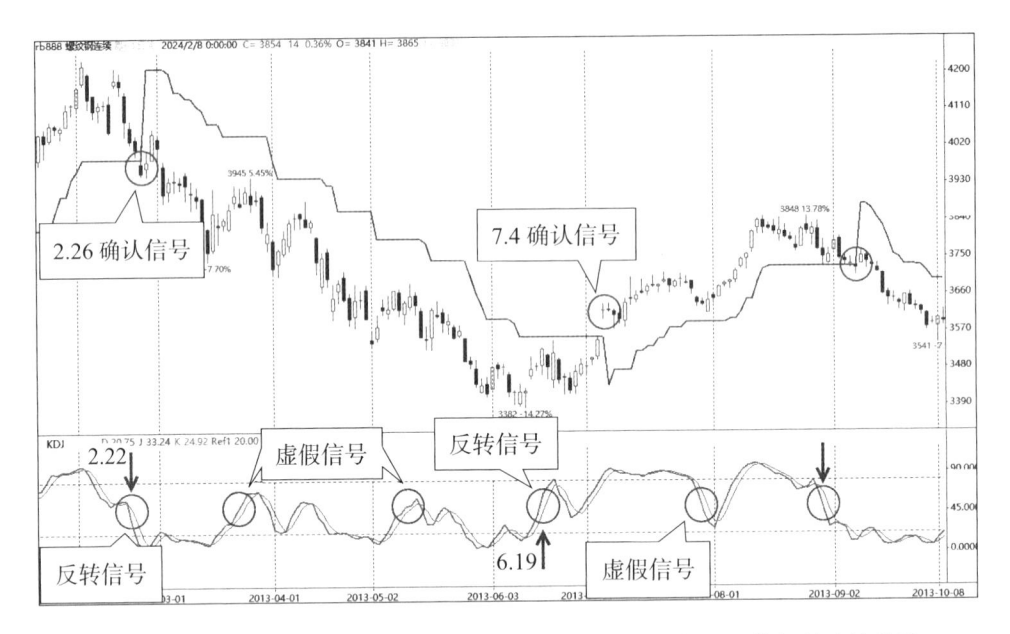

图 5-5　螺纹钢连续（RB888）日线图超级趋势指标作为 KDJ 指标的确认信号

从图中可以清楚地看到，2 月 26 日的空头确认信号处在一波下降趋势的起始位置，而 7 月 4 日多头确认信号处在一波上升趋势的起始位置。超级趋势指标很好地识别出了趋势方向。

熟悉 KDJ 等振荡指标的交易者应该知道，这类指标在单边趋势行情期间，经常会产生虚假信号或者噪音信号。正是由于它们通常比较灵敏，才适合用来识别短线转折信号。它们与超级趋势指标相配合，可以弥补其过于灵敏的弊端。超级趋势指标能够防止过早地进场或离场。从 3 月到 6 月期间，价格始终位于指标线下方，而 KDJ 指标却在价格反弹时两次向上突破了 50 一线（多空分界线），产生短线多头信号。因为价格持续运行在超级趋势指标线下方，所以图中用阴影圆圈标出的虚假信号没有得到确认，这样就避免了多单过早进场或者持有空单时过早离场。

在上升趋势中，超级趋势指标同样阻止了一次虚假的离场信号。7 月 30 日，KDJ 指标经过超买区间向下突破 50 一线（多空分界线），这是一个短线空头信号，但没有得到超级趋势指标的确认，这样就避免了空单过早进场或者持有多单时过早离场。

5.6 产生预警信号

将ATR的乘数设置为3时,超级趋势指标的确能够消除噪音信号,给价格更多波动空间,但这又会导致不能及时地识别反转,从而失去过多的浮动利润。改变乘数是调整ATR灵敏度的一种方式,设置成较小的参数,能让该指标更快地对价格做出反应。

将ATR的周期数值10保持不变,但将乘数由3倍减小到2倍,可以得到更早的预警信号,帮助交易者更快地识别潜在的趋势变化。

图5-6中螺纹钢连续合约日线图显示了两条超级趋势指标线,原来3倍乘数的指标线称之为慢线,并显示为粗线,而2倍乘数的指标线称为快线,并显示为细线。例如,在底部反转时,价格先站上快线,然后再站上慢线。图中用箭头标出了可能的趋势反转区域,这个区域有一个特点,就是价格位

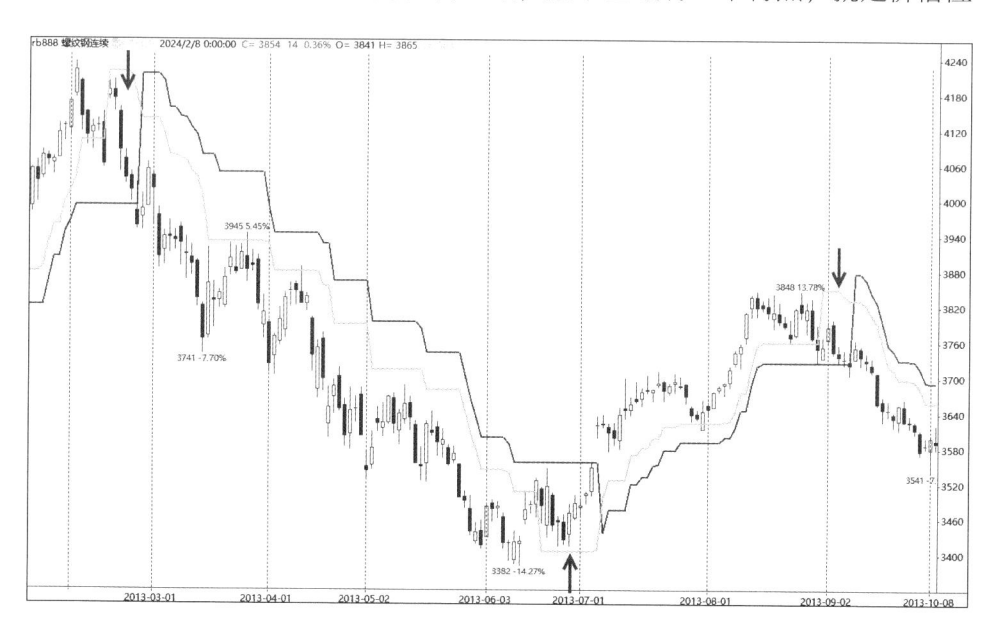

图5-6 螺纹钢连续(RB888)日线图超级趋势指标双线预警策略

于两条指标线之间。这种双指标线策略不仅能够识别即将发生的趋势方向变化，还能提供一条更紧的止损线，交易者在持仓期间可以不断调高（做多时）或调低止损线（做空时）。

见到由快线和慢线组成的指标，一些交易者马上会联想到金叉与死叉，这或许可以成为另一种进场与离场信号。例如，多头交易者可以等到快线上穿慢线时进场，快线下穿慢线时离场。这可以作为一个策略框架，在此基础上加入细节条件，可以成为一个完善的交易策略。

最后，将本章开头图5-1的螺纹钢日线图加上快线指标，来看看效果如何，如图5-7所示。快线指标ATR的周期为10，乘数为2倍，它对价格的反应更快速，提供了一条更紧的跟踪止损线。

两条指标线相配合，很好地指示出了上升趋势与下降趋势的起始位置。从图中可以看到，K线一共有4次进入两条指标线之间，两条指标线一共产生了3次交叉。从行情图的左侧开始看，低位金叉与高位死叉对应一波上升趋势，高位死叉与后面的低位金叉对应一波下降趋势。

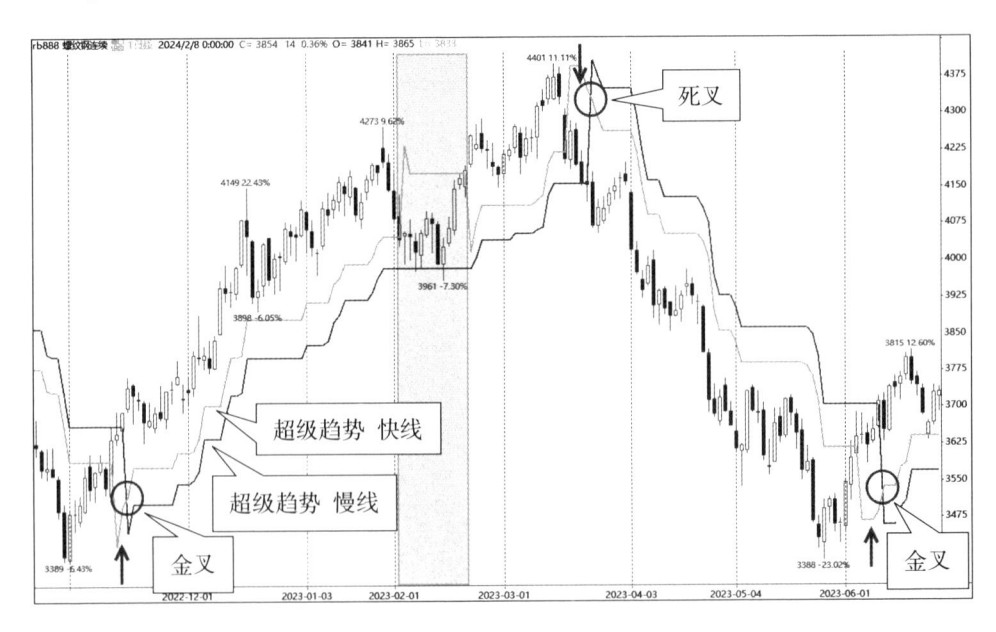

图5-7　螺纹钢连续（RB888）日线图超级趋势指标双线预警策略

注意图中的阴影区间，K 线先收在快速指标线下方，形成死叉，这是短线多头平仓信号。不久 K 线又回到快速指标线上方，形成金叉，这是短线多头开仓信号。正是由于快线指标比较灵敏，所以在这里产生了一次噪音信号。两条指标线配合来看，它们并没有形成死叉，所以在这里可以成功地避免一次过早离场。

始终跟随趋势，直到它结束为止。利用超级趋势指标很容易做到这一点，因为它过滤掉了微小的价格波动。当然，就像本章前面介绍的那样，它还提供了其他一些能够让你形成交易优势的功能。不过也要注意到，没有哪个交易品种会一直处于趋势状态，超级趋势指标在非趋势区间会产生不利的交易信号。交易者应该了解该指标在不同市场条件下的表现，尽量扬长避短。

世界上不存在完美的指标，重要的是依附在指标上的使用原则。指标就如同是技术分析者手中的刀和剑一样，它们起到工具的作用，如何运用它们，运用的效果如何，这既取决于交易者的策略（招式或者说"术"），也取决于其对市场、对交易的理解（"道"）。先打造一件称手的兵器，这的确可以让交易者在起步阶段具有一定优势。另外，很多前人打造的兵器中已经蕴含一些关键信息，这对快速提升作战水平会有很大帮助。看到这里，交易者应该已经有所领悟，书中介绍的这些策略之中，就有可以为你所用的"屠龙刀"和"倚天剑"！

第 6 章
ATR 棘轮止损策略

切断亏损才能扩大盈利,越早切断的亏损越小,越晚兑现的盈利越大。
——本间宗久(Honma Munehisa)

你对技术指标使用得越好,你对这些指标就会越有信心。这是一种极好的交易方式,但资金管理变得更加重要。
——马克·蔡金(Marc Chaikin)

6.1　ATR 棘轮止损策略介绍

ATR 棘轮止损策略（The ATR Ratchet Strategy）由著名交易策略专家查克·勒博（Chuck Le Beau）发明。勒博在 20 世纪 90 年代发表过一篇介绍该策略的文章——《一种新的离场策略——ATR 棘轮止损》（A New Exit Strategy—The ATR Ratchet）。他还发明了吊灯止损策略，技术分析专家亚历山大·埃尔德（Alexander Elder）曾在他的《走进我的交易室》（Come Into My Trading Room）一书中介绍过该策略。

ATR 棘轮止损策略为交易者提供了更加灵活的止损方式，使得止损价格可以更加适应市场价格的动态变化。传统止损方法可能根据 K 线形态的重要支撑或阻力点位来设置止损，如果随着价格运行，价格远离既定止损位置，又没能形成新的有技术意义的关键点位，就不能随着价格向上或向下适时地调整止损，按照原先的止损有可能回吐大部分利润。ATR 棘轮止损可以帮助交易者解决这一问题，该方法不仅能随着价格变化、时间增加而不断上移或下移止损位，还可以根据市场波动性作出适应性的调整。

（1）ATR 指标。

在横盘整理阶段，价格波幅减小到一定极限时，往往会产生变盘行情。在趋势末端，价格波幅增加到一定极限时，往往会发生反转行情。ATR 指标正是基于这种逻辑设计的指标，其计算公式为：

TR =（最高价 – 最低价）、（今日最高价 – 昨日收盘价）、（昨日收盘价 – 今日最低价）的绝对值中的较大值

ATR = TR 的 N 日简单移动平均

通达信中的 ATR 公式为：

```
{ATR 指标公式}
{此为范例公式,仅用于说明算法语法}
{参数: N 14}
TR:MAX(MAX((HIGH-LOW),ABS(REF(CLOSE,1)-HIGH)),ABS(REF(CLOSE,1)-
LOW));
ATR:MA(MTR,N);
```

设置止损时,无论是设置初始止损还是跟踪止损,都会经常用到 ATR 指标。止损通常设置在当前价格不容易触及的位置,而一旦突破止损线,就意味着当前趋势很有可能发生了变化。通过 ATR 指标,可以很容易得到任何一个交易品种在任何一个周期上的平均波动幅度,这将有助于找到合适的止损位置。如果想交易一个新品种,一定要事先了解这个品种的波动性,而不同周期的 ATR 指标值能够帮助交易者快速认知该品种的波动性。

(2)一种新的离场策略。

ATR 棘轮止损策略既是一种具体的跟踪止损策略,也是一种止损策略构造思维。按照本节所讲的思路,可以构造出细节各异的多种跟踪止损策略。

该策略的基本逻辑很简单。先选取一个初始止损位置,然后在此基础上加上一定倍数的 ATR,以此生成每根 K 线所对应的跟踪止损价格,它持续向上移动,同时随着价格波动率做出调整。利用 ATR 棘轮止损策略,可以控制止损线的起始位置和移动速度。而且该策略对价格波动的变化可以做出快速、恰当的反应,相比其他传统止损方法,能让交易者锁定更多在趋势末端产生的利润。

举一个简单的例子,交易者可以采用任何一种自己熟悉的进场策略,一笔多单进场并达到至少 1 倍 ATR 的盈利之后,选择一个初始止损价格,例如,以最近 20 根 K 线的低点作为初始止损价格。交易者可以选择任何一个有技术意义的点位或指标数值,然后计算每根 K 线对应的止损价格,在所选择低点的基础上按 K 线个数累加一定倍数的 ATR(例如,0.05ATR,这是一个较小的数值,类似于数学序列中的步长值)。如果进场 15 根 K 线,则用 15 乘以

第6章 ATR 棘轮止损策略

0.05ATR，得到 0.75ATR，再用初始止损价格加上 0.75ATR；如果进场 30 根 K 线，则用最近 20 根 K 线的低点加上 1.5ATR（30×0.05 ATR）。ATR 棘轮止损策略很简单，但交易者很快会发现它有很多细节以及很多有用的功能，它的很多参数，甚至一些变量都可以根据需要进行调整。

这一策略具有很好的灵活性，而且可以在持仓期间的任何一个时间点启动该策略。交易者可以在进场之初的首根 K 线就启动跟踪止损，也可以等到一个希望止盈离场的时机再启动该策略。最好是达到一定的盈利目标之后再使用该策略，因为当市场朝着有利的方向发展时，跟踪止损线会快速向上移动。

ATR 棘轮止损线给了价格一个适当的缓冲空间，并且随着 K 线数量的增加，止损线会持续向上移动，因为在持仓期间，每根 K 线都会增加一个较小的单位数值。另外，计算止损用到的基准点也在以一定的节奏向上移动，只要市场在朝着有利的方向发展。因此，这里是将一个数量不断增长的 ATR 单位数值与一个不断升高的 20 根 K 线低点相加。最近 20 根 K 线的低点每升高一次，止损线也会随之升高，因此，止损线除了具有一个日常稳定的小额增加值之外，向上移动的最近 20 根 K 线低点还会使其更大幅度地上行。需要强调的是，这里是在不断将一定步长的数值累加到一个向上移动的基准点上，这就使该策略具有了双重加速特征，交易者将得到一条具有时间和价格这两个加速变量的跟踪止损线。除此之外，棘轮止损还会获得额外的加速，因为它会对持仓期间价格波动率的增加作出反应。

由价格波动幅度增加引起止损线加速移动，这是棘轮止损策略的一个重要特征。当市场走出主升浪或者进入趋势末端时，价格波动往往趋于剧烈，在利润奔跑的时候，ATR 指标值往往会升高。在快速行进的市场，经常会发现很多跳空缺口和长 K 线。由于通过将一定数量的 ATR 数值累加到基准点得到止损线，因此 ATR 指标值的升高会导致止损线大幅跳升，从而使其更加靠近持仓高点。如果交易者持仓 30 根 K 线，无论 ATR 指标值升高多少，它都会被放大 30 倍，这正是希望它达到的效果。从中可以发现，当利润奔跑的时候，ATR 棘轮止损会快速向上移动，这能很好地帮助交易者锁定浮盈。

6.2　ATR 棘轮止损策略公式

ATR 棘轮止损的计算公式为：

多头棘轮止损 = 一定周期的最低价 + 持仓 K 线数量 × 加速因子 × ATR

空头棘轮止损 = 一定周期的最高价 − 持仓 K 线数量 × 加速因子 × ATR

其中计算最低价、最高价的周期为 20，加速因子为 0.05，ATR 周期为 20。在策略公式中，这些数值为缺省值，可以根据需要进行调整。

以 ATR 棘轮止损为核心，发展出了一套交易策略框架。为了验证棘轮止损的效果，在其中加入了简单的双均线进场策略，以提供开仓信号。离场时，以收盘价突破棘轮止损价格为触发信号，满足条件时以下一根 K 线的开盘价清仓离场。

6.3　ATR 棘轮止损策略 TBQuant 公式源码

```
//----------------------------------------------------------
// 简称：AtrRatchet
// 名称：ATR 棘轮止损
// 类别：公式应用
// 类型：用户应用
// 输出：
//----------------------------------------------------------
//    ----------------------------------------------------//
// 策略说明：
//   （1）此为范例策略，仅用于说明算法语法，交易者需根据自身经验和需求，经过
//    调整、测试之后再实际应用；
```

```
//  (2) 实际应用时应使用经过验证的开仓策略，测试例子为双均线开仓策略，以
//     短期与长期均线金叉作为进场信号，仅用于提供示例进场信号；
//  (3) 以多头为例，棘轮止损为 20 周期低点加上一定倍数的 ATR，这里的
//     倍数为加速因子与持仓 K 线数量的乘积；
//  (4) 以收盘价跌破棘轮止损线为离场信号，一次清仓；
//  (5) 所用到的参数均可调整，需考虑交易品种的波动性以及自身风险承受
//     能力。
//  --------------------------------------------------------//
Params
    Numeric ATRLength(20);              // 平均真实波幅的周期
    Numeric HighLength(20);             // 最高点的周期
    Numeric LowLength(20);              // 最低点的周期
    Numeric Acceleration(0.05);         // 加速因子
    Numeric FastLength(5);              // 短期均线的周期
    Numeric SlowLength(10);             // 长期均线的周期

Vars
    Series<Numeric> LongStopLine;       // 多头止损线
    Series<Numeric> ShortStopLine;      // 空头止损线
    Series<Numeric> Knum;               // 持仓 K 线数量
    Series<Numeric> HighValue;          // 一定周期内的最高价
    Series<Numeric> LowValue;           // 一定周期内的最低价
    Series<Numeric> AvgValue1;          // 短期均线
    Series<Numeric> AvgValue2;          // 长期均线
    Numeric StopATR;                    // 平均真实波幅

Events
    OnBar(ArrayRef<Integer> indexs)
    {
```

```
Range[0:DataSourceSize() - 1]
{
    // 双均线进场策略
    AvgValue1 = AverageFC(Close,FastLength);
    AvgValue2 = AverageFC(Close,SlowLength);
    PlotNumeric("MA1",AvgValue1);
    PlotNumeric("MA2",AvgValue2);
    If(CurrentContracts == 0 And AvgValue1[1] > AvgValue2[1])   // 开多
    {
        Buy(10,Open);
    }
    If(MarketPosition == 1 And BarsSinceEntry > 1 And Close[1] < LongStopLine[1])   // 平多
    {
        Sell(0,Open);
    }
    If(CurrentContracts == 0 And AvgValue1[1] < AvgValue2[1])   // 开空
    {
        SellShort(10,Open);
    }
    If(MarketPosition == -1 And BarsSinceEntry > 1 And Close[1] > ShortStopLine[1])   // 平空
    {
        BuyToCover(0,Open);
    }
    // 棘轮止损
    StopATR = AvgTrueRange(ATRLength);   // 计算ATR指标
```

```
        Knum = BarsSinceEntry;              //持仓K线数量
        LowValue = Lowest(Low,LowLength);
                                             //一定周期内的最低价
        HighValue = Highest(High,HighLength);
                                             //一定周期内的最高价
        //多头跟踪止损
        If(MarketPosition == 1)
        {
            LongStopLine = LowValue + Acceleration*Knum*
            StopATR;
            PlotNumeric("LongStopLine",LongStopLine);
        }
        //空头跟踪止损
        If(MarketPosition == -1)
        {
            ShortStopLine = HighValue - Acceleration*Knum*
            StopATR;
            PlotNumeric("ShortStopLine",ShortStopLine);
        }
    }
}
//------------------------------------------------------------
// 编译版本    2024/01/09
// 版权所有    lingbo
//------------------------------------------------------------
```

6.4 案例分析1：流畅的行情

ATR 棘轮止损策略适用于各种交易品种和各种周期，例如，日线、60 分钟线、30 分钟线……将 TB 软件上编译通过的策略公式，加载到螺纹钢连续合约的 1 分钟线上，如图 6-1 所示。

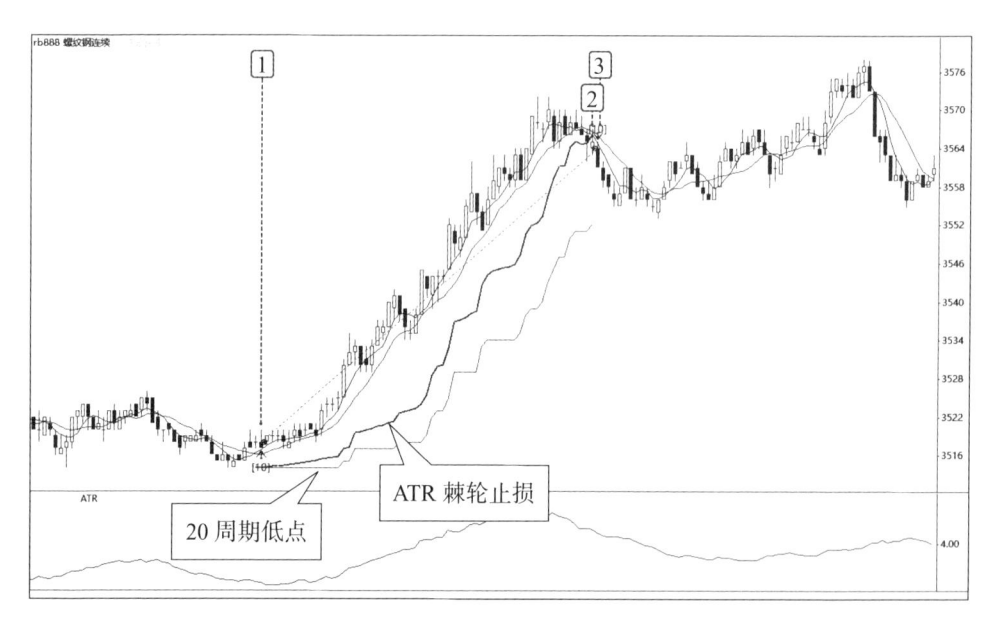

图 6-1 螺纹钢连续（RB888）3 月 19 日 1 分钟线 ATR 棘轮止损

为了便于观察 ATR 棘轮止损的构造，这里暂时显示两条指标线，位于下方的是 20 周期低点的连线，位于上方的是多头 ATR 棘轮止损线。根据棘轮止损计算公式，止损价格等于 20 周期低点加上一定倍数的 ATR，而这个倍数等于加速因子与持仓 K 线数量的乘积。注意这里提到的棘轮止损四个要素——低点周期、ATR 数值、加速因子和持仓 K 线数量，它们决定着棘轮止损线的起始点和移动速度。

图 6-1 中用数字标出了 3 根关键 K 线，分别是进场 K 线、触发跟踪止损

信号的 K 线和离场 K 线。

（1）形成均线金叉，满足多头开仓条件，开仓价格为 3518 点。

（2）收盘价（3565 点）跌破棘轮止损（3566.1 点），触发止损信号。

（3）以开盘价 3564 点平掉全部多单。

这组交易信号捕捉到了一波非常流畅的上涨行情，棘轮止损线从进场后开始逐渐向上远离 20 周期低点的连线，持仓期间的加速因子为 0.05 保持不变，ATR 数值随着价格拉升而不断加大，持仓 K 线数量当然一直在增长，这三个因素导致棘轮止损加速向上移动。两条指标线呈向右上方发散的阶梯形态。

在进场初期，两条指标线看起来几乎重合，实际上只有进场 K 线这一个时点上的数值相同。在策略代码中将持仓 K 线数量 Knum 赋值为 BarsSinceEntry（当前持仓的第一次建仓位置到当前位置的 K 线数），所以进场 K 线的 Knum 数值为 0，止损价格等于 20 周期低点。如果想要将进场 K 线计入持仓 K 线数量，只需将代码修改为"Knum = BarsSinceEntry + 1"，修改后，持仓期间两条指标线将没有任何重合。

6.5 案例分析 2：有一定宽度的行情

如果说图 6-1 中的图形是一种比较理想的波段行情，那么图 6-2 就是更常遇到的一类波段行情，这类行情具有一定的宽度，带有或大或小的回撤。

这笔交易同样标出了前 3 根关键 K 线，分别对应进场 K 线、触发跟踪止损信号的 K 线和离场 K 线。与前面案例不同的是，在这次持仓期间，形成了 2 次均线死叉，一次发生在位置 4，随后价格开始回调，持仓进入浮亏状态，但收盘价未能跌破棘轮止损，得以继续留在场内；另一次发生在位置 5，死叉仅持续了 1 根 K 线，然后价格恢复了上涨势头。

位置 5 前后几根 K 线对应的 20 周期低点连线保持水平状态，这时的低点是位置 4 开始的那波调整浪创出的低点,在这期间,棘轮止损缓慢向上移动。当 20 周期低点开始向上移动时,棘轮止损相应加快上移的速度。

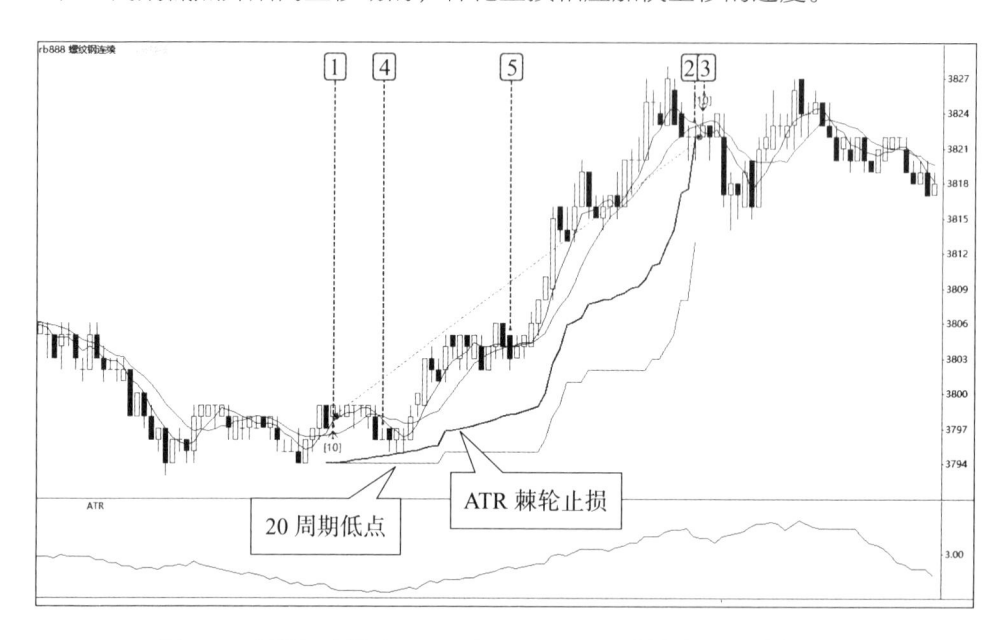

图 6-2　螺纹钢连续（RB888）2 月 27 日 1 分钟线 ATR 棘轮止损

这次持仓期间,20 周期 ATR 指标值最高达到 3.80,而图 6-1 案例的该指标最高达到 5.40。大家已经知道,ATR 是衡量平均真实波动幅度大小的指标,这两个案例的 ATR 数值相互对比,说明这次持仓期间的价格波动不是那么剧烈。进场初期该指标值最低达到 1.80,较低的指标值说明当前处于调整阶段。交易者进场的位置最好选择这个阶段,因为风险相对较低。如果在价格剧烈波动的区间进场,那么可能处在下跌浪末端（底部）,但也有可能处在上涨浪末端（顶部）。要知道,价格波动越大,越有可能触发止损,其潜在的风险越大。

仔细观察可以发现,位置 2 触发止损信号时,收盘价几乎与棘轮止损处在同一水平。当前 K 线的收盘价为 3822 点,而止损价格为 3822.05 点,仅跌破 0.05 个点,这种细微的差距可以视为一种噪音信号,因为做对方向时经常是留在场内更有利。为了解决这个问题,可以加入一个缓冲区间来确认跌破止损价格，这在后面对该策略进行优化时还会讲到。

20 周期低点连线一共出现了 3 个持续较长时间的平台区间，对应着 3 次调整行情。第 1 个平台区间对应的调整行情发生在进场之前，所以这次持仓主要经历了两次调整行情。从位置 1 以 3798 点开仓，到位置 3 以 3822 点平仓，一共获利 24 个点，这是一个处在平均水平的日内波段盈利幅度。

6.6 案例分析 3：更加复杂的行情

有了这种跟踪止损策略，能让交易思路具象化，一切看起来都那么清晰。下面来看 ATR 棘轮止损在复杂程度更高一点的行情上的表现，如图 6-3 所示。

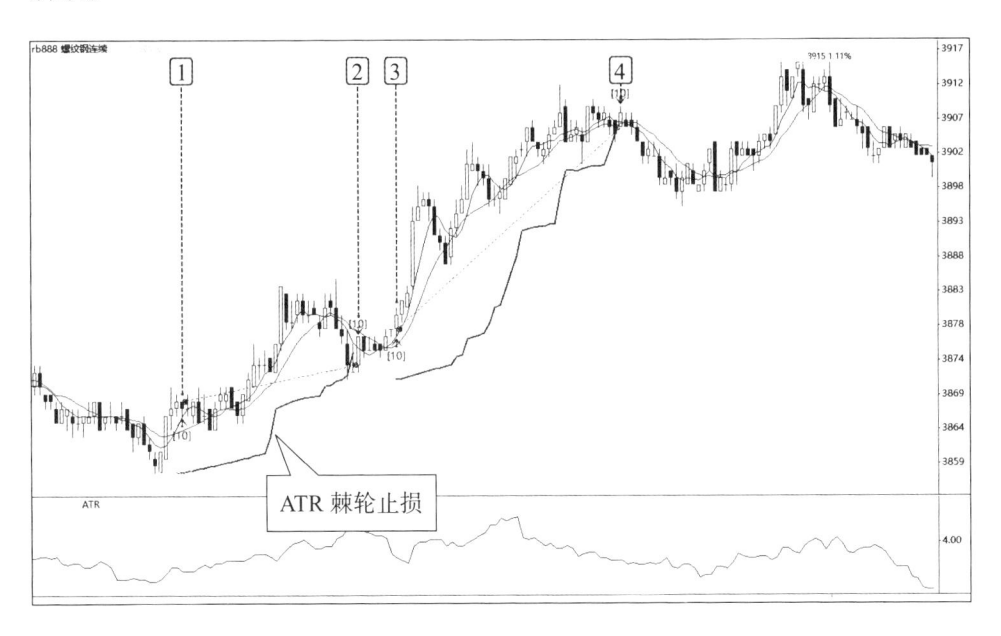

图 6-3 螺纹钢连续（RB888）1 月 18 日 1 分钟线 ATR 棘轮止损

图 6-3 是螺纹钢连续合约 2024 年 1 月 18 日的 1 分钟 K 线图，这次只保留了一条指标线——ATR 棘轮止损。这个上涨波段的宽度进一步加大，在

位置 1 进场之后，在位置 2 产生了离场信号，然后在位置 3 再次进场，直到主升浪右侧的位置 4 再次产生了离场信号。之所以在中途离场，是因为调整浪的幅度和时间超出了该策略当前参数的适用范围。如果交易者的预期目标就是希望抓住一波连续的上涨行情，那么这两组交易信号就没有什么问题。如果交易者的预期目标是希望抓住带有一定回撤的上涨行情，那么可以通过调整参数或者优化策略，以提高该策略对回撤行情的宽容度（后面优化部分会讲到），图中这两组交易信号有可能合并成一次波段操作。

再来看副图中的 ATR 指标，在两次进场的初始阶段，ATR 指标都经历了一段从相对低位移动到相对高位的过程，这说明进场位置处在相对安全的低波动率区间。位置 2 之后的 ATR 指标一度明显下降，表明处在调整浪期间，价格波动幅度减小。位置 2 以及随后几根 K 线，组成了一个小规模的收敛三角形形态，收盘价并没有形成向下突破，这原本应该是一个上涨中继形态，所以这个位置对于经过优化之后的个性化策略来说有可能避免中途离场。

这两次交易的进场与离场 K 线数据如表 6-1 所示。

表 6-1

序号	开仓时间	开仓价格	触发止损价格	棘轮止损	平仓时间	平仓价格	盈亏点数
1	11:02	3868	3872	3874.74	13:34	3873	5
2	13:41	3878	3905	3905.10	14:22	3906	28

第 1 笔交易触发止损时，收盘价格为 3872 点，棘轮止损价格为 3874.74 点，向下突破幅度为 2.74 个点。第 2 笔交易触发止损时收盘价格为 3905 点，棘轮止损价格为 3905.10 点，向下突破幅度为 0.10 个点。可以看出，第 1 笔是明显突破，第 2 笔是微幅突破，这可以视为一个噪音信号。虽然这时已经成功抓住了主升浪，而且后面由明显突破产生的离场价位可能相差不大，但还是应该知道这是一个可以优化的地方。

6.7 案例分析 4：止损线主动追逐价格

ATR 棘轮止损包含了时间和价格因素，止损线会随着持仓 K 线数量增加以及 20 周期低点提高而向上移动。当一次调整持续的时间较长，同时 20 周期低点大幅提高时（往往发生在高位调整阶段），将可能出现止损线主动向上追逐价格的现象。换句话说，这时的跟踪止损不是由于价格破位导致的，而是由于止损线提高过快导致的。

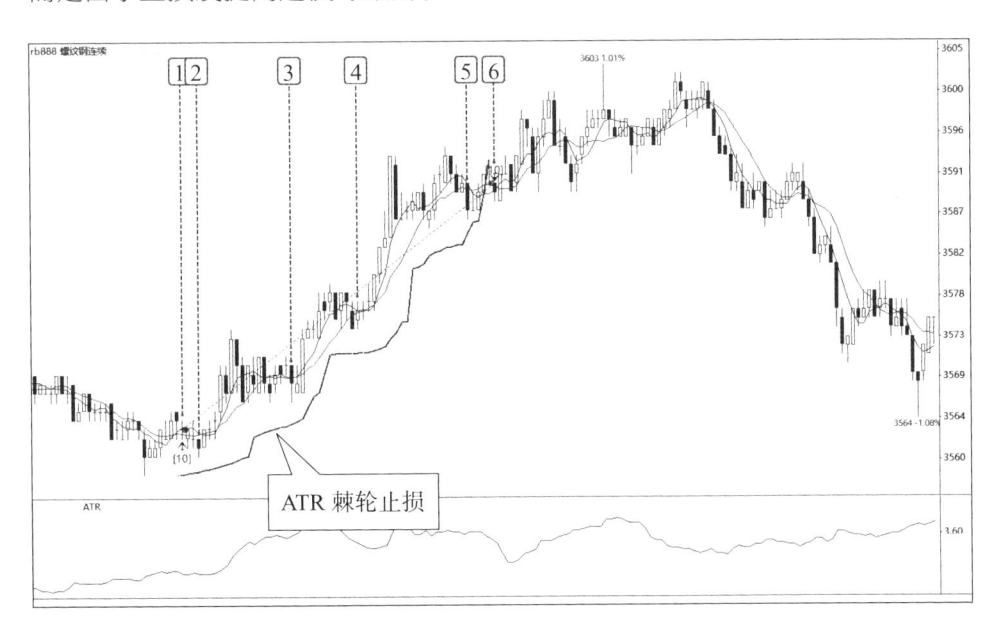

图 6-4　螺纹钢连续（RB888）3 月 20 日 1 分钟线 ATR 棘轮止损

图 6-4 是螺纹钢连续合约 2024 年 3 月 20 日的 1 分钟 K 线图。图中用数字标出了几根关键 K 线，其中位置 1 为进场 K 线，开仓价格为 3563 点；位置 6 为离场 K 线，平仓价格为 3590 点；其余的位置 2 到位置 5 对应着 4 次调整，这 4 次调整使得 20 周期低点连线形成 4 段平台区间，每段平台区间结束时，随之而来的是 20 周期低点连线陡然提高。在位置 5 之后，棘轮止损

快速向上移动，主要是因为位置 4 调整结束之后，20 周期低点快速提高，止损线追上了位置 5 之后的连续 4 根阳线，最终触发了止损信号。

这笔交易的离场位置合理吗？从盈利幅度来看，27 个点的利润已经可以说是一笔成功的日内波段交易。然而，离场时仍然处于上升趋势之中，上涨推动浪还没有结束，没有形成向下破位。从 K 线与均线的位置来看，触发止损信号的 K 线和离场价格均在 MA10 之上。从后面一根 K 线开始，MA5 与 MA10 再次形成金叉，形成一波拉升并创出新高。种种迹象表明，在位置 6 留在场内更合理、更有利，还有机会增加利润，至少应该持有到下一个均线死叉。离场信号出现在没有走完的上升趋势中，对于如何应对这种情况，后面的优化部分还会进一步讨论。

第 7 章
ATR 棘轮止损策略的优化

如果人们不那么经常犯错,我们就不会这么富有。

——查理·芒格(Charlie Munger)

投资并不是要在别人的游戏中打败他们,而是在自己的游戏中控制自己。

——本杰明·格雷厄姆(Benjamin Graham)

我们发现，一些股票交易者即使已经有了多年实战经验，依然缺少一套明确的离场策略。如果你是从股票市场转战到期货市场的交易者，那么需要在交易思维上做出很大转变。ATR棘轮止损策略以及后面将要介绍的其他离场策略，对于你来说会是一种全新的交易思维模式。下面对该策略中的变量及可能的变化进行一些说明，帮助交易者理解并成功运用该策略。

7.1 初始止损：固定启动位置

采用ATR棘轮止损的一大优势，就是可以任意选择策略启动的位置。大家经常采用的一些止损位置，都可以当作该策略的启动点。以做多来说，例如关键低点、前一个波谷、支撑线、通道下轨线以及开仓价位之下一定倍数ATR的距离。如果等到一笔交易产生一定盈利时再启动该策略，那么初始止损价格可能处于开仓价格，甚至高于开仓价格。对于初始止损价格的设置没有限制，交易者可以尽情发挥自己的创造力和逻辑能力，确定一个对于你的操作周期和交易策略目标有意义的启动点。

本节将棘轮止损的启动点设置为一定周期的低点，这是一个随着K线动态变化的价格。如果采用较小的周期参数（例如由20改为10），将会更快地产生新的低点，从而使得止损线快速向上移动。此外，还可以采用一个固定的启动点，例如，开仓K线低点（或者开仓价格）之下2倍ATR的位置。这种情况下，只有持仓K线数量增加或者ATR指标值上升，才会引起棘轮止损向上移动，如图7-1所示。

图7-1是螺纹钢连续合约2024年4月15日的1分钟图。在位置1以当前K线的开盘价3594点进场做多，同时为棘轮止损设置一个固定的启动点——开仓K线低点之下2倍ATR的位置。进场K线的最低价为3592点，

第 7 章 ATR 棘轮止损策略的优化

ATR 指标值为 4.35，得到 ATR 棘轮止损为 3583.3 点（3592 − 2×4.35）。此后每根 K 线的止损价都通过在固定启动点 3583.3 点的基础上加上一定倍数的 ATR 计算得出，加速因子与持仓 K 线数量的乘积就是 ATR 前面的倍数。本例的加速因子设置为 0.08，要高于之前初始版本所采用的数值 0.05，这是因为固定启动点相比 20 周期低点的位置更低，所以需要一个较大的加速因子来提高向上移动的速度。

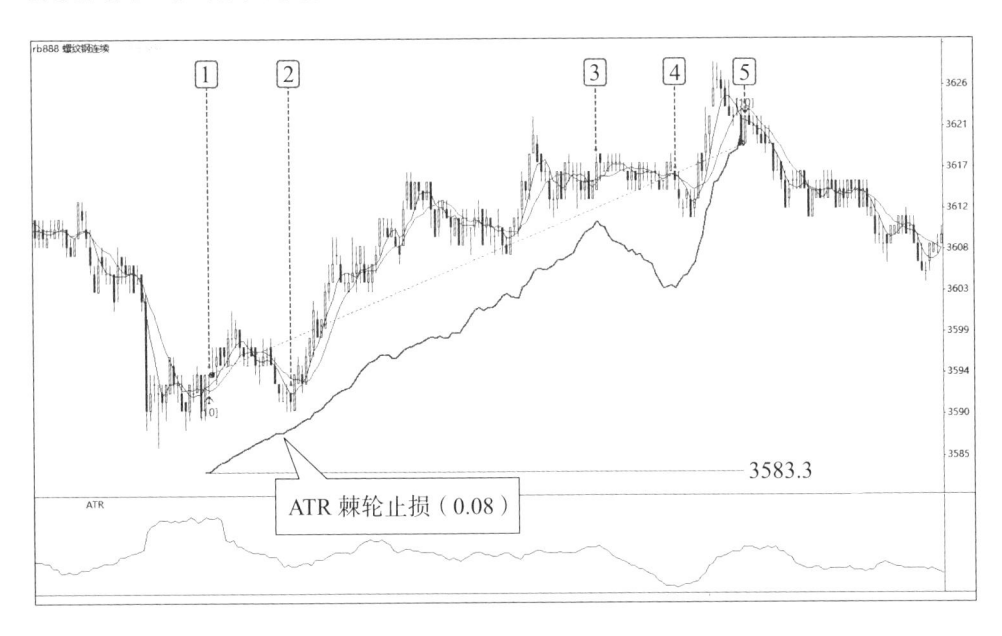

图 7-1　螺纹钢连续（RB888）4 月 15 日 1 分钟线 ATR 棘轮止损

位置 2 是进场后的第一波调整低点，此时处于浮亏状态，价格靠近止损线但未能形成向下突破。随后价格恢复到上升趋势并创出阶段新高，棘轮止损线随着持仓 K 线数量的增加而逐渐向上移动。

位置 3 到位置 4，ATR 指标值下降，止损线跟着下移。ATR 指标值回落的区间通常是价格调整区间，这种具有自适应性的跟踪止损线有一个好处，就是有可能避免在波段中途的调整浪末端被止损出局。有的交易者习惯于让止损线只朝着一个方向移动，也就是说，只能前进不能后退。如果交易者不希望跟踪止损线下移，可以通过修改策略逻辑以及代码来实现，后文还会有详细介绍。

虽然可以通过采用大数值的加速因子来使 ATR 棘轮止损更接近当前价格，但总体上来看，固定启动点策略是一种宽松的跟踪止损，有利于放长线钓大鱼。偏宽松的跟踪止损，有可能抓住超出预期的大波段。

该策略有一个好的特性，长波段的最后一次调整往往是某级别的第 4 调整浪，ATR 指标下降，止损线也随之下降，行情蓄势待发。到了猛烈的第 5 上升浪，ATR 指标上升，止损线随之快速上升，这样就经常能平仓到相对高位。这笔交易最终在位置 5 以 3619 点平仓离场。平仓位置恰好位于冲顶之后 MA5 向下交叉 MA10 的初期，此后价格开始回落。这次持仓一共持续了 137 根 K 线，棘轮止损线经受住了三次价格调整的考验，这在日内波段交易中属于持仓时间较长的情况，利用相对宽松的止损抓了一波中等级别的向上推动浪。想象一下在日线上持有 100 多根 K 线的情况，如果一只股票持有 100 多个交易日，并且一直处在向上推动浪，同样能收获可观的利润。

图 7-2 是螺纹钢连续合约 2024 年 3 月 25 日的 1 分钟图。在位置 1 以

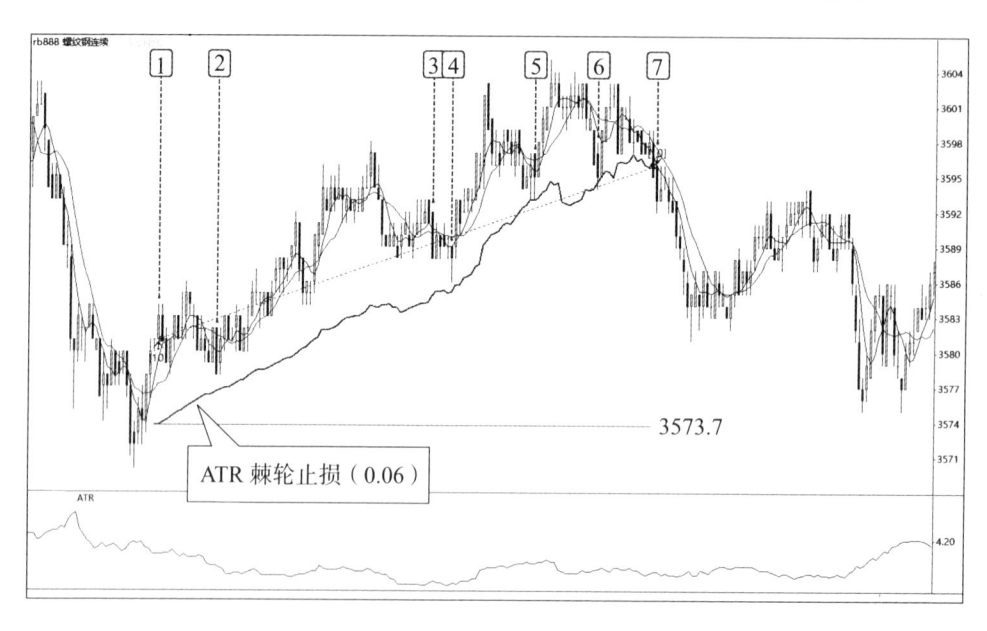

图 7-2　螺纹钢连续（RB888）3 月 25 日 1 分钟线 ATR 棘轮止损

开盘价 3581 点进场做多，同时为棘轮止损设置一个固定的启动点——开仓 K 线低点之下 2 倍 ATR 距离。这次进场 K 线的最低价就是开盘价 3581 点，ATR 指标值为 3.65，得到 ATR 棘轮止损为 3573.7 点（3581 − 2 × 3.65）。这次采用了一个更小的加速因子 0.06，这是一个相对宽松的跟踪止损。

位置 2、4、5、6 是进场后的几个调整低点，收盘价格靠近止损线但未能形成向下突破。直到位置 7，前一根 K 线的收盘价低于止损线 1.38 个点，触发止损信号，以当前 K 线的开盘价 3596 点止损离场。

如果采用偏紧的止损，将加速因子设置为 0.08，则会在位置 3 触发止损。做对方向时，留在场内的时间越长，则越有可能增加利润。

注意观察位置 7 前面的三个波峰，它们构成了一个头肩顶形态。连接位置 5 和位置 6 的 K 线低点（左肩和右肩的波谷），可以画出一条向右上方倾斜的颈线。位置 7 正好是右肩形成之后向下突破颈线的位置，这大概率是反转的位置。

ATR 棘轮止损策略优化——固定启动价位公式源码

```
//------------------------------------------------------
// 简称：AtrRatchet1.2
// 名称：ATR 棘轮止损固定启动价位
// 类别：公式应用
// 类型：用户应用
// 输出：
//------------------------------------------------------
//-----------------------------------------------------//
// 策略说明：
//   （1）此为范例策略，仅用于说明算法语法，交易者需根据自身经验需求，经过
//   调整、测试之后再实际应用；
//   （2）实际应用时应使用经过验证的开仓策略，测试例子为双均线开仓策略，以
```

```
//      短期与长期均线金叉作为进场信号，仅用于提供示例进场信号；
//    （3）棘轮止损的固定启动点为开仓 K 线低点之下 2 倍 ATR，以后每根 K 线的止
//      损价都在固定启动点的基础上加上一定倍数的 ATR，这里的倍数为加速因子与持
//      仓 K 线数量的乘积；
//    （4）以收盘价跌破棘轮止损线为离场信号，一次清仓；
//    （5）所用到的参数均可调整，需考虑交易品种的波动性以及自身风险承受能力。
//
// ------------------------------------------------------//
Params
    Numeric ATRLength(20);              // 平均真实波幅的周期
    Numeric Acceleration(0.07);         // 加速因子
    Numeric FastLength(5);              // 短期均线的周期
    Numeric SlowLength(10);             // 长期均线的周期
    Numeric N(2);                       // 新增参数初始止损 ATR 的倍数

Vars
    Series<Numeric> LongStopLine;       // 多头止损线
    Series<Numeric> ShortStopLine;      // 空头止损线
    Series<Numeric> Knum;               // 持仓 K 线数量
    Series<Numeric> AvgValue1;
    Series<Numeric> AvgValue2;
    Series<Numeric> MinClose;   // 新增变量一定周期内的最低收盘价
    Series<Numeric> EntryLow;   // 新增变量进场 K 线最低价固定启动点
    Series<Numeric> EntryHigh;          // 新增变量进场 K 线最高价
    Series<Numeric> EntryATR;           // 新增变量进场 K 线 ATR
    Numeric StopATR;

Events
    OnBar(ArrayRef<Integer> indexs)
```

```
{
    Range[0:DataSourceSize() - 1]
    {
        // 双均线进场策略
        AvgValue1 = AverageFC(Close,FastLength);
        AvgValue2 = AverageFC(Close,SlowLength);
        PlotNumeric("MA1",AvgValue1);
        PlotNumeric("MA2",AvgValue2);
        StopATR = AvgTrueRange(ATRLength);   //
        Knum = BarsSinceEntry;          // 持仓K线数量

        If(CurrentContracts == 0 And AvgValue1[1] > AvgValue2[1])
        // 开多
        {
            Buy(10,Open);
            EntryLow = Low;
            EntryATR = StopATR;
        }
        If(MarketPosition == 1 And BarsSinceEntry > 1 And
        Close[1] < LongStopLine[1] - 0.5)   // 平多
        {
            Sell(0,Open);
        }
        If(CurrentContracts == 0 And AvgValue1[1] < AvgValue2[1])
        // 开空
        {
            SellShort(10,Open);
            EntryHigh = High;
            EntryATR = StopATR;
```

```
        }
        If(MarketPosition == -1 And BarsSinceEntry > 1
        And Close[1] > ShortStopLine[1] + 0.5)    //平空
        {
            BuyToCover(0,Open);
        }
        // 棘轮止损
        // 多头跟踪止损
        If(MarketPosition == 1)
        {
            LongStopLine = EntryLow - 2*EntryATR +
            Acceleration* Knum*StopATR;
            PlotNumeric("LongStopLine",LongStopLine);
        }
        // 空头跟踪止损
        If(MarketPosition == -1)
        {
            ShortStopLine = EntryHigh + 2*EntryATR -
            Acceleration* Knum*StopATR;
            PlotNumeric("ShortStopLine",ShortStopLine);
        }
    }
}
```

//--
// 编译版本 2024/01/09
// 版权所有 lingbo
//--

7.2 启动时机（价格因素）：一定盈利后启动

可以从时间和价格两个方面来考虑该离场策略的启动时机。例如，可以在一笔交易进场 10 根 K 线并且有了 1 倍 ATR 的盈利之后，启动该离场策略。这里需要强调的重点是，最好在获得一定盈利之后再启用该策略。该策略似乎是一个非常好的止盈策略，但如果在一笔交易盈利之前启用该策略，很可能导致过早离场。

以多头为例来说明，在有 1 倍 ATR 的盈利之前启动 ATR 棘轮策略，可能被过早止损出局。原因很简单，没有盈利时，你的交易方向有更高的概率可能是错的。更重要的是，你的缓冲空间更小，在价格未能创出阶段新高的情况下启动该策略，止损线会随着持仓时间的增加而向上移动，但价格却在横向或向下发展，这将进一步压缩价格缓冲空间，遇到进一步回撤则很容易触发止损，从而错过后面的上涨。以波浪理论来说明，例如你在靠近 1 浪顶部的位置进场做多，但遇到了一个呈 3 浪结构的第 2 调整浪，你从进场后一直是亏损的，在调整浪末端很容易被止损出局，从而错过后面的第 3 上升浪。

图 7-3 是螺纹钢连续合约 2024 年 4 月 15 日的 1 分钟图。主图中有两条指标线，粗线是 ATR 棘轮止损线，细线是 20 周期低点的连线。假设有一笔多头交易在位置 1 进场，开仓价格为 3597 点。可以看到，这笔交易进场之后即陷入浮亏，从位置 1 到位置 2，连续 4 根 K 线创出收盘新低。与此同时，棘轮止损线逐渐向上远离 20 周期低点，因为随着持仓 K 线数量增加，棘轮止损会逐根 K 线累加 0.05ATR。位置 2 时，20 周期低点与这轮调整低点重合，这个低点也就是当前 K 线的最低价 3591 点，ATR 数值为 2.8，根据棘轮止损的计算公式，得到当前止损价格为 3591.42 点（3591 + 0.05×3×2.8）。而当前 K 线的收盘价等于最低价 3591 点，低于止损价格 3591.42 点，触发了止损信号，在位置 3 以开盘价 3592 点离场。

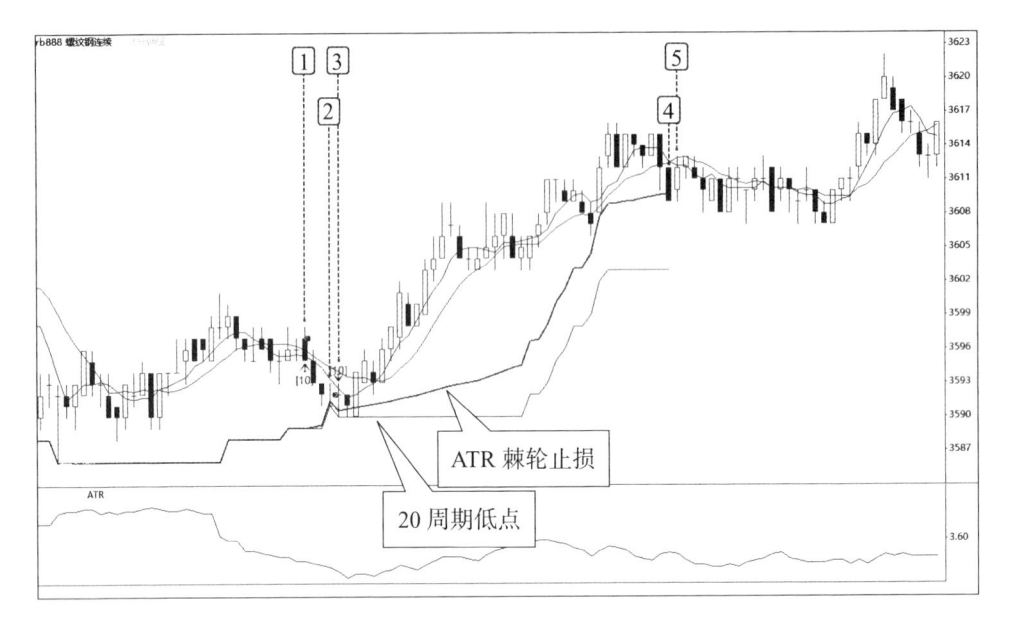

图 7-3　螺纹钢连续（RB888）4 月 15 日 1 分钟线 ATR 棘轮止损

离场之后，价格很快开始上涨并且创出阶段新高。如果没有过早离场，这笔交易应该在位置 4 触发止损信号，并在位置 5 以开盘价 3610 点离场。这次过早离场只是因为一跳之差。当 20 周期低点与调整低点重合时，即使棘轮止损向上移动很小一段距离，也很容易在收出阴线时触发止损信号。为了解决这种在进场初始阶段遇到调整浪的问题，可以尝试在持仓达到 1 倍 ATR 盈利之后再启动棘轮止损，而在此之前设置一个适当的固定止损。

进场初期的固定止损可以选择采用关键低点、通道下轨等任何一个有意义的支撑位。下面将固定止损设置为开仓 K 线低点之下 2 倍 ATR 的位置，也就是用最低价减去 2 倍 ATR 得到一个初始止损，如图 7-4 所示。如果用开仓价格减去 3 倍 ATR 是否可以？当然可以，你可以任意选择一个自己认为合适的距离。

在图 7-4 中，标出了与图 7-3 相同的 5 个位置。开仓价格仍然是 3597 点，进场 K 线的最低价为 3595 点，ATR 指标值为 3.1，用最低价减去 2 倍 ATR，得到棘轮止损 3588.8 点。从位置 1 到位置 6 的前一根 K 线，棘轮止损线呈水平状态，保持初始止损 3588.8 点不变。从位置 6 开始，盈利达到 1 倍 ATR，棘轮止损开始向上移动。

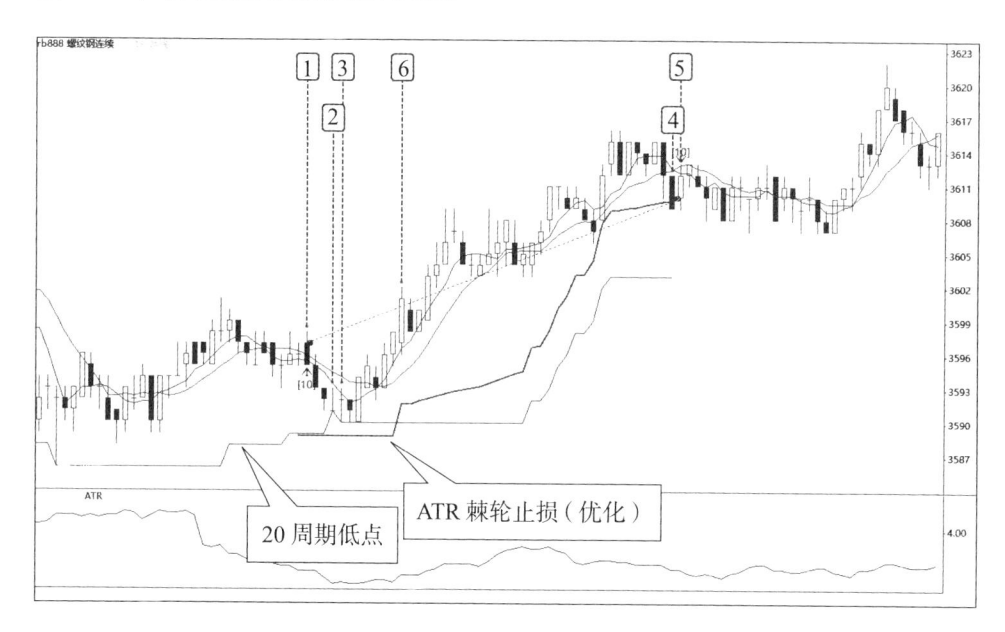

图 7-4　螺纹钢连续（RB888）4 月 15 日 1 分钟线 ATR 棘轮止损优化

可以看出，进场 K 线的初始止损稍微低于 20 周期低点，随后几根 K 线的初始止损保持不变，而 20 周期低点已经上移，合适距离的初始止损让这次持仓顺利渡过了调整浪，没有过早止损出局。等到位置 6 价格创出阶段新高之后，盈利达到 1 倍 ATR，开始启动棘轮止损。随着价格上涨，棘轮止损逐渐提高，20 周期低点上升时，棘轮止损加速上移，最终在一波上升浪的末端右侧产生跟踪止损信号，止损价格为 3610 点。

这种优化策略适用于对趋势方向有着良好判断，但在进场初期可能遇到小幅调整的情况。在设置初始止损时，交易者不仅可以将进场 K 线的"高开低收"价格设置成参数，还可以将 ATR 的倍数、盈利的倍数设置成参数。

由于篇幅所限，下面仅列出了需要修改的那部分代码，基础框架不变，交易者可以参考前面完整的初始版本 ATR 棘轮策略代码。要想在达到 1 倍 ATR 盈利时启动棘轮止损策略，需要修改的公式代码如下。

```
Params
    Numeric N(2);        //新增参数初始止损 ATR 的倍数
Vars
    Series<Numeric> Profit;    //新增变量浮动盈利

If(MarketPosition == 1)    //修改对应代码
{
    Profit = Close - EntryPrice;
    If(BarsSinceEntry == 0)
    {
        LongStopLine = Low - N*StopATR;    //初始止损
    }Else If(BarsSinceEntry > 0)
    {
        If(Profit < 1*StopATR)
        {
            LongStopLine = LongStopLine[1];
        }Else If(Profit >= 1*StopATR)
        {
            LongStopLine = LowValue + Acceleration*Knum*StopATR;
            Commentary("盈利达到 1 倍 ATR");
        }
    }
    PlotNumeric("LongStopLine",LongStopLine);//输出跟踪止损线
}
```

7.3 启动时机（时间因素）：一定 K 线后启动

ATR 棘轮止损策略具有非常好的灵活性和适应性。这里还有另一种运用思路，交易者可以在进场 15 根 K 线之后启动该策略，但可以不加上 15 倍的棘轮步长。可以按照这样一种逻辑来编写公式代码，进场 15 根 K 线之后启动该策略，但用进场 K 线个数减去 10 再乘以 ATR 数值，或者将进场 K 线个数除以一个常数，然后再乘以 ATR。这样一来，就可以降低棘轮步长的数值，尤其是在一笔交易进场的初始阶段，也就是刚刚启动该策略的时候，降低过早离场的可能性。运用 ATR 棘轮止损策略，可以充分发挥交易者的创造力。

图 7-5　螺纹钢连续（RB888）1 月 18 日 1 分钟线 ATR 棘轮止损

图 7-5 是螺纹钢连续合约 2024 年 1 月 18 日的 1 分钟图。图中加载了初始版本的 ATR 棘轮止损策略。一笔多头交易进场之后，在一次调整浪末端产生了 5 次止损信号。注意，这里将每次满足止损条件时的平仓数量由 10 手改

成了 2 手，这样做的目的是为了测试可能出现止损信号的位置。出现 5 次止损信号，意味着有 5 根 K 线的收盘价低于止损线。仔细观察这几根 K 线，会发现它们处在一波调整浪的末端，但并没有形成向下突破态势，主要是因为止损线上升太快，才导致产生止损信号。此后价格马上开始拉升，形成了主升浪，止损信号恰好出现在即将发起上攻的位置。

　　为了避免这种过早离场的情况，有必要让止损线向上移动的速度适当减慢一点。可以尝试对棘轮止损的启动时机做出一些改变，在进场后的第 15 根 K 线启动该策略，并且用进场 K 线个数减去 10 再乘以 ATR 数值。修改策略代码后的交易信号如图 7-6 所示。

图 7-6　螺纹钢连续（RB888）1 月 18 日 1 分钟线 ATR 棘轮止损优化

　　图 7-6 与前一幅图显示的是同一段行情，为了对比优化前后的棘轮止损线，图中显示了 3 条指标线，按照从上到下的顺序，分别为初始版本棘轮止损线、优化后的棘轮止损线和 20 周期低点连线。对比优化前后的两条止损线，可以明显看出，优化后的止损线不仅向上移动的起始位置更靠后，而且向上移动的速度也更慢。

简单说明一下标出的几根关键 K 线。

（1）进场 K 线。开仓价格为 3868 点，初始止损设置为最近 20 根 K 线的最低价。三条指标线重合。从下一根 K 线开始，初始版本棘轮止损线开始向上移动。

（2）进场后的第 15 根 K 线，优化后的棘轮止损开始向上移动。

（3）收盘价第一次低于初始版本棘轮止损。

（4）收盘价第 5 次低于初始版本棘轮止损。如果按照图 7-5 中的交易信号来操作，这时已经清仓离场。

（5）离场 K 线。前一根 K 线的收盘价低于优化后的棘轮止损。离场价格为当前 K 线的开盘价 3906 点。

在进场初始阶段，初始版本的棘轮止损率先向上移动，如果遇到稍微大一点的回撤行情，很容易触发止损信号，可能导致过早离场。进入持仓中期阶段，随着持仓时间的增加，初始版本的棘轮止损可能快速上升，如果遇到操作级别的调整浪，也将更容易触发止损信号。优化后的棘轮止损为行情提供了更多的回撤余地，它的启动时间更靠后，并且移动速度更慢。以波浪理论来说，如果在第 1 上升浪进场，那么第 2 调整浪末端是一个容易挑战止损的位置（如果第 1 浪是延长浪，在第 1-1 浪进场，那么第 1-2 浪的末端也有可能挑战止损）。相对来讲，优化后的棘轮止损无疑更有可能顺利渡过这种对止损线的挑战，这为抓住后面的第 3 上升浪提供了更多可能性。图 7-6 中的位置 3 就可以看作某一级别的第 2 调整浪末端。

要想在进场后的第 15 根 K 线启动棘轮止损策略，需要修改的公式代码如下。由于篇幅所限，下面仍然仅列出需要修改的那部分代码。

```
If(MarketPosition == 1)
{
    If(BarsSinceEntry == 0)
    {
```

```
        LongStopLine = LowValue;    // 初始止损为20周期低点
}Else If(BarsSinceEntry > 0 And BarsSinceEntry < 15)
{
        LongStopLine = LongStopLine[1];
}Else If(BarsSinceEntry >= 15)
{
        LongStopLine = LowValue + Acceleration*(Knum-10)*StopATR;
}
        PlotNumeric("LongStopLine",LongStopLine);// 输出跟踪止损线
}
```

图 7-7 和图 7-8 同样是利用优化版本棘轮止损避免过早离场的案例。进场后的初始阶段，价格以向上推动浪的形式向上发展，但由于总体上涨速度缓慢，而初始版本止损线的向上移动速度又显得稍快，从而导致过早离场。优化版本止损线在风险更高的持仓初始阶段既守住了回撤底线，又没有过于盯紧价格，最终抓到了主升浪。

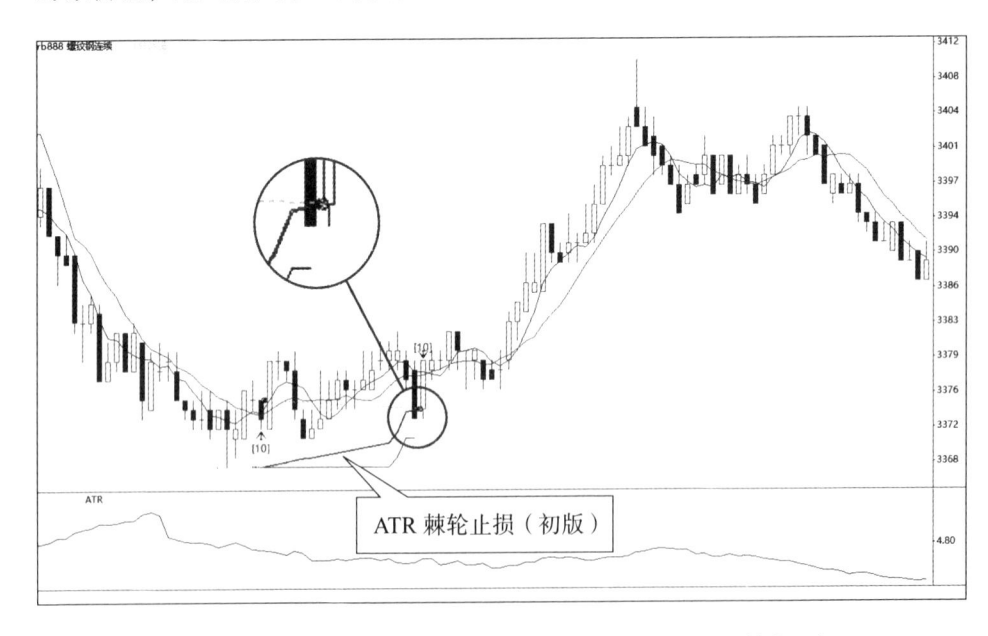

图 7-7　螺纹钢连续（RB888）4月1日1分钟线 ATR 棘轮止损

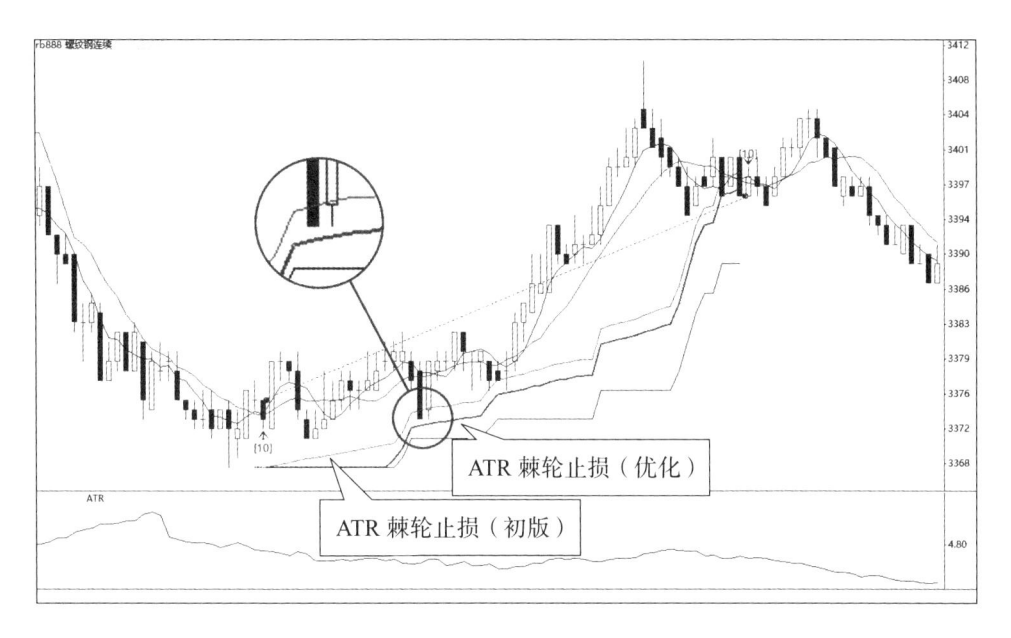

图 7-8 螺纹钢连续（RB888）4 月 1 日 1 分钟线 ATR 棘轮止损优化

有的交易者也许会问，利用 MA5 与 MA10 向下交叉作为离场条件，是否可以起到相同的效果？如果是一个流畅的上涨波段，从金叉开始，到死叉结束，那么二者的离场位置相差不大。但是大家更经常遇到的是像图 7-6 和图 7-8 这种一波三折的上涨走势，持仓期间会产生多个死叉离场信号。而 ATR 棘轮止损能够给价格更多的回旋余地，更有利于跟踪具有一定宽度的波段行情。

7.4　逐日累加数值

一笔多单进场之后，持仓时间每增加一根 K 线，棘轮止损线就向上移动 $F \times ATR$ 的距离，F 代表加速因子。加速因子数值选取过大，会导致止损线过快向上移动。从经验来看，ATR 周期为 20 的情况下，加速因子的取值范围在 0.05～0.10 之间会比较合适。即使是一个看似较小的"步长"，一旦通过乘以持仓 K 线数量而放大数倍之后，仍然有可能使止损线以超乎你想象的速度向上移动。

如果在进场初始阶段使用一个非常小的加速因子，也就是说，起初每根 K 线的移动"步长"非常小，那么等到后面盈利比较高的时候，可以提高加速因子数值。这个思路可以作为棘轮止损的一个升级版本。后面第 10 章将会讲到一种变速跟踪止损线，用的就是这个逻辑原理。

7.5 最低值的周期

做多的时候，可以最近 20 个周期的最低价加上一定倍数的 ATR 来计算棘轮止损。可以想象得到，如果调整行情的持续时间超过 20 个周期，即使是小幅的横向整理，也必然会触发离场信号。这在盘久必跌的行情中是合理的做法，把调整时间当作一个离场因素，时间超越了平衡点，应该选择离场。然而，从价格上来讲，可能并没有打破平衡，也就是还没有破位。

对照实际行情会发现，调整浪持续 15 个周期左右，就可能形成以该调整浪低点为最近 20 个周期最低价的局面，因为调整浪起始位置的波峰左侧还会有几根 K 线高于这个低点。最低值的周期决定着对调整行情的容忍度。

图 7-9 是螺纹钢连续合约 2024 年 3 月 28 日的 1 分钟图。图中加载了进场 15 分钟后启动的 ATR 棘轮止损策略。在位置 1 以开盘价 3451 点进场之后，虽然止损线相比原始版本向上移动的速度更慢了，但在位置 2 处仍然触发了止损，错过了后面的主升浪。可以把这笔交易看作一次计划内的"错过"，继续按部就班地等待下一次交易机会，也许下次就能捕捉到主升浪。

分析这次离场的原因，主要是因为调整时间过长，从最近一个波峰高点到位置 2，一共调整了 18 根 K 线，导致当前这波调整浪的低点已经接近，甚至已经成为 20 周期最低值。在此基础上加上一定倍数的 ATR，当然很容易超过收盘价，从而触发止损信号。

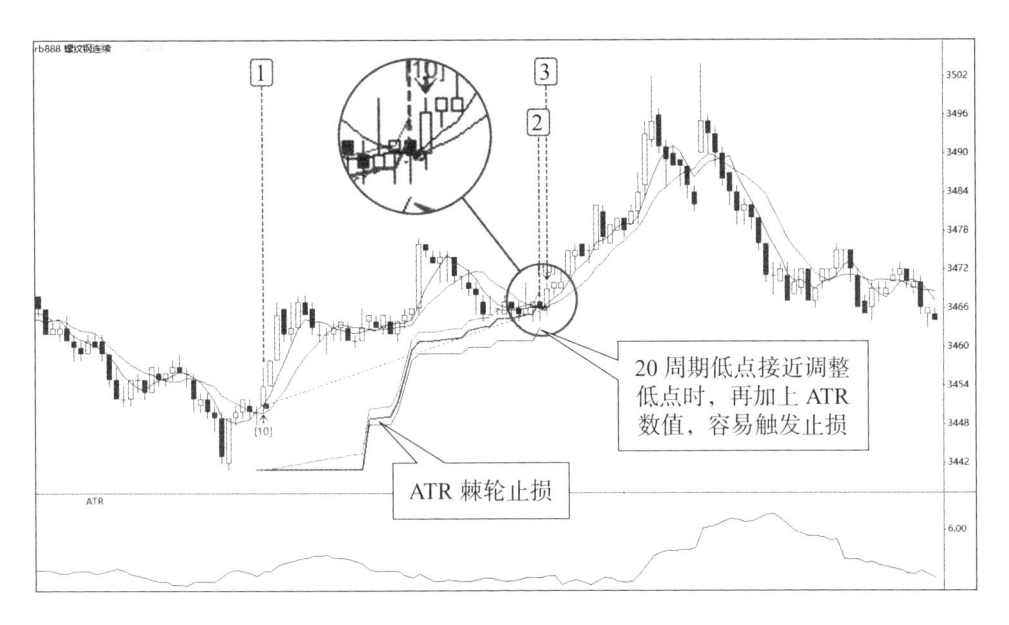

图 7-9　螺纹钢连续（RB888）3月28日1分钟线 ATR 棘轮止损

有的交易者也许会想到，将求最低值的周期适当加大，就能让这笔交易继续留在场内。下面尝试将其周期由 20 调整为 22，看一下效果如何，新的交易信号如图 7-10 所示。

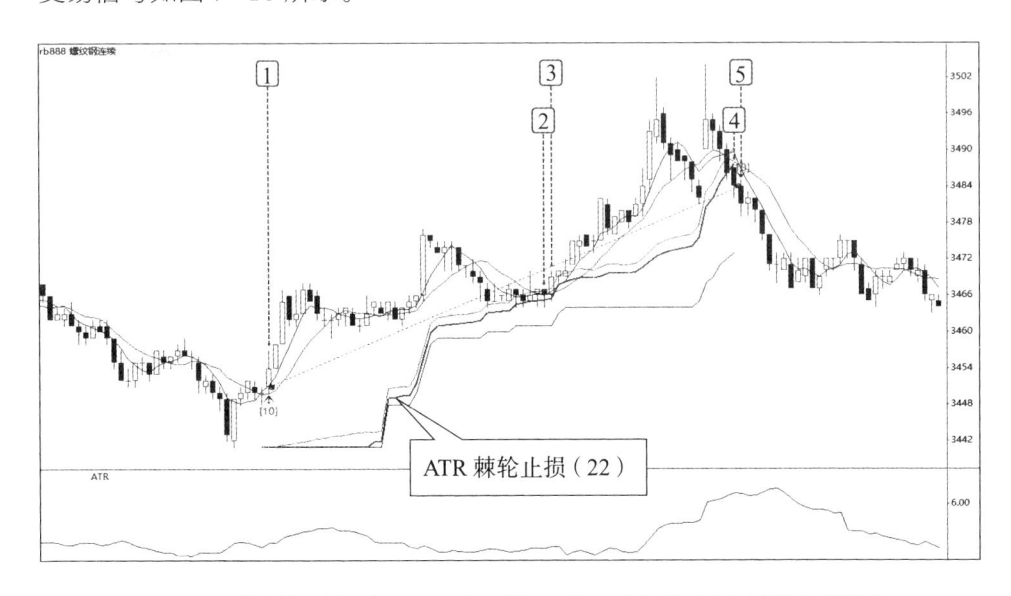

图 7-10　螺纹钢连续（RB888）3月28日1分钟线 ATR 棘轮止损优化

果然不出所料，在位置 2 处，收盘价仍然在棘轮止损之上，没有触发止损信号。这几乎相当于将此前的 20 周期低点向右移动了两根 K 线。主升浪之后，直到位置 4，收盘价向下突破止损线并触发止损信号，在位置 5 以开盘价 3484 点离场。

对比一下位置 2、位置 3 与位置 4、位置 5，可以看出哪些区别？

前者的 K 线波动幅度更小，ATR 指标处在低位；后者的 K 线波动幅度更大，ATR 指标处在高位。如果查看成交量指标，可以看到，前者处于地量水平，而后者明显放量，尤其高位的两根带有长上影线的 K 线（Pin Bar[注]）更是放出巨量。所有迹象都表明，后者是冲顶之后应该离场的位置，而前者是上涨中继位置。除此之外，还有一个重要区别，前者没有形成向下突破，而后者已经形成向下突破。

粗糙的策略可以通过优化来显著提高绩效表现，但当策略优化到一定水平之后，它便趋于一种平衡状态，每添加一个过滤条件都会有利有弊。有的交易者可能会想到，放大最低值的计算周期，虽然能够提高该策略对行情的容错能力，但在头部右侧也有可能失去更多利润。放大在行情中段对调整行情的过滤尺度，当形成真正的头部时，离场位置也会向后移。

7.6　短线向下突破

细心观察就会注意到，图 7-9 的位置 2 是止损线主动超越价格，而不是价格向下破位。大家可以利用这一点来区分行情，形成一个过滤条件。在不加大最低值计算周期的情况下，在原有离场条件的基础上判断收盘价是否形

注：Pin Bar，有人称为锤头线或针形线。马丁·普林格（Martin Pring）在他的《技术分析精论》（Technical Analysis Explained）一书中，将这种形态称为匹诺曹线（Pinocchio bar，简称 Pin bar），因为它具有欺骗性，谎报市场方向，它的长鼻子（长影线）暴露了它的谎言。这是一种具有明显特征的趋势末端反转 K 线形态。

成短线向下突破,如果向下突破则离场,如果不向下突破则继续持仓。

为了确认形成短线向下突破,在止损离场时增加一个判断条件,站在当前离场 K 线的角度应该表述为:1 个周期前的收盘价低于 2 个周期前的最近 3 根 K 线的最低收盘价,用公式表示就是"Close[1] < MinClose[2]"。还可以这样理解,在此前离场条件的基础上,在满足收盘价创出 4 个周期以来的新低时,在下一根 K 线以开盘价离场。

需要修改的公式代码如下。

```
MinClose = Lowest(Close,3);        //一定周期内的最低收盘价
If(MarketPosition == 1 And BarsSinceEntry > 1 And Close[1] <
LongStopLine[1] - 0.5 And Close[1] < MinClose[2])    //平多
{
    Sell(0,Open);
}
```

将优化后的策略加载到图 7-9 的同一段行情图上,新的交易信号如图 7-11 所示。

图 7-11 的 ATR 棘轮止损线与图 7-9 是相同的,两个策略的区别只是增加了上面的一个离场过滤条件。在位置 1 仍然是以相同的价格 3451 点进场。在位置 2,虽然收盘价 3466 点低于止损线 3467.29 点,但没有低于前面 3 根 K 线的最低收盘价 3465 点,没有形成短线向下突破,因此没满足所有离场条件,继续持仓。在位置 4,前一根 K 线的收盘价 3486 点低于止损线 3487.19 点,并且低于其前面 3 根 K 线的最低收盘价 3490 点,形成短线向下突破,因此满足所有离场条件,以开盘价 3487 点清仓离场。

交易者也许已经注意到,这次的离场信号相比图 7-10 提前了一根 K 线,发生在位置 4 而不是位置 5,离场价格提高了 3 个点。这是坚持采用较小的最低值计算周期(20)带来的好处,这样对价格的反应更灵敏,保护了更多头部利润。反观图 7-10,放大周期得到了好处——位置 2 不触发止损信号,

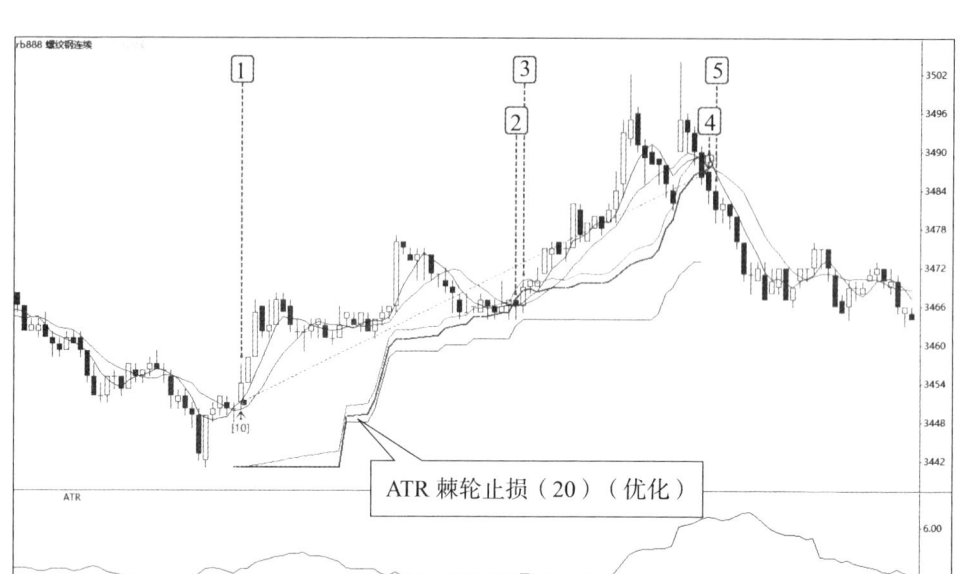

同时也要承担放大周期带来的坏处——离场信号延迟一根 K 线。

图 7-11 螺纹钢连续（RB888）3 月 28 日 1 分钟线 ATR 棘轮止损优化

短线向下突破，抓住了一个用来区分行情的有效特征。本例中这个过滤条件是添加到已经做了优化的 ATR 棘轮策略，即在进场后的第 15 根 K 线启动策略，并且用进场 K 线个数减去 10 再乘以 ATR 数值。那么将"短线向下突破"这个过滤条件添加到初始版本的 ATR 棘轮策略是否同样有效呢？

图 7-12 显示的行情与采用初始版本棘轮止损策略的图 7-5 相同。这次将过滤条件添加到了初始版本策略，并利用分批离场来测试可能产生止损离场信号的 K 线位置。一共产生了 5 个离场信号（离场 K 线上方有信号标注"[2]"，表示平仓 2 手），其中一个离场信号出现在第 2 调整浪末端，其余 4 个离场信号出现在第 3 上涨浪顶部。如果采用一次清仓离场的方式，那么在位置 2 就会全部离场，导致错过后面的主升浪。如果采用分批离场的方式，那么同样可以抓住主升浪，只是会在位置 2 提前离场一部分仓位。

位置 3 的前 4 根 K 线全部低于止损线，它们在初始版本策略中会触发止损信号，但这里没有满足短线向下突破，因此没有触发止损信号。它们是正常的中继 K 线，保留着向上发展的可能性，继续持仓是合理的选择。一切以价格为准，如果这里形成了短线向下突破，即使后面可能上涨，也要按信号离场。我们定义了这是一种向下概率更大的形态。

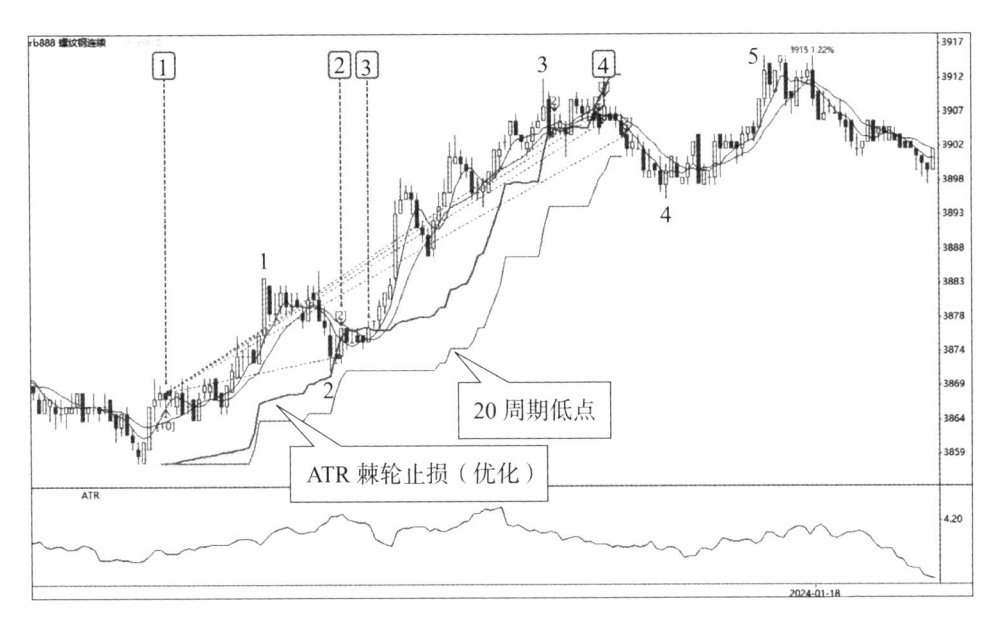

图 7-12　螺纹钢连续（RB888）1 月 18 日 1 分钟线 ATR 棘轮止损优化

通过添加平仓过滤条件以及采用分批离场方式，同样可以抓住大部分利润。有时只需一处小的合理优化，就可以使策略绩效得到提升，这是利用巧妙思路制胜的一个案例。

这里分 5 次离场是为了测试可能的离场位置，实际交易中可以采用分批离场，但不应过于分散，因为在头部市场很可能不会给你很多次好的离场时机，分 2~3 次离场是比较合理的方式。位置 4 是第 4 个离场信号，这是之前优化后的最终离场位置。如果分 2~3 次离场，那么在位置 4 之前就已经清仓。交易的目标是抓住一个主升浪，在主升浪顶部并且达到盈利目标时，可以采用更灵活的离场方式。分批离场是一个不错的策略思路，能平滑离场价格。

7.7 ATR 的周期

和其他计算平均值的指标一样，这里用来计算平均波动幅度的周期参数同样非常重要。周期参数关乎一个指标的灵敏度，如果希望 ATR 指标更能反映近期的波动幅度变化，就应该选取一个较短的周期值，例如 5~14。如果需要一个更能平滑近期波动的 ATR 指标值，使其不至于对一两天的大波动过于敏感，那么应该选取一个较长的周期值，例如 20~60。本书经常使用 20 这个中期参数，这也是布林线指标中轨参数以及海龟法则用到的一个主要参数，可以加强交易者对这个周期值的记忆。如果交易者寻求变化，可以使用斐波那契数列中的数值 21，或者每月平均交易日天数 22。

通过以上内容的介绍，交易者应该已经比较详细地了解了 ATR 棘轮止损策略的各种要素以及可能的变化。我们把它称为跟踪止损策略，但它却是一种非常好的止盈工具。该策略具有非常好的灵活性，我们相信，很多交易者最终会采用一个带有自身风格的跟踪止损策略。交易者完全可以以棘轮止损为基础框架，从优化版本开始入手，逐步加入个性化的元素。正如大家所见到的那样，该策略有很多可以利用的变化。

对于有编程基础或者动手能力较强的交易者，建议在学习和使用该策略时，亲手敲一遍代码，在行情图上实现该策略。大家会发现，ATR 棘轮止损策略充满了惊喜，将策略指标与交易信号绘制到行情图上，能帮助交易者快速了解和掌握它非同寻常的特性。

要想得到好的优化效果，逻辑能力和编程能力固然重要，但更重要的是对行情的理解能力，这就好像竞技比赛中运动员对场上形势的阅读能力一样，思维层面上领先更容易形成难以超越的优势。如果交易者能更快地发现对手盘的破绽，找到风险最小、收益最大的应对策略，在好机会上勇于押注，就会经常产生一击命中的感觉。

7.8 跟踪止损策略有助于形成明确的离场信号

进场和离场是波段交易的两端,它们形成了一个完整的交易闭环。股市中的新手交易者容易产生一种看多倾向,认为市场会一直上涨,所以会把更多精力放在研究进场点上。而经历过熊市的交易者要比新手更看重离场点,他们能够理解"会卖的是师傅"这句话的真正含义。交易者在进阶过程中会经历很多道技术关口、认知关口,从研究进场到研究离场就是其中之一。

如果交易者具备很好的选股能力,经常能选到一只每年(或一定周期)创出历史新高的股票,就可以更多地以投资心态来长期持有,这是合理的做法。如果交易者想通过找到一种适用性更高的策略来获得比较稳定的业绩,也就是说,希望自己的方法对股票不那么挑剔,通过择时交易来使自己的资金曲线每年(或一定周期)创出新高,就可以尝试在波段操作技巧方面多下一些功夫。从图表上来看,如果整体行情不处在长期上升通道或者处在一个非常宽的上升通道之中,那么波段操作就是合理的选择,也是更有利可图的操作方式。因此,交易者一定要有一个明确的离场概念。对有些人来说,这可能是显而易见的道理,然而对另外一些人来说,这可能是一个非常重要但仍未意识到的问题。

最后来看 ATR 棘轮止损策略在上证指数创出历史大顶 6124 点这波行情中的离场信号,如图 7-13 所示。注意观察顶部的价格形态和指标形态。

图 7-13 是上证指数从 2007 年 4 月到 2008 年 2 月的日线图。图中显示了两条跟踪止损线,位于下方的是偏宽松的 ATR 棘轮止损线,加速因子为 0.06;位于上方的是偏紧的变速 ATR 棘轮止损线,其移动速度随着持仓 K 线数量增加而加快。

简要说明一下图中标出的这 6 根关键 K 线。

(1)开仓 K 线。2007 年 3 月 12 日,以 2945.93 点开仓 200 股。

(2)价格回撤形成一个波谷,最低价接近两条跟踪止损线。

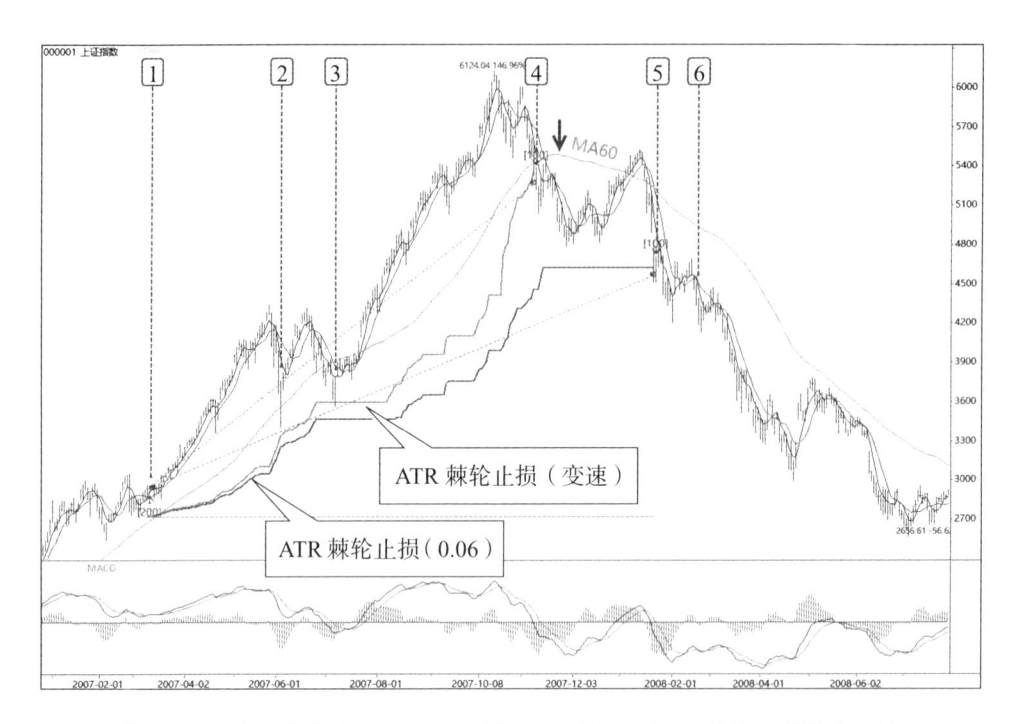

图 7-13　上证指数（000001）日线 6124 点顶部 ATR 棘轮止损策略表现

（3）价格回撤形成一个波谷，最低价触及偏紧的跟踪止损线，但收盘价没有形成突破。

（4）离场 K 线。前一根 K 线的收盘价跌破偏紧的止损线。2007 年 11 月 9 日，以 2576 点平仓 100 股。同时，MACD 指标的 DIF 线首次进入 0 轴下方的空头市场。

（5）离场 K 线。前一根 K 线的收盘价跌破偏宽松的止损线。2008 年 1 月 23 日，以 4572.9 点平仓 100 股。

（6）"三卖"离场信号。前面的矩形阴影表示一个价格中枢，这是经过长期牛市之后，在日线上出现的第一个缠论"三卖"离场信号。

从位置 4 到位置 6 这三个离场信号的价位越来越低，但后面的离场信号都完成了对阻力位的回测，可靠性在不断增大。位置 4 发生在价格刚刚跌破 MA60 之后，这时反转概率可能稍微超过 60%。到位置 5 时，价格已经完成了对头部阻力位以及 MA60 的回测，价格跌破阴影中枢低点，这时反转概率可能超过了 70%。到位置 6 时，价格已经完成了对阴影中枢低点的回测，这时反转概率可能已经超过了 80%。

出现离场信号之后，价格连续下挫，空头趋势进入主跌浪。从大局着眼，离场信号处在相对高位，躲过了后面的大幅下跌。不少新手交易者在这个阶段都很难有看空思维，因为他们还没有经历过熊市。要知道，这次牛市的起点并不是图中的进场点，而是在更低的位置。更早进场的多头已经积累了丰厚的利润，当转势信号更加明确之后，他们会不计成本地抛掉筹码，因为趋势明确反转之后的价位，相对他们的持仓成本来说仍然能够兑现可观的利润。

最终，该指数一直回落到了图中的开仓价位之下。看到后续市场惨烈的下跌，交易者应该能够明白拥有一个明确的卖点是多么重要的一件事。在阶段顶部区域按照策略信号离场，即使交易者对市场趋势产生了误判，仍然有补救机会，可以选择再次进场。但如果抱着股票不放，则有可能失去更多利润，甚至产生亏损。总之，一切应以价格为准，要相信眼前的行情，不要相信自己的主观想法。合理的交易策略能够让交易者在上升趋势中拿得住，在趋势反转之后卖得出。

从 6124 点开始的下降趋势持续了一年多，一直到 2008 年 10 月 28 日创出最低点 1664 点，回撤幅度超过了 70%。对于具体哪根 K 线是最好的离场时机，可能没有标准答案，但请记住，一定要有明确的离场概念，当一波长期趋势终止时，就要考虑离场。在离场时，不必过度追求精确点位，也不用担心错过可能的反弹，只需按照既定策略执行，剩下的交给市场。

第 8 章
吊灯止损策略

人不可能靠自己的力量来抑制自己的疯狂。

——《三体》

如果你想提高自己的认知能力,那么忘记自己的错误本身就是一个可怕的错误。

——查理·芒格(Charlie Munger)

8.1 吊灯止损策略介绍

吊灯止损策略（Chandelier Exits Strategy）由著名交易策略专家查克·勒博（Chuck Le Beau）发明。另一位更为人熟知的交易专家亚历山大·埃尔德（Alexander Elder）博士在其2002年出版的《走进我的交易室》（Come Into My Trading Room）一书中介绍了勒博的吊灯止损策略。这是一种离场策略，它有一个形象的名字，止损线像天花板下面的吊灯一样跟随价格向上移动。在上升趋势中，由一段时间内的价格高点悬挂下来一定倍数的ATR（平均真实波幅）数值得到多头止损线；在下降趋势中，由一段时间内的价格低点加上一定倍数的ATR数值得到空头止损线。

为什么要用ATR来确定离场策略呢？因为ATR能够反映当前的价格波动水平。举个简单的例子，假设有一位交易者在3000点的价格水平操作螺纹钢，并且主要参考1分钟K线图。经过一段时间的交易，发现波段交易的平均盈利集中在15个点。然后，这位交易者干脆把止盈目标固定在15个点，认为这是最佳止盈策略。可是，随着交易时间的增长，他又发现，当市场低迷时，波动性变小，很多笔交易盈利不到15个点就拐头，让他错失了一些止盈机会；当市场进入狂暴模式时，波动性变大，有时一次大波段会产生远高于平时的涨幅，这种情况下在15个点止盈，白白浪费了大部分涨幅。

于是，这位交易者决定在离场策略中引入一个与价格波动性相关的指标——ATR，这让他有了更合理的离场策略。假设市场正常波动水平的ATR数值为3，这时的盈利目标是15个点，即5倍的ATR；当市场波动性降低时，ATR数值为2，这时5倍的ATR为10；当市场波动性升高时，ATR数值为 4，这时 5 倍的 ATR 为 20。这样一来，无论市场波动性降低还是升高，他都能够以 5 倍 ATR 离场，从而获得了一个具有自适应性的止盈目标。

除了考虑同一交易品种在同一价格区间的波动性之外，还要考虑绝对价格因素。例如，螺纹钢在 2500 点时的波动性与其在 4000 点时肯定大不相同，在制定离场策略时引入 ATR 指标，能够帮助交易者减少很多重新设定交易策略参数的麻烦。

ATR 指标不仅可以帮助交易者设定止盈目标，还能设置跟踪止损。本节将要介绍一种经典跟踪止损策略——吊灯止损，交易者可以将其作为一种通用止损模块，在任何一种开仓策略下，都可以利用吊灯止损策略来离场。了解跟踪止损的交易者应该知道，虽然大家把它称为一种止损策略，但实际上它既能承担止损功能，又能承担止盈功能。在开仓价格之下触发止损时，就是通常意义上的止损；在开仓价格之上触发跟踪止损时，就是止盈。

8.2 吊灯止损策略公式

从做多角度来说，吊灯止损策略将止损设置在进场之后（或一定周期内）的最高价（或最高收盘价）之下一定倍数 ATR 的位置，可以用下面的公式来表示。

多头吊灯止损 = 一定周期的最高价 − 乘数 × ATR

空头吊灯止损 = 一定周期的最低价 + 乘数 × ATR

在策略代码中可以用以下公式来表示。

LongStopLine = HighValue − N × ATR

ShortStopLine = LowValue + N × ATR

其中，LongStopLine 表示多头吊灯止损线，HighValue 表示一定周期内的最高值，通常取最高价的最近 22 个周期的最大值；N 表示倍数，通常取 3；ATR 表示一定周期的平均真实波幅，周期通常取 22，这是月均交易日天数。

相应地，ShortStopLine 表示空头吊灯止损线，LowValue 表示一定周期内的最低值。

计算最高值采用的时间周期应该足够长，能够捕捉到近期趋势的高点，周期过短可能导致跟踪止损线向下移动，周期过长可能导致高点来自前一个下降趋势。如果想寻求一些变化，可以在计算一定周期内的最高值时不用最高价（H），例如选择收盘价（C），那么 HighValue 得到的将是最近 22 个周期的最高收盘价。

上升趋势与下降趋势并不一定要采用同样的周期数值，"快跌慢涨"是一种趋势特征，在下降趋势中采用较短周期可能更有利。ATR 前面的倍数是可以调整的，但经常为 2~3 倍。

上升趋势中，如果跟踪止损线向下移动，则需要引起注意，导致这种情况的原因可能是 ATR 指标值提高，或者一定周期（22 根 K 线）内不再创出新高。

8.3 吊灯止损策略 TBQuant 公式源码

```
//-----------------------------------------------------
// 简称：Chandelier
// 名称：吊灯止损策略
// 类别：公式应用
// 类型：用户应用
// 输出：
//-----------------------------------------------------
// -------------------------------------------------//
// 策略说明：
//   （1）此为范例策略，仅用于说明算法语法，交易者需根据自身经验和需求，
// 经过调整、测试之后再实际应用；
```

```
//   （2）实际应用时应使用经过验证的开仓策略，测试例子为双均线开仓策略，以
//   短期与长期均线金叉作为进场信号，仅用于提供示例进场信号；
//   （3）以收盘价跌破吊灯止损线为离场信号，一次清仓；
//   （4）所用到的参数均可调整，需考虑交易品种的波动性以及自身风险承受能力。
//   --------------------------------------------------------//
Params
    Numeric N(3);                           //ATR 的倍数
    Numeric ATRLength(22);                  // 平均真实波幅的周期
    Numeric HighLength(22);                 // 最高点的周期
    Numeric LowLength(22);                  // 最低点的周期
    Numeric FastLength(5);                  // 短期均线的周期
    Numeric SlowLength(10);                 // 长期均线的周期
Vars
    Series<Numeric> StopATR;                //ATR 指标值
    Series<Numeric> HighValue;              // 一定周期的最高价
    Series<Numeric> LowValue;               // 一定周期的最低价
    Series<Numeric> LongStopLine;           // 多头止损线
    Series<Numeric> ShortStopLine;          // 空头止损线
    Series<Numeric> AvgValue1;              // 短期均线
    Series<Numeric> AvgValue2;              // 长期均线

Events
    OnBar(ArrayRef<Integer> indexs)
    {
        Range[0:DataSourceSize() - 1]
        {
            // 双均线进场策略
            AvgValue1 = AverageFC(Close,FastLength);
            AvgValue2 = AverageFC(Close,SlowLength);
```

```
//PlotNumeric("MA1",AvgValue1);
//PlotNumeric("MA2",AvgValue2);
If(CurrentContracts == 0 And AvgValue1[1] > AvgValue2[1])    //开多
{
    Buy(10,Open);
}
If(MarketPosition == 1 And BarsSinceEntry > 1 And Close[1] < LongStopLine[1])    //平多
{
    Sell(0,Open);
}
If(CurrentContracts == 99 And AvgValue1[1] < AvgValue2[1])    //开空，将99改为0可出现空头信号
{
    SellShort(10,Open);
}
If(MarketPosition == -1 And BarsSinceEntry > 1 And Close[1] > ShortStopLine[1])    //平空
{
    BuyToCover(0,Open);
}
// 吊灯止损
StopATR = AvgTrueRange(ATRLength);    // 计算ATR
HighValue = Highest(High,HighLength);  // 一定周期的最高价
LowValue = Lowest(Low,LowLength);    // 一定周期的最低价
// 多头吊灯止损
```

```
            LongStopLine = HighValue - N*StopATR;
            PlotNumeric("LongStopLine",LongStopLine); //输出多头止
            损线
            //空头吊灯止损
            ShortStopLine = LowValue + N*StopATR;
            PlotNumeric("ShortStopLine",ShortStopLine); //输出
            空头止损线
        }
    }
//------------------------------------------------------------
// 编译版本    2024/02/09
// 版权所有    lingbo
//------------------------------------------------------------
```

8.4 吊灯止损线通达信公式源码

```
{吊灯止损指标公式}
{此为范例公式,仅用于说明算法语法,交易者需根据自身经验和需求,经过调整、测试之后再实际应用}
{参数说明:}
{M=22,平均真实波幅的周期}
{N1=22,最高点、最低点的周期}
{N2=3,ATR的倍数}
MTR:=MAX(MAX((HIGH-LOW),ABS(REF(CLOSE,1)-HIGH)),ABS(REF(CLOSE,1)-LOW));
ATR:=MA(MTR,M);
LONGSTOPLINE:HHV(H,N1)-N2*ATR; {多头止损线}
SHORTSTOPLINE:LLV(L,N1)+N2*ATR; {空头止损线}
```

8.5 案例分析1：1分钟线多头吊灯止损线

将吊灯止损策略加上提供开仓信号的双均线进场策略，在TBQuant平台上将策略逻辑编写成公式代码，编译之后加载到K线行情图，显示效果如图8-1所示。实际应用吊灯止损策略时，建议交易者将自己正在使用并且经过验证的进场策略作为一个进场模块，而将吊灯止损策略作为一个离场模块。

图8-1是螺纹钢连续合约2024年3月4日的1分钟图。主图中有两条指标线，粗线是多头吊灯止损线，细线是空头吊灯止损线。在多头行情进行操作时，只需关注多头吊灯止损线。

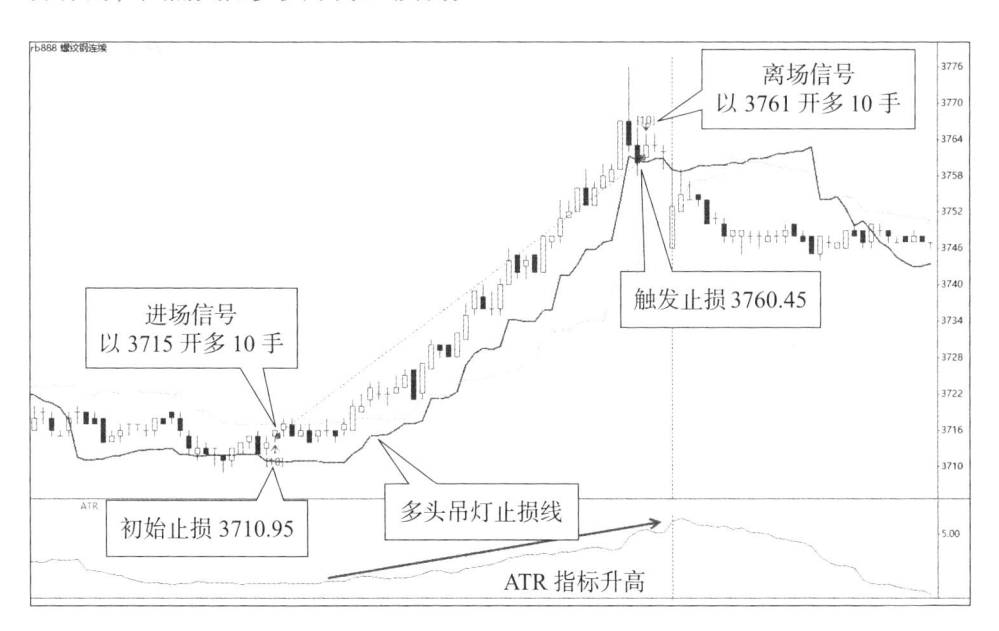

图8-1 螺纹钢连续（RB888）3月4日1分钟线多头吊灯止损

经过长时间的下降趋势之后，大家可以在可能发生底部反转的位置寻找做多机会。当MA5与MA10形成金叉时，产生图中所示的开多信号。多单进场之后，以多头吊灯止损线作为跟踪止损线，止损线会随着价格的上涨而不断向上移动。

在进场的首根K线，开仓价格为3715点，多头吊灯止损价为3710.95点。止损价由ATR指标计算得出，当前K线的ATR数值为2.68，最近22根K线的最高价为3719点，再减去3倍的ATR（8.04），就得到了止损价3710.95点。

进场之初，如果价格很快下跌并靠近止损价，就要引起注意。当一根K线的收盘价格低于止损价时，即满足止损条件，以下一根K线的开盘价离场。这种操作是真正意义上的止损，因为离场价格低于进场价格，是为了防止亏损进一步扩大而暂时退出这笔交易。

这笔交易进场之后，价格横向调整了几根K线，价格一度回到开仓价格以下，但距离跟踪止损线还有一段距离。随后价格开始上涨，止损线呈阶梯状向上移动。每次价格创出最近22根K线的新高时，止损线都会向上移动一个台阶。随着行情不断向上发展，K线长度逐渐加大，这能反映到ATR指标上，ATR数值由2.7左右提高到5以上，说明平均波动幅度在升高。当ATR指标达到一定峰值之后，进入趋势末端。

高位走出一根带有长上影的阴线之后，收盘价接近止损线，这时要引起注意。随后又走出一根阴线并收盘在跟踪止损线之下，满足止损条件，以下一根K线的开盘价3761点止损离场。达到止损条件时，ATR指标值为5.18，最近22根K线的最高价为3776点，多头止损线为3760.45点，收盘价为3760点，低于止损线。在上升行情末端，高点和ATR同时都在大幅提高，止损线与高点的距离也在加大，但止损线与近期波动区间低点的距离在减小。当趋势反转时，收盘价容易低于跟踪止损价，从而触发跟踪止损信号。在上升趋势末端产生离场信号，虽然名义上称为跟踪止损，但实际上起到了止盈的作用。这时认为趋势已经发生反转，离场是为了保住更多的头部利润。

8.6 案例分析 2：1 分钟线空头吊灯止损线

再来看一个空头吊灯止损线案例，如图 8-2 所示。图中显示的是螺纹钢连续合约 2024 年 3 月 5 日的 1 分钟图，这是图 8-1 之后的行情，多头试图挑战阶段高点但未能成功，随后价格开始回落。主图中有两条指标线，粗线是空头吊灯止损线，细线是多头吊灯止损线。在空头行情进行操作时，只需关注空头吊灯止损线。

图 8-2　螺纹钢连续（RB888）3 月 5 日 1 分钟线空头吊灯止损

前期经过长时间的高位振荡之后，可以在价格可能发生回落的位置寻找做空机会。当 MA5 与 MA10 形成死叉时，产生图中所示的开空信号。空单进场之后，以空头吊灯止损线作为跟踪止损线，止损线会随着价格的下跌而不断向下移动。

在进场的首根 K 线，开仓价格为 3756 点，空头吊灯止损价为 3762.45

点。止损价由 ATR 指标计算得出，当前 K 线的 ATR 数值为 3.82，最近 22 根 K 线的最低价为 3751 点，再加上 3 倍的 ATR（11.45），就得到了止损价 3762.45 点。

空单进场之初，如果价格很快反弹并靠近止损价，就要引起注意。当一根 K 线的收盘价高于止损价时，即满足空单止损条件，以下一根 K 线的开盘价离场。这时的空单离场价格高于进场价格，这是真正意义上的止住亏损，为防止亏损进一步扩大而暂时退出这笔交易。

这笔交易进场之后，价格逐波下跌，空头吊灯止损线呈阶梯状向下移动。每次价格创出最近 22 根 K 线的新低时，空头吊灯止损线都会向下移动一个台阶。通常，在下降趋势末端，随着价格波动的加剧，ATR 数值也会升高。

价格回到相对低位，ATR 指标值经历了一段时间的回升，说明市场可能进入一个下降趋势的末端。空头吊灯止损线开始缓慢下移，说明价格不再连续创出新低，下跌力度在减弱。市场在这里形成了底背离，预示着可能发生反转。当收盘价站上空头吊灯止损线时，满足止损条件，以下一根 K 线的开盘价 3730 点止损离场。达到止损条件时，ATR 指标值为 2.95，最近 22 根 K 线的最低价为 3722 点，空头止损线数值为 3730.86 点，收盘价为 3731 点，高于止损线。这笔交易的空头吊灯止损线成功跟踪到一波下降趋势，在可能发生反转的位置离场是为了保住更多波段利润。

8.7 显示持仓方向的单一吊灯止损线

初始版本的吊灯止损策略中，始终显示多头与空头止损线。熟悉吊灯止损的指标构造之后，可以更加灵活地运用这一指标。在多单进场之后，大家只需关注多头吊灯止损线，这时的空头吊灯止损线对观察行情可能会造成一些干扰。同样地，做空时显示多头吊灯止损线，也显得有点多余。这里尝试对初始版本的吊灯止损策略进行一些修改，持有多单时显示多头止损线，持有空单时显示空头止损线。

TB 策略公式代码需要相应地做出以下修改。

```
//PlotNumeric("LongStopLine",LongStopLine);  //输出多头止损线
//PlotNumeric("ShortStopLine",ShortStopLine);  //输出空头止损线

If(MarketPosition == 1)
{
    PlotNumeric("LongStopLine",LongStopLine);
}
If(MarketPosition == -1)
{
    PlotNumeric("ShortStopLine",ShortStopLine);
}
```

要想在持仓时只显示吊灯止损线，修改方法很简单，只需加上持仓条件判断即可。上面代码中用"//"注释掉的两行是原来的吊灯止损线输出语句，下面的 If 语句带有持仓条件判断，这是修改后的吊灯止损线输出语句。这种运用吊灯止损线的方式就是把它当作一个离场模块，与进场无关，只在判断是否离场时发挥作用。

交易者不应把思维局限在经典指标模式，任何指标都可以按照交易者的个性化需求做出必要的修改。如果想观察吊灯止损线在大级别趋势行情中的表现，可以利用长周期均线过滤出大趋势方向，然后仅在多头趋势中显示多头吊灯止损线，而仅在空头趋势中显示空头吊灯止损线。吊灯止损线还可以形成双指标线交叉策略，短周期的为快线，长周期的为慢线，利用快线与慢线的交叉来判断进场或离场位置，也是一种可能的运用方法。

8.8 案例分析 3：日线多头吊灯止损线

按照前面的方法修改代码，编译通过之后，将策略公式加载到日线图中，修改后的指标显示效果如图 8-3 所示。

图 8-3　螺纹钢连续（RB888）日线多头吊灯止损

图 8-3 是螺纹钢连续合约 2021 年 1 月到 7 月的日线图，在这段行情上加载了修改后的吊灯止损策略。可以看出，多单进场之后，从进场后的第一根 K 线开始显示多头吊灯止损线，一直到满足止损条件的 K 线为止终止显示，即从位置 1 到位置 4 的前一根 K 线。在持仓期间，只有位置 4 的前一根 K 线收盘价低于止损线，满足止损条件并触发止损信号，以位置 4 的 K 线开盘价离场。离场之后，价格快速下跌，形成顶部 V 形反转，这期间 ATR 数值不断升高，说明在价格高位，上升趋势末端的价格波动异常剧烈。这里利用多头吊灯止损线成功跟踪到了一波多头上涨行情，并且保住了大部分头部

利润。

在持仓期间,多头吊灯止损线呈阶梯状向上移动。从位置 2 到位置 3,吊灯止损线稍微回撤,向下移动,这是因为最近 22 根 K 线的高点保持不变,而 ATR 指标值在升高。根据吊灯止损线计算公式,减去的 3 倍 ATR 数值在变大,因此不难理解止损线为什么会向下移动。

这次交易的收益情况如表 8-1 所示。

表 8-1 交易收益表

序号	开仓时间	开仓价格	平仓时间	平仓价格	盈亏点数	初始止损幅度	盈亏比
1	2021.2.10	4415	2021.5.17	5680	1265	260.77	4.85:1

8.9 案例分析 4:日线空头吊灯止损线

再来看修改后的吊灯止损策略在空头市场的表现。图 8-4 是螺纹钢连续合约 2023 年 3 月到 7 月的日线图。

可以看出,空单进场之后,从进场后的第一根 K 线开始显示空头吊灯止损线,一直到满足止损条件的 K 线终止显示。在显示空头吊灯止损线的最后一根 K 线,收盘价高于止损线,满足止损条件并触发止损信号,以下一根 K 线的开盘价离场。离场之后,价格开始逐波反弹。这里利用空头吊灯止损线成功跟踪到了一波空头下跌行情,在可能发生反转的位置离场,保住了大部分波段利润。

在持仓期间,空头吊灯止损线呈阶梯状向下移动。从位置 2 到位置 3,吊灯止损线稍微向上移动,这是因为最近 22 根 K 线的低点保持不变,而 ATR 指标值在升高。根据吊灯止损线的计算公式,加上的 3 倍 ATR 数值在变大,因此不难理解止损线为什么会向上移动。位置 3 之后的一根 K 线再次创出新低,空头吊灯止损线再向下移动一个台阶。

图 8-4 螺纹钢连续（RB888）日线空头吊灯止损

这次交易的收益情况如表 8-2 所示。

表 8-2 交易收益表

序号	开仓时间	开仓价格	平仓时间	平仓价格	盈亏点数	初始止损幅度	盈亏比
1	2023.3.21	4200	2023.6.9	3659	541	143.27	3.78:1

第 9 章

吊灯止损策略优化

> 我甚至会说，能否在市场上赚钱，取决于你是否运用了恰当的资金管理方法。赚多少钱则取决于你进场和离场的位置。
>
> ——威尔斯·威尔德（Welles Wilder）

> 坦白地说，人们在进行技术分析时，总是过于关注市场要往哪里走，而不是弄清楚市场在哪里。
>
> ——拉斯洛·比里尼（Laszlo Birinyi）

建立交易策略的过程是一个不断优化的过程。一种经典策略框架可以起到模板的作用，在此基础上，交易者可以加入符合自己交易理念和风格的细节。交易者很少能将公开的策略直接拿来使用，要想使一种策略产生更多优势，就需要给它注入"灵魂"。

9.1 只进不退的止损线

这里将原始版本的吊灯止损策略加载到一段行情上，请交易者观察一下图 9-1 中的吊灯止损线形态，是否有需要改进的地方。

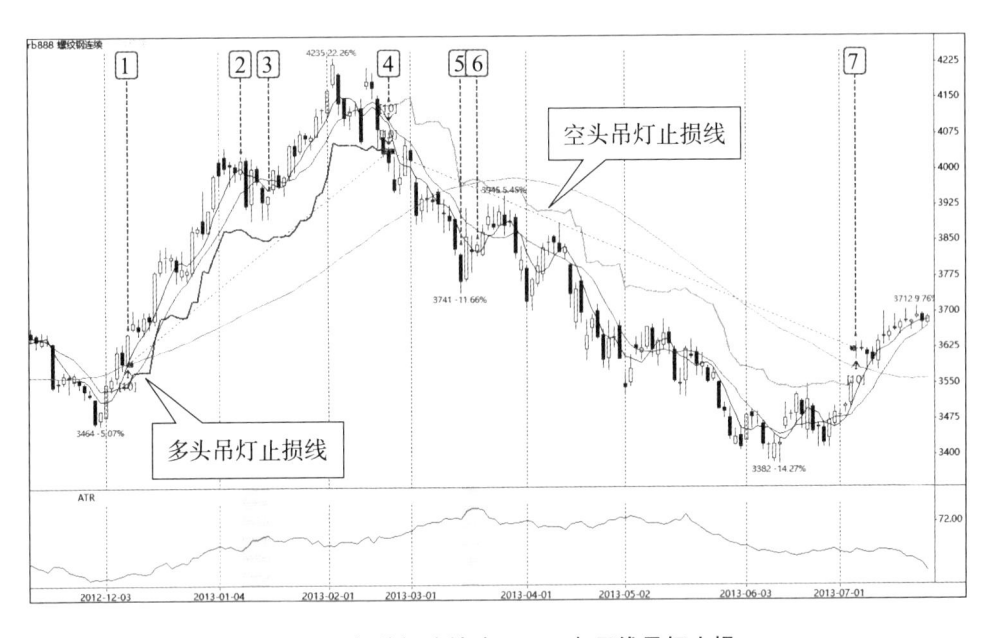

图 9-1 螺纹钢连续（RB888）日线吊灯止损

图 9-1 是螺纹钢连续合约从 2012 年 12 月到 2013 年 7 月的日线图。该策略产生了两组交易信号，从位置 1 到位置 4 持有多单，从位置 4 到位置 7

持有空单。有的交易者会注意到，交易中很少像这个例子这样，在同一根K线上由多转空。我们提倡"看大做小"的交易原则，在一段时间内只沿着高一级别的趋势方向进行单边操作。这里进行这样的多空转换，主要是为了分析多头与空头止损线的移动形态。

仍然以双均线交叉作为进场信号。先来看多头开仓位置，第2章讲到过这种进场模式，市场处于长期下降趋势之后，先向上突破MA60，然后回测MA60，得到长期均线的支撑之后，在第3上升浪的起始位置进场做多。与此同时，MA60开始向上移动。

空头开仓位置处于一波上升趋势的末端，在均线死叉初始位置进场做空。这里可以假设这是另一位逢高做空的交易者的操作，他希望在价格容易发生回落的位置做空。

习惯使用跟踪止损线的交易者，应该不难发现图中止损线存在的问题。通常，设置的止损线像第7章讲到的ATR棘轮止损那样只朝着盈利的方向移动，类似于象棋中的过河卒，只能向前或横向移动，不能后退。但是在图9-1中，多头吊灯止损线存在着大大小小的向下回撤，而空头吊灯止损线同样存在着向上回撤现象。其中最明显的两个位置是位置2到位置3、位置5到位置6对应的止损线。从位置2开始，止损线明显向下移动，这是因为最近22根K线的高点不变，而ATR数值在变大；从位置5开始，止损线明显向上移动，这是因为最近22根K线的低点不变，而ATR数值在变大。ATR指标图中的两个阴影部分，对应着指标值上升区间。

每个价格不再创新高或新低而ATR指标值变大的位置，止损线都会发生反向移动。止损线反向移动是在放大止损，虽然在宽幅振荡调整阶段可能因此受益，也就是可能避免在趋势中途被洗出局，但这似乎与我们的止损原则不一致。我们希望在这种情况下即使不拧紧止损，也应该至少使其保持走平状态。

为了解决这个问题，这里增加两个变量。

```
Vars
    Series<Numeric> LongStopLine_Up;
    Series<Numeric> ShortStopLine_Down;
```

将第 8.7 节带有持仓条件判断的止损线输出代码替换为以下代码。

```
If(MarketPosition == 1)
{
    If(BarsSinceEntry == 0)
    {
        LongStopLine_Up = LongStopLine;
    }Else If(BarsSinceEntry > 0)
    {
        If(LongStopLine > LongStopLine_Up[1])
        {
            LongStopLine_Up = LongStopLine;
        }Else
        {
            LongStopLine_Up = LongStopLine_Up[1];
        }
    }
    PlotNumeric("LongStopLine_Up",LongStopLine_Up);
}

If(MarketPosition == -1)
{
    If(BarsSinceEntry == 0)
    {
        ShortStopLine_Down = ShortStopLine;
```

```
}Else If(BarsSinceEntry > 0)
{
    If(ShortStopLine < ShortStopLine_Down[1])
    {
        ShortStopLine_Down = ShortStopLine;
    }Else
    {
        ShortStopLine_Down = ShortStopLine_Down[1];
    }
}
PlotNumeric("ShortStopLine_Down",ShortStopLine_Down);
```

将修改后的策略公式编译一次以使其生效，新生成的吊灯止损线如图9-2所示。

图9-2 螺纹钢连续（RB888）日线多头吊灯止损

从图中可以看出，多头止损线呈阶梯状向上或横向移动，而空头止损线呈阶梯状向下或横向移动，它们都不会发生回撤。换句话说，它们是不主动扩大止损的跟踪止损线。上面那段公式代码的意思是，持有多单时，只有产生更高的止损价时才重新赋值，否则当前K线的止损价等于前一根K线；持有空单时，只有产生更低的止损价时才重新赋值，否则当前K线的止损价等于前一根K线。原始版的吊灯止损线，每个价格调整的位置都可能发生回撤。优化版的吊灯止损线多出了很多走平的区间，最终得到一条看上去更加"工整"的止损线。

需要注意的一点是，离场条件判断也要使用新的止损线变量。例如，多头平仓时要用LongStopLine_Up[1]替换LongStopLine[1]。不只是这里的吊灯止损线，其他类似需要使指标线只朝着一个方向移动的情况，都可以套用以上逻辑和代码。

9.2 调整公式中最高（低）价的计算方式

再来看一个加载了原始版吊灯止损策略的案例，如图9-3所示。这次应该容易看出需要优化的地方。交易者不妨先思考一下出现问题的原因以及如何解决。

图9-3是螺纹钢连续合约2020年4月到10月期间的日线图。通过观察吊灯止损线与K线的位置可以看出，位置1出现多头进场信号时，止损线却在开仓价格之上，幸亏当天走出一根中阳线，而且随后几根K线也在止损线上方调整，否则将会很快触发止损信号。不过，这次交易最终还是在位置2处离场，进场初期止损价格高于进场价格，这显然不合理。离场之后，止损线似乎马上恢复了正常，如果没有被进场初期的错误信号止损出局，这笔交易能一直持有到位置5。因为位置2之后，只有位置5的前一根K线收盘在止损线之下，满足止损条件。

图 9-3　螺纹钢连续（RB888）日线多头吊灯止损

下面分析一下出现这个问题的原因。

在位置 1，进场的首根 K 线，计算最近 22 根 K 线高点的起始 K 线是位置 6，这期间的最高价是 3592 点，而 ATR 数值是 81.45，3 倍的 ATR 是 244.35。根据吊灯止损线计算公式，初始止损价为 3348 点，高于开仓价格 3306 点。最近 22 根 K 线的最高价来自前一波上涨，而且该最高价远高于当前价格，因此产生了一个不合理的止损价。由此可以得出一个结论，当进场位置与前一个较高的波峰距离过近时，会导致多头吊灯止损线价位过高。

随着持仓 K 线数量增多，最近 22 根 K 线最高价的计算区间开始逐渐向右移。到位置 2 时，最近 22 根 K 线最高价是位置 7 处 K 线的高点，可以看出，这与进场之后的高点已经非常接近了，所以止损线向下移动到了正常距离水平。再向右移一根 K 线之后，最近 22 根 K 线的最高价与持仓期间的最高价重合，此后的吊灯止损线恢复正常。

那么，该如何解决这个问题呢？

交易者应该很容易想到一个办法，就是将计算高点的参数调小，只要计算区间不包括前一个波峰就可以了。位置6与位置7相差8根K线，如果将该周期参数由22改为14（22-8），那么初始止损将低于开仓价格。如果将该周期参数调低到13（或以下），最近13根K线的高点就是持仓期间的高点，将得到正常的止损线。但是这样又会出现另一个问题，13个周期的行情宽度将很难容纳一次呈3浪形式的调整，这有可能导致在上升波段中途被洗出局。所以，既要保证初始止损低于开仓价格一定距离，因为在图9-3的情况下，哪怕在进场之初只有一根阴线低于止损线，都会被止损出局，还要保证持仓期间的止损幅度能够容纳一定深度的调整，过小的周期参数将使得该策略无法跟踪预期的趋势行情。

为了达到这两个要求，这里给出的一种解决办法是使用"持仓期间的最高价"来代替"一定周期的最高价"。这样一来，在进场初期计算最高价的周期较短，而随着持仓K线的增加，计算周期会自然增大。过了进场初期阶段，持仓期间的最高价与最近22根K线的最高价往往趋于一致。

这种修改在公式代码上也很容易实现，需要修改的部分如下。

```
//HighValue = Highest(High,HighLength);        // 一定周期的最高价
//LowValue = Lowest(Low,LowLength);            // 一定周期的最低价
HighValue = Highest(High,BarsSinceEntry);      // 持仓期间的最高价
LowValue = Lowest(Low,BarsSinceEntry);         // 持仓期间的最低价
```

前两行是原始代码，在前面加上"//"，使其成为注释状态，然后加入后两行代码，也可以直接替换计算函数中的变量。计算最高价与最低价的函数不变，只是将周期变量由一定周期（HighLength/LowLength）改成了持仓K线数量（BarsSinceEntry）。由于用到了BarsSinceEntry函数（当前持仓的第一次建仓位置到当前位置的K线计数），所以要注意，开仓模块应该位于吊灯止损模块前面，这样，当同一根K线上出现多空持仓转换时，才不会发生错误。

将修改后的策略公式编译一次，以使其生效，生成如图 9-4 所示的多头吊灯止损线。

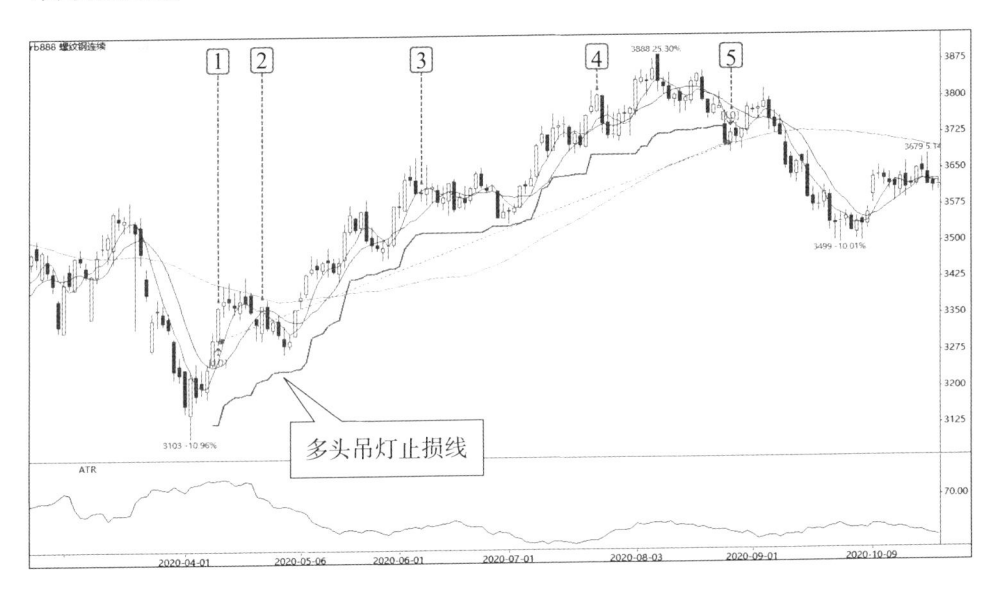

图 9-4　螺纹钢连续（RB888）日线多头吊灯止损

新生成的多头吊灯止损线集成了前面的一些优化成果。可以看出，在进场的首根 K 线，初始止损价处在符合预期的合适位置，开仓价格仍为 3306 点，持仓第一根 K 线的最高价为 3376 点，ATR 数值是 81.45，3 倍的 ATR 是 244.35，根据吊灯止损线计算公式，初始止损价为 3132 点。此后，随着持仓 K 线数量增加，吊灯止损线呈阶梯状向上移动。由于加上了图 9-1 中案例 1 的优化成果，因此当止损线不提高时，则显示水平线，最明显的是位置 3 和位置 4 后面的止损线。

这次多头持仓期间，MA5 与 MA10 发生了多次死叉，但调整产生的最低收盘价均未跌破吊灯止损线，一共持仓达 93 根 K 线。直到位置 5 的前一根 K 线，收盘价跌破跟踪止损线，触发止损信号。在位置 5 的 K 线以开盘价离场，平仓价格为 3705 点。这次交易一共盈利 399 点，初始止损幅度为 174 点，得到的盈亏比为 2.3∶1。这个盈亏比不高，因为初始止损幅度偏宽松。从 ATR 指标图中可以看出，进场时的 ATR 指标值处于高位（趋势末端的常见现象），由此数值计算吊灯止损，会得到一个偏大的初始止损幅度。随着价格向上远离下降趋势末端，ATR 指标值会逐渐降低，止损幅度会变窄，实际的风险要更低一些。

前面图 9-1 案例 1 中，针对进场初期止损线位置不合理的现象给出了一种解决方法；在图 9-3 案例 2 中，针对止损线形态不合理的现象给出了一种解决方法。我们相信，一定有交易者能够找到其他更巧妙的处理方式。交易者可以从计算吊灯止损用到的算法、价格、周期等方面入手来调整止损线，找到一种适合自己的组合，这是小术无常的地方，交易者要懂得为自己创造优势。

9.3 增加进场、离场过滤条件

下面来看针对吊灯止损策略的最后一个优化案例，这次加入了一些简单的过滤条件，利用长期均线 MA60 过滤长期趋势，利用 ATR 过滤均线交叉位置，利用止损线加上一定幅度的容错空间过滤掉由微幅突破止损线形成的噪音信号，例如，多单平仓时需要满足收盘价向上突破止损价 10 个点以上。讲 MACD 指标交易策略的时候，不少交易者问为什么在判断 DIF 突破 0 轴时要加上 5 个点的幅度（在上证指数图中），例如，不用 DIF > 0，而用 DIF > 5 来判断向上突破 0 轴，这里是同样的道理，目的都是为了过滤噪音信号。

不同品种的价格有差异，波动性也有差异，大家可以借助 ATR 来解决这个问题。例如，把过滤噪音的缓冲空间限定在 0.1～0.3 倍 ATR，假设价位在 3000 点的螺纹钢，日线 ATR 均值是 50，那么缓冲空间为 5～15 个点。再假设一只价位在 30 元的个股，日线 ATR 均值是 0.5 元，那么缓冲空间为 0.05～0.15 元。需要注意，同一品种在不同价位区间、不同 K 线周期的 ATR 数值水平都是不同的。

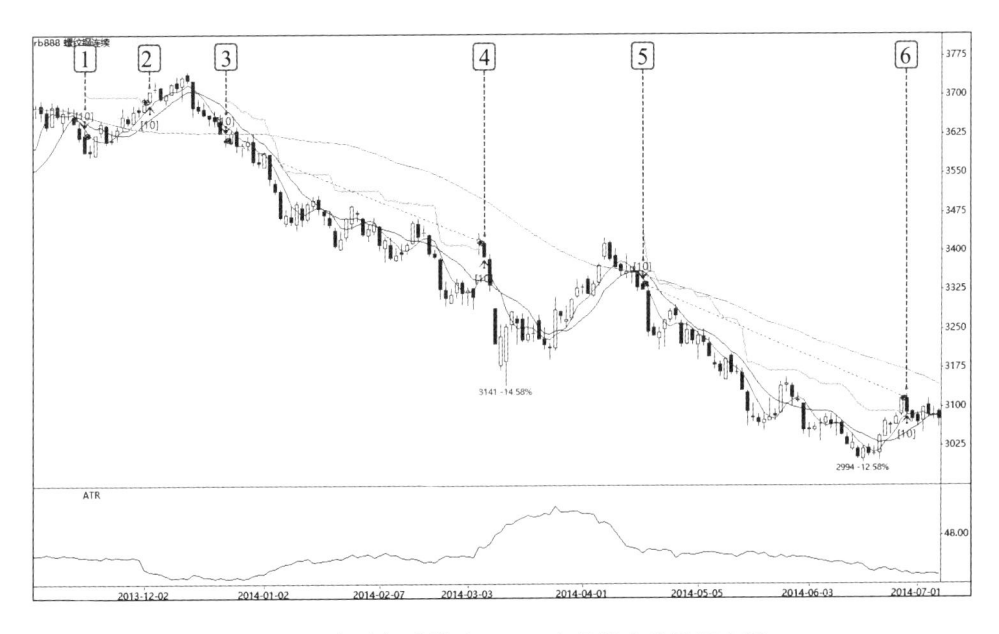

图 9-5 螺纹钢连续（RB888）日线空头吊灯止损

图 9-5 是螺纹钢连续合约 2013 年 12 月到 2014 年 7 月期间的日线图。利用中长期均线 MA60 可以判断出当前市场处于下降趋势，因此在这期间主要做空。

吊灯止损策略在这期间一共产生三组空头交易信号，如表 9-1 所示。

表 9-1 空头交易数据表

序号	开仓时间	开仓价格	平仓时间	平仓价格	盈亏点数	初始止损幅度	盈亏比
1	2013.11.15	3624	2013.12.3	3690	-66	81.64	-0.81:1
2	2013.12.23	3616	2014.3.6	3415	201	73.73	2.73:1
3	2014.4.17	3336	2014.6.27	3115	221	108.27	2.04:1

第一笔交易以亏损离场，这是真正触及到了止损，止损价在空单开仓价格之上。虽然这是一次亏损交易，但仍然是正确的操作。在产生止损信号时，大家不知道反向行情会发展到哪里，如果抱有侥幸心理，不立即离场，一旦走出单边大涨行情，将很难处理亏损不断增大的单子。最早的亏损是最便宜

的亏损。永远使用止损，能为你省去很多麻烦，也能省很多钱。

第二笔交易在MA60之下进场，并且MA5与MA10处在死叉状态。进场之后，价格形成向下推动浪，空头吊灯止损线呈阶梯状向下移动，直到位置4的前一根K线收盘在止损线之上并触发跟踪止损信号。这次交易盈利201点，盈利幅度是前一笔亏损的3倍多，亏损得到了补偿。注意，位置4的前一根K线产生了一个巨大的向上跳空缺口，这可能是由于主力合约移仓换月导致的。如果按照当时的主力合约操作，可能不会因为这次跳空而触发跟踪止损，离场时间会更靠后，盈利还会增加。在移仓换月期间，不同软件上的K线也会存在差异，这是因为对主力合约的定义并不完全相同，有的将成交量最大的合约定义为主力合约，有的将持仓量最大的合约定义为主力合约，还有的将成交量和持仓量均为最大的合约定义为主力合约。

第三笔交易仍在MA60之下进场，并且MA5刚好向下交叉MA10，处于一波下降趋势的初期。这次交易最终盈利221点，虽然盈利比第二笔更多，但得到了一个较低的盈亏比，这是因为初始止损幅度明显高于第二笔。这次交易进场后的第2根K线走出了一根长阴线，吊灯止损线大幅向下移动，使得交易风险大幅减小。

图9-6是图9-5之后的一组交易信号，发生在2014年7月到2014年12月。MA60持续向下移动，空头行情仍未结束。在满足空头开仓条件的位置1再次进场。空单进场后，价格很快发生了一次回测跟踪止损线的动作，连续3根K线的上影线向上突破止损线，但均未能收盘在止损线之上，因此没有触发止损信号。到位置2之前，吊灯止损线长时间保持走平状态，直到位置2价格再次创出阶段新低，止损线开始明显向下移动。

位置3之前，持仓中的绝大部分时间，ATR指标值都在30以下。位置3之后，ATR指标值开始突破30并逐渐上升，说明价格波动开始变得剧烈起来。

在位置4，价格回测MA10，收盘价突破止损线4.18个点，这个突破幅度低于设置的缓冲空间，因此没有触发止损信号。随后，价格继续向下发展，向下远离MA10，ATR指标值也进一步升高。到这波下跌浪末端时，ATR

图 9-6 螺纹钢连续（RB888）日线空头吊灯止损

指标值已经达到 50 以上，从以往这一数值达到 50 以上的情况来看，很可能接近一波行情的底部区域。

此后，价格发生反弹，MA5 与 MA10 形成金叉。在位置 5，收盘价突破止损线 5.32 个点，这个突破幅度仍低于设置的缓冲空间，因此没有触发止损信号。随后，价格再次回落，逐波走低并创出新低。不过，从价格回落开始，ATR 指标也开始从高位回落，说明价格波动幅度收窄。

在位置 6 的前一根 K 线，一根长阳线向上突破止损线，收盘价高出止损线 13.05 个点，这个突破幅度高于设置的缓冲空间，因此触发了止损信号，在位置 6 的 K 线以开盘价止损离场。这次交易的收益情况如表 9-2 所示。

表 9-2 交易收益表

序号	开仓时间	开仓价格	平仓时间	平仓价格	盈亏点数	初始止损幅度	盈亏比
1	2014.7.22	3039	2014.11.28	2522	517	94.09	5.49:1

这次交易持仓大致经过了回测初始止损、匀速下降趋势、加速下降趋势

和背离下降趋势四个阶段。一共盈利517点，盈亏比为5.49:1，是一个不错的盈亏比。价格有三次考验止损线，由于过滤掉了两次在反弹浪末端产生的噪音信号，因此使得这次持仓得以继续，一共持仓达87根K线，利用吊灯止损线跟踪到了一波中长期下降趋势。

来看最后的一个例子，这波长期空头趋势还在持续，如图9-7所示。

图9-7 螺纹钢连续（RB888）日线空头吊灯止损

图9-7是螺纹钢连续合约2015年4月到2016年2月期间的日线图。这期间MA60仍然向下移动，是明显的空头行情，吊灯止损策略一共产生三组空头交易信号。

表9-3 空头交易数据表

序号	开仓时间	开仓价格	平仓时间	平仓价格	盈亏点数	初始止损幅度	盈亏比
1	2015.3.31	2471	2015.4.28	2417	54	80.45	0.67:1
2	2015.5.15	2360	2015.7.21	2104	256	110.59	2.31:1
3	2015.8.11	2044	2015.12.21	1719	325	129.36	2.51:1

这三次交易的进场位置都出现在 MA5 向下穿越 MA10 的起始位置，这是下跌波段的起点。离场位置都出现在 ATR 指标值向上升高的位置，符合波段末端的指标特征。通常，在价格温和波动的整理阶段，ATR 指标处于相对低位；在价格剧烈波动的趋势末端，ATR 指标处于相对高位。

使用跟踪止损的一个好处就是离场条件明确，不需要额外的主观猜测，只需要在价格向上突破跟踪止损线的时候机械地执行平仓操作即可。只要价格不满足跟踪止损条件就一直持有，这让交易者有机会捕捉到大波段。这三次交易捕捉到的波段一次比一次大，获得的盈利也一次比一次多。

需要注意的是，第三次空头交易的位置 7 处，平仓过滤条件再一次起到了作用。当前 K 线的止损价为 1952 点，收盘价为 1956 点，高出止损价 4 个点，但低于缓冲空间限定的 10 个点的幅度，因此没有触发止损。在这之前有一根带有长下影线的阴线，大幅拉低了持仓期间的低点，使得止损线迅速靠近当前价格。主观交易者看到这种创新低并且带有长下影的 K 线，很可能认为这是单针探底形态，因而选择在反弹时离场。不带观点、没有情绪的策略交易者则会遵守既定计划，只按信号操作，可以有效避免由于盘中临时冒出来的"多余"想法而做出冲动交易。如果交易者能实现程序化交易，那么在离场时，不管止损还是止盈，都能够完美执行交易信号，不会出现手动执行时的犹豫不决以及延迟下单等不利交易行为。

观察初始止损幅度可以看出，实际可能的止损幅度在 2 倍 ATR 左右。以开盘价进场，而以最低价加上 3 倍 ATR 计算得到空头吊灯止损价，止损价格与开仓价格之间的距离在 2 倍 ATR 左右。

看到图 9-7 中的整体下降趋势，有的交易者可能会产生这样一种想法，既然 MA60 一直向下移动，那么按照 MA60 操作不就可以了吗？从图中的交易信号来看，位置 2 与位置 3、位置 4 与位置 5 的价位接近，三次交易中的前一次离场价格与后一次进场价格相差不多，如果中间不离场，一直持仓的话，似乎可以捕捉到整个大波段。但是，这里存在一个操作周期的问题，如果以 MA60 的方向来进场，那也要以它来离场，离场时间和位置会更靠后，而不是在位置 6，这样会回吐更多利润。案例中的目标是捕捉由 MA5 与 MA10 交叉形成的趋势，这要比以 MA60 为依据捕捉到的趋势级别更低。用波浪理论来说明可能更方便易懂，我们的目标是 C-3、C-5 浪，而不是 C 浪，它们属于不同级别。在趋势走出来之前，大家不知道它会不会走出来。如果大级别趋势在位置 4 之后就发生反转，等看到 MA60 改变方向并出现离场信号时，交易者可能会有另一种想法——幸好早离场保住了利润。

  本节讲的是吊灯止损，但对策略的合理优化却没有天花板。交易者可以充分发挥自己的逻辑能力，使策略当中的每个部件都达到较优的状态，让你的策略像一台机器一样运作起来，把它打造成一部高效率的"掘金机器"。

第 10 章
变速吊灯止损策略

很多人无论什么时候都在挥动他们的棒球棒,而我们只在正确的时候去挥杆一击。

——沃伦·巴菲特(Warren E. Buffett)

不管多么复杂的模型,没有一个能让你长期不变地一直赚钱,因为市场在变化,信息在变化。我们不是机器的奴隶,只有通过不断地学习,持续不断地更新自己的模型和策略,寻找市场上的规律,让你的交易系统跟上变化本身,才能在交易市场中立于不败之地。

——詹姆斯·西蒙斯(James Simons)

检验跟踪止损策略优劣的标准是什么？最主要的一条标准就是，它应该能够经常捕捉到一波上升趋势的大部分行情，至少要达到 70%～80%。好的离场策略应该具备获得大赢的能力，如果只能捕捉到预期趋势之中的小赢，即使在另一端的亏损能控制小亏，也很难让资金曲线快速增长。你的策略应该对大波段保持"开放"，当它发生时要有一定机会收下市场送的"大礼"。

"截断亏损，让利润奔跑"是一条重要的交易原则。利润总是能照顾好自己，而亏损，包括浮盈时的回撤，则需要交易者施加高明的处理单子的能力。

可以想象一下这样一种 K 线图形，假设有一波连续上升趋势，向上的动能足够强劲，上涨期间有十余根 K 线创出新高，却没有 K 线创出收盘新低，直至完成冲顶。面对如此纯粹而没有回撤的上涨，只需把跟踪止损设置在前一根 K 线的低点，并以收盘价向下突破止损线作为离场信号，那么只用这样一条简单的跟踪止损原则，就可以收获一次大赢。

如果你想象不出这样的行情，我们正好发现 1 分钟 K 线图上的一波上涨符合以上描述，如图 10-1 所示。

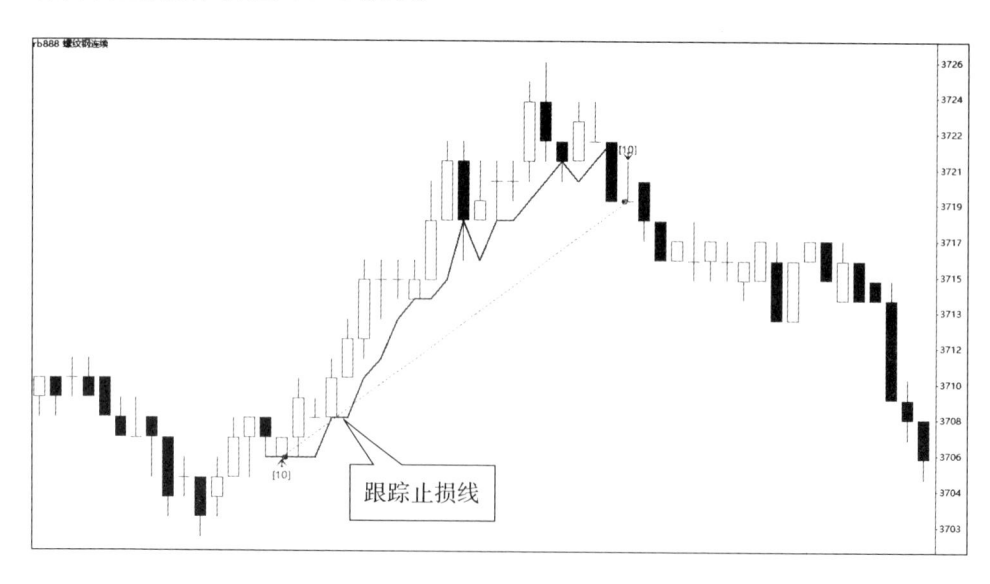

图 10-1　纯粹而没有回撤的上涨行情跟踪止损线示意图

遗憾的是，实际行情的复杂程度要更高一些，行情并非一直那样纯粹，流畅的单边行情是小概念事件，具有一定宽度的行情才是常态。一个单子进场之后，由浮盈变亏损，打掉止损之后却展开凌厉的上攻行情，这是交易者经常遇到的情况。无论是在行情的初段还是中段频繁地被洗出局，其原因都是没有解决好如何让策略容纳行情宽度的问题，换句话说，离场策略对回撤行情的容错率显得偏低了。

10.1 变速吊灯止损策略原理

变速吊灯止损是吊灯止损的一个升级版本，顾名思义，该策略的止损线向上移动的速度可以调节。以做多为例，引入一个"加速因子"AF（Acceleration Factor），多单进场之后，以原始版本的止损线为初始值，每次满足当前K线的收盘价与最高价均高于前一根K线的收盘价与最高价时，止损线就向上累加一次，累加的幅度为加速因子与这两根K线收盘价差值的乘积，即AF×（Close-Close[1]）。

变速吊灯止损的主要公式为：

StopPrice = StopPrice[1] + AF×（Close-Close[1]）

交易者进场一笔交易之后，通常最关注三个位置，第一个是止损位置，第二个是盈亏平衡点，也就是开仓价位，第三个是止盈目标位，这里用N倍的ATR表示止盈目标位。以这三个位置为临界点对加速因子AF赋予大小不同的数值，以此来实现止损线的变速，步骤如下。

（1）初始值。进场首根K线时，初始止损幅度为当前K线最低价之下3倍的ATR。

（2）一级变速。当止损线位于开仓价格之下时，AF数值为初始值，累加的止损幅度为AF×（Close-Close[1]）。进场初期风险较大，采用偏紧的止损，这时止损线向上移动的速度较快。

（3）二级变速。当止损线高于开仓价格并且浮盈低于止盈目标位时，累加的止损幅度为 N1×AF×(Close−Close[1])。这时价格已经向上脱离成本，可以适当放宽一点止损幅度，让利润奔跑。这个阶段止损线向上移动的速度减缓，可以容许稍大一些的回撤，与上升浪同级别的调整浪能顺利地在止损线上方通过。

（4）三级变速。当浮盈高于止盈目标位时，累加的止损幅度为 N2×AF×(Close−Close[1])。这时价格已经达到一定的盈利目标，通常为 5 倍 ATR 以上，可以再次收紧止损幅度，保护更多顶部利润。由于 N2 数值大于 N1，所以这个阶段止损线向上移动的速度较快，在顶部大幅回落之前离场，与上升浪同级别或大一级别的调整浪会触发止损。

尝试按照以上逻辑构造出变速吊灯止损线，初始效果如图 10-2 所示。

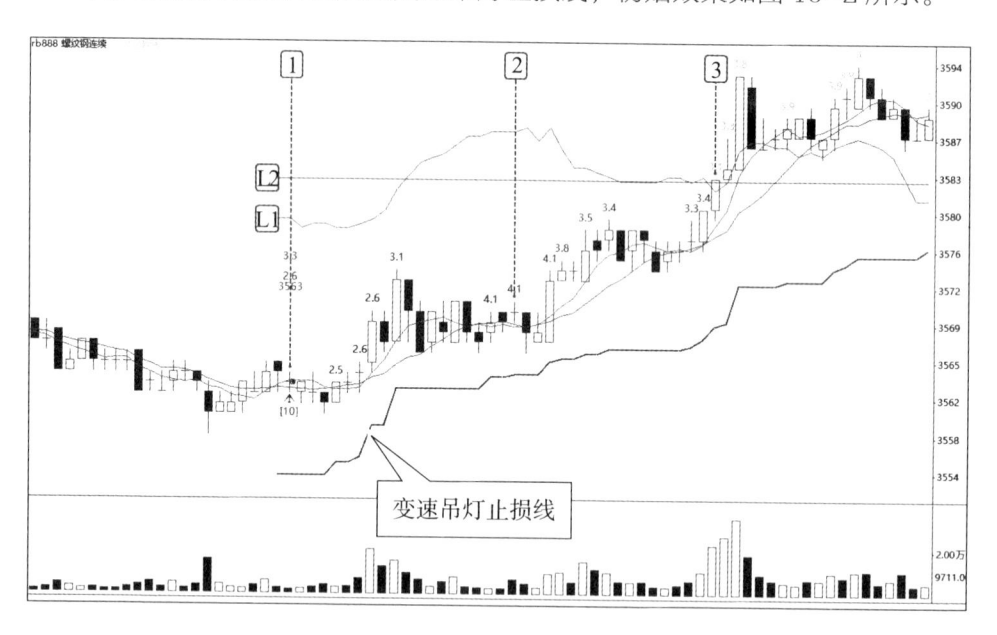

图 10-2 变速吊灯止损示意图

为了能让交易者更清晰地了解该策略的构造过程，在"草图"上展示了更多相关细节，分别用数字 1~3 标出了变速临界点的三根 K 线，用 L1 和 L2 标出了分别按照两种方式计算出来的止盈目标位，以下是对这些位置的简要说明。

位置 1：进场首根 K 线，初始止损幅度为这根 K 线的最低价减去 3 倍 ATR。止损线位于开仓价格以下，开始施行一级变速。

位置 2：止损线开始高于开仓价格，开始施行二级变速。

位置 3：收盘价开始高于止盈目标位，这里的盈利目标设定为 6 倍 ATR，开始施行三级变速。

止盈目标线 L1：开仓价格加上 6 倍 ATR（14），根据当前 K 线的 14 周期 ATR 计算得出，这是一个变动值，呈现一条曲线。

止盈目标线 L2：开仓价格加上 6 倍 ATR（300），根据进场首根 K 线的 300 周期 ATR 计算得出，这是一个固定值，呈现一条直线。

观察变速吊灯止损线可以看出，从位置 1 到位置 2，止损线向上移动的速度较快，但要注意到，只有当前 K 线的最高价与收盘价均高于前一根 K 线时才会上移，我们在满足条件的 K 线上方标出了 ATR 数值，几乎全部发生在阳线中间。在这期间一共有 5 根 K 线满足条件，止损线向上移动了 5 次，不满足条件时，止损线等于前一根 K 线的指标值，也就是走平状态。ATR 数值为 3.1 的 K 线到 4.1 的 K 线之间有连续 7 根 K 线没有满足条件，也就没有发生累加，所以在此期间止损线持续走平。

从位置 2 到位置 3，止损线向上移动的速度减缓。直到位置 3 的那根阳线，收盘价同时站上 L1 与 L2，达到止盈目标位，止损线向上移动的速度再次加快。这里之所以画出了两条止盈目标线，是为了让交易者看清目标位的变化和位置，在构建策略时，只需选择一种止盈目标线的计算方式，可以选择像 L1 那样根据当前 K 线的短周期 ATR 来计算目标位，也可以选择像 L2 那种根据进场首根 K 线的长周期 ATR 来计算目标位。前者是变动值，后者是固定值，但达到目标位的时间和价位相差不大，在示意图上发生在同一根 K 线，因此采用两种计算方式最终达到三级变速的起始时间是相同的。

10.2 变速吊灯止损策略 TBQuant 公式源码

```
//----------------------------------------------------------------
// 简称：StopAtrAcc
// 名称：变速吊灯止损策略
// 类别：公式应用
// 类型：用户应用
// 输出：
//----------------------------------------------------------------
//    ----------------------------------------------------------//
// 策略说明：
//  (1) 此为范例策略，仅用于说明算法语法，交易者需根据自身经验和需求，经
//      过调整、测试之后再实际应用；
//  (2) 以短期与长期均线金叉作为进场信号，可适当增加过滤条件；
//  (3) 以收盘价跌破变速吊灯止损线为离场信号，一次清仓；
//  (4) 所用到的参数均可调整，需考虑交易品种的波动性以及自身风险承受
//      能力。
//    ----------------------------------------------------------//
Params
    Numeric FirstBarMultp(3);         // 进场 K 线初始止损 ATR 倍数
    Numeric N(5);                     // 三级变速浮盈 ATR 倍数
    Numeric Length(14);               // 平均真实波幅周期
    Numeric Acceleration(0.5);        // 加速因子
    Numeric FastLength(5);            // 短期均线周期
    Numeric SlowLength(10);           // 长期均线周期
```

```
Vars
    Series<Numeric> StopPrice;           // 跟踪止损价
    Series<Numeric> MyRange;             // 突破K线收盘价差值
    Series<Numeric> Profit;              // 平仓盈亏值
    Series<Numeric> StopATR;             //ATR
    Series<Numeric> AvgValue1;           // 短期均线
    Series<Numeric> AvgValue2;           // 长期均线
    Series<Numeric> MyEntryPrice;        // 进场价格
    Series<Numeric> MyExitprice;         // 离场价格

Events
    OnBar(ArrayRef<Integer> indexs)
    {
        Range[0:DataSourceSize() - 1]
        {
            // 双均线交叉进场，反向突破吊灯止损线离场
            AvgValue1 = AverageFC(Close,FastLength);
            AvgValue2 = AverageFC(Close,SlowLength);
            PlotNumeric("MA1",AvgValue1);
            PlotNumeric("MA2",AvgValue2);
            If(CurrentContracts == 0 And AvgValue1[1] > AvgValue2[1])    // 开多
            {
                Buy(10,Open);
            }
            If(MarketPosition == 1 And BarsSinceEntry > 1 And Close[1] < StopPrice[1])    // 平多
            {
                Sell(0,Open);
```

```
    }
    If(CurrentContracts == 99 And AvgValue1[1] <
    AvgValue2[1])    // 开空
    {
        SellShort(10,Open);
        //MyEntryPrice = Open;
        //PlotString("MyEntryPrice",Text(MyEntryPrice),High
        + 4,Red);    // 显示开仓价
    }
    If(MarketPosition == -1 And BarsSinceEntry > 1 And
    Close[1] > StopPrice[1])    // 平空
    {
        BuyToCover(0,Open);
        //MyExitprice = Open;
        //PlotString("Profit",Text(MyEntryPrice -
        MyExitprice),Low - 4,Red);
        //PlotString("MyExitprice",Text(MyExitprice),High
        + 4,Red);
    }


    // 变速吊灯止损线
    // 多头跟踪止损线
    StopATR = AvgTrueRange(Length);    // 计算ATR
    If(MarketPosition == 1)
    {
        Profit = Close - EntryPrice;
        If(BarsSinceEntry == 0)    // 进场首K
        {
            StopPrice = Low - StopATR*FirstBarMultp;
```

```
                //初始止损幅度
    }Else if(BarsSinceEntry > 0)
    {
        If(Close > Close[1] And High > High[1])
        //收盘价与最高价同时新高
        {
            If(StopPrice < EntryPrice)//止损线低于
            进场价时
            {
                MyRange = Close - Close[1];//突破K
                线的收盘价差值
                StopPrice = StopPrice[1] + Acceleration*
                MyRange;    //止损线向上累加
                Commentary("一级初始速度");
            }Else If(StopPrice >= EntryPrice And
            Profit < N*StopATR)   //低于盈利目标时
            {
                MyRange = Close - Close[1];
                StopPrice = StopPrice[1] + (Acceleration -
                0.35)*MyRange;
                Commentary("二级变速");
            }Else If(Profit >= N*StopATR)  //达到盈
            利目标时
            {
                MyRange = Close - Close[1];
                StopPrice = StopPrice[1] + (Acceleration -
                0.2)*MyRange;
                Commentary("三级变速");
            }
```

```
        }Else
        {
            StopPrice = StopPrice[1];      // 不满足收
盘价与最高价同时新高时止损线不变
        }
    }
    Commentary("Profit:"+Text(Profit));    // 在当前K
线注释收盘浮盈
    PlotNumeric("StopPrice",StopPrice);    // 输出跟
踪止损线
}
// 空头跟踪止损线
If(MarketPosition == -1)
{
    Profit = EntryPrice - Close;
    If(BarsSinceEntry == 0)
    {
        StopPrice = High + StopATR*FirstBarMultp;
    }Else If(BarsSinceEntry > 0)
    {
        If(Close < Close[1] And Low < Low[1])
        {
            If(StopPrice > EntryPrice)
            {
                MyRange = Abs(Close - Close[1]);
                StopPrice = StopPrice - Acceleration*
                MyRange;
                Commentary(" 一级初始速度 ");
            }Else If(StopPrice <= EntryPrice And Profit <
```

```
            N*StopATR)
            {
                MyRange = Abs(Close - Close[1]);
                StopPrice = StopPrice - (Acceleration -
                0.35)*MyRange;
                Commentary("二级变速");
            }Else If(Profit >= N*StopATR)
            {
                MyRange = Abs(Close - Close[1]);
                StopPrice = StopPrice - (Acceleration -
                0.2)*MyRange;
                Commentary("三级变速");
            }
        }Else
        {
            StopPrice = StopPrice[1];
        }
    }
        Commentary("Profit:"+Text(Profit));
        PlotNumeric("StopPrice",StopPrice);
    }
  }
}

//--------------------------------------------------------
// 编译版本    2024/03/23
// 版权所有    lingbo
//--------------------------------------------------------
```

以上为变速吊灯止损策略的源码，其中对主要语句均做了注释，交易者结合注释内容多看几遍代码，应该不难理解该策略的逻辑。最快的理解方式是亲自动手，在 TB 软件的公式编辑器中逐行敲入代码，然后测试一下该策略。这里以简单的双均线交叉策略来产生进场信号，在实际交易中，交易者可以采用自己的开仓模块，仅在离场策略中根据需要加入变速吊灯止损模块。

10.3　案例分析 1：偏宽松的止损

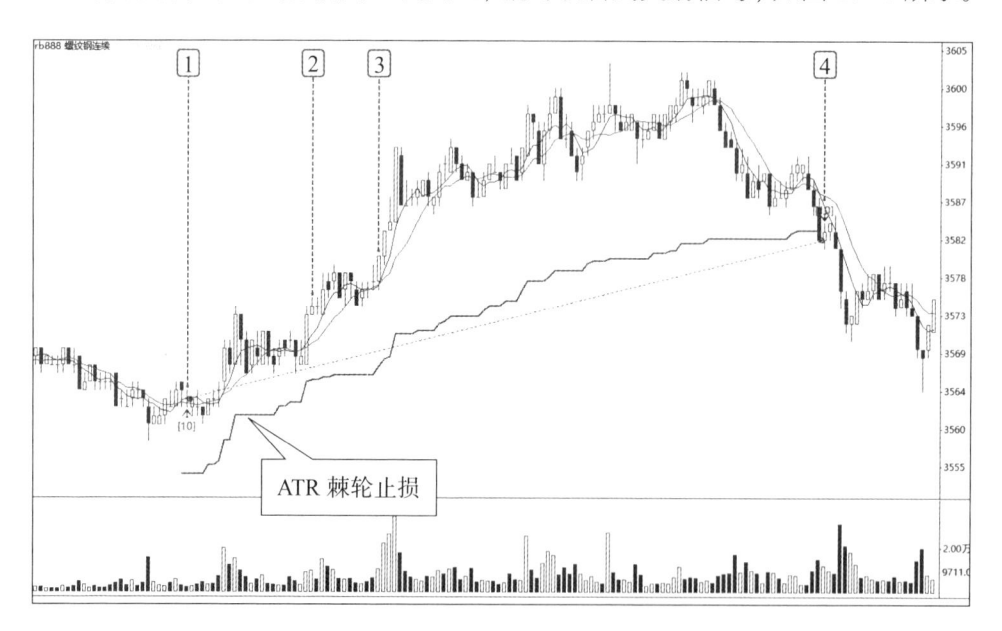

将编译好的公式加载到 K 线图上，就可以看到交易信号，如图 10-3 所示。

图 10-3　螺纹钢连续（RB888）3 月 19 日 1 分钟线变速吊灯止损信号图

图 10-3 是螺纹钢连续合约在 2024 年 3 月 19 日的 1 分钟 K 线图，变速吊灯止损策略产生了一组多头交易信号。在公式管理中编译完成策略源码之后，一定要在"属性设置"中检查一遍参数，看它们是否与自己希望设置的数值相一致，或者按照自己的需求重新设置一遍参数。本案例的参数如图

10-4 所示。

从图 10-3 可以看出，多头变速吊灯止损线位于 K 线下方，从多单进场的首根 K 线开始显示，直到离场终止显示，它悬挂在 K 线下方并跟随价格不断向上移动。

图中在几根关键 K 线上方标出了序号，以下是对这几个位置的简要说明。

参数名称	参数类型	参数说明	参数值
FirstBarMultp	数值型	进场K线初始止损ATR倍数	3
N	数值型	三级变速浮盈ATR倍数	5
Length	数值型	平均真实波幅周期	14
Acceleration	数值型	加速因子	0.5
FastLength	数值型	短期均线周期	5
SlowLength	数值型	长期均线周期	10

图 10-4 变速吊灯止损策略参数

（1）均线 MA5 向上穿越 MA10 形成金叉并产生多头开仓信号，开仓 10 手，价格为 3563 点。止损线与进场 K 线的距离为 3 倍 ATR。此后开始一级变速跟踪止损。

（2）止损线开始高于开仓价格，开始二级变速跟踪止损。

（3）浮盈开始高于止盈目标位，这里的盈利目标设定为 5 倍 ATR，开始三级变速跟踪止损。

（4）前一根 K 线收盘在变速吊灯止损线下方并触发离场信号，以当前 K 线的开盘价清仓 10 手多单，价格为 3582 点，盈利 19 点。

有的交易者可能会问，怎么看出来当前 K 线处于几级变速呢？在公式代码中，把它写成了注释信息，可以在 K 线信息窗口查看。交易者如果熟悉 TB 语言，为了便于观察，可以在策略测试阶段直接把三级变速以文字形式输出在临界 K 线上方，就像图 10-2 中输出 ATR 数值和盈利目标线那样。

这次变速吊灯止损策略的表现可以说是中规中矩，价格稳步上升，没有对跟踪止损线造成太大考验。通常，进场之后风险最大的阶段在进场初始阶段,也就是一级变速阶段,这时止损线向上移动得较快,这是为了在达到盈亏平衡点之前将亏损限制在尽量小的范围之内。这个阶段如果发生大幅价格回撤,交易者将会止损离场。

有的交易者可能会发现,这次离场前,让出了比较多的头部利润,这是因为设置了相对较小的加速因子(0.5),所以跟踪止损线跟上价格的速度偏慢一些。偏宽松的止损有利于抓住大行情,但不能保护太多的头部利润。这次交易一共盈利 19 个点,初始止损幅度为 9 个点,盈亏比为 2.1:1,这是一个一般水平的盈亏比。

10.4　案例分析 2：偏紧的止损

为了对比偏宽松的止损与偏紧的止损之间的区别,下面针对同一段行情来看重新设置参数后的策略表现,如图 10-5 所示。

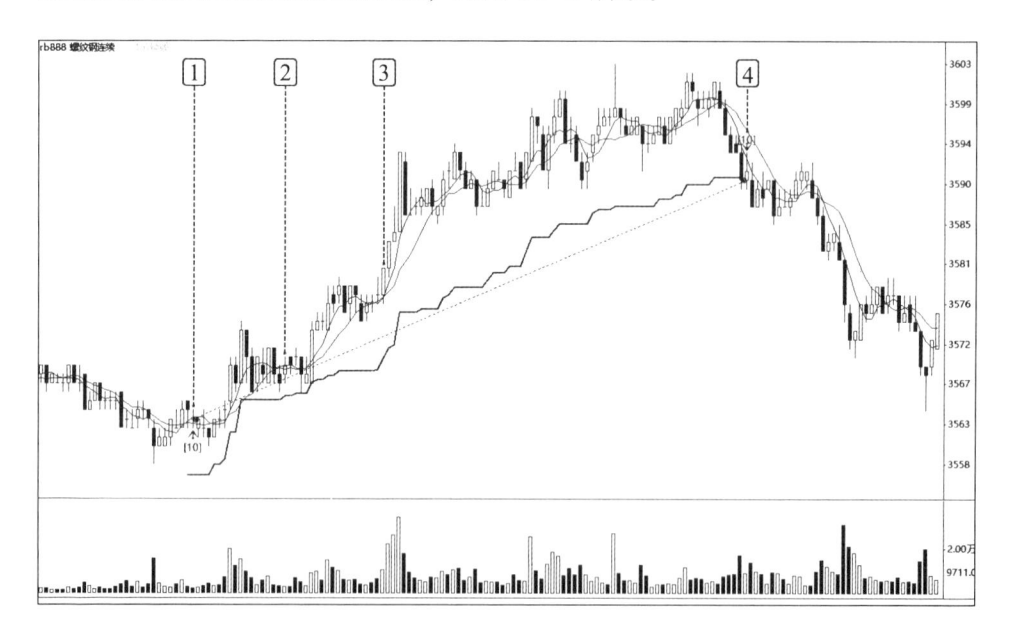

图 10-5　螺纹钢连续(RB888)3 月 19 日 1 分钟线变速吊灯止损信号图

第 10 章 变速吊灯止损策略

图 10-5 仍然是螺纹钢连续合约 2024 年 3 月 19 日的 1 分钟 K 线图。通过观察跟踪止损线与 K 线之间的距离可以发现，与前一幅行情图相比，这幅图中的止损线更加紧密地跟随价格向上移动，二者之间的距离缩小了，留给价格回撤的空间也变小了。这是因为修改了两个参数——FirstBarMultp 和 N，将进场 K 线初始止损 ATR 倍数由"3"改为了"2"，加速因子由"0.5"改为了"0.6"，其他参数保持不变，参数如图 10-6 所示。

参数名称	参数类型	参数说明	参数值
FirstBarMultp	数值型	进场K线初始止损ATR倍数	2
N	数值型	三级变速浮盈ATR倍数	5
Length	数值型	平均真实波幅周期	14
Acceleration	数值型	加速因子	0.6
FastLength	数值型	短期均线周期	5
SlowLength	数值型	长期均线周期	10

图 10-6 变速吊灯止损策略参数

多单进场的首根 K 线，开仓价格仍然为 3563 点，止损价格变为 3557 点，初始止损幅度由之前的 9 个点变成了 6 个点。不仅如此，在一级变速阶段，止损线向上移动变得更快，止损线移动到开仓价格之上只用了 10 根 K 线，而之前用了 23 根 K 线。从位置 2 开始进入二级变速阶段，相较之前提前了 4 根 K 线。在位置 2 附近的回调中，最低收盘价与止损线之间的距离仅有 1 个点，这在保护盈亏平衡点的同时，也增加了触发止损的概率，有可能导致过早离场。

止损线经受住价格回撤的考验之后，一方面由于价格再次攀升，另一方面由于二级变速阶段止损线向上累加速度相对缓慢，因此二者之间的距离逐渐恢复到了恰当水平。在位置 3 处开始进入三级变速阶段，与之前相比，位置 3 的 K 线没有变化，因为没有改变三级变速所需盈利达到的目标——5 倍 ATR。价格达到 5 倍 ATR 的盈利目标之后，止损线向上移动的速度开始加快，这有利于保护头部利润。

随着价格不断上涨，开始出现长阳线和倍量，这是阶段顶部的特征。坚持执行既定跟踪止损策略，直到位置 4 触发跟踪止损，多单平仓价格为 3590 点。这次交易一共盈利 27 个点，盈亏比为 4.5:1，是一个不错的盈亏比。相比之前，盈亏比有了大幅提升，这不仅是因为盈利有了提高，还因为初始止损变小了。

通过对比以上两幅跟踪止损信号图，交易者可能会认为偏紧的止损更好，理由很简单，因为能获得更多利润，不至于眼看着浮盈白白失去。但是市场不只有这一种走势，市场还会走出有利于偏宽松的止损发挥其优势的图形。选择哪种止损方式，要考虑多种因素，一寸长一寸强，一寸短一寸险，长短兵器各有利弊。

10.5　案例分析 3：对比两种止损方式

下面仍然按照图 10-6 中的参数设置来看该策略在另一段行情中的表现，如图 10-7 所示。

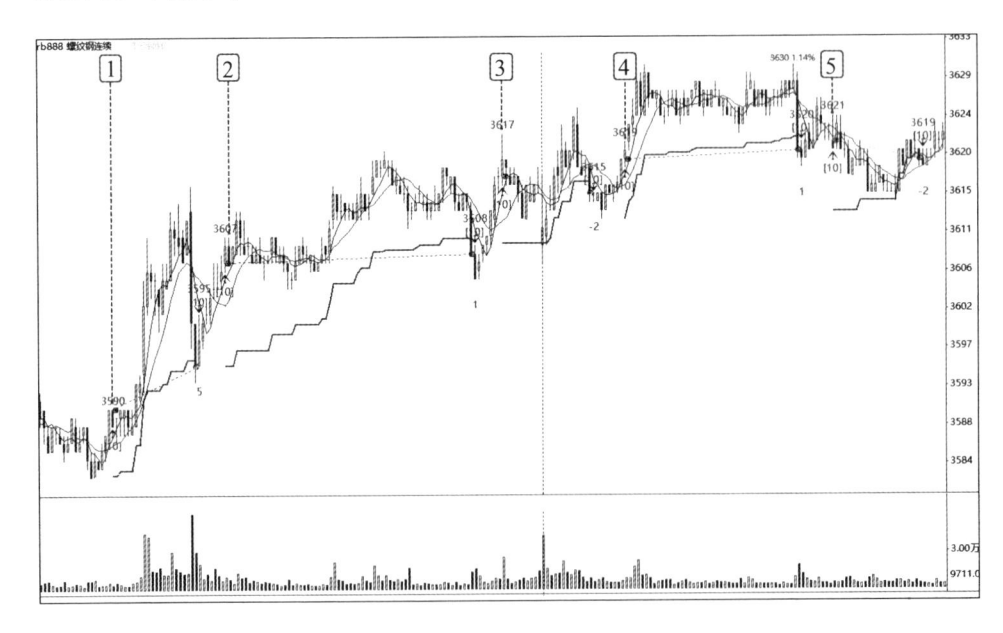

图 10-7　螺纹钢连续（RB888）3 月 21 日 1 分钟线变速吊灯止损策略

图 10-7 是螺纹钢连续合约 2024 年 3 月 21 日的 1 分钟 K 线图。在这段行情，变速吊灯止损策略一共产生了 5 组交易信号，图中分别用数字 1~5 标出了这 5 次交易的进场 K 线。

该策略以简单的双均线金叉来产生多头进场信号，由于没有添加任何过滤条件，所以在一次止损之后再次出现金叉时，会无差别地继续开仓。要知道，这种做法不适用于实际操作，这里仅用来说明该止损策略的参数对交易信号的影响。

仔细观察交易信号会发现，在进场 K 线上方显示了开仓价格，在离场 K 线上方显示了离场价格，在其下方显示了盈亏数值。每次进场时，开始在 K 线下方出现跟踪止损线，止损线与当前 K 线低点的距离为 2 倍 ATR，这是一个偏紧的初始止损。当前 K 线收盘价低于止损线时，以下一根 K 线的开盘价离场，止损线在当前 K 线终止显示。图中的 5 段止损线对应着 5 次多头交易。

这 5 次交易结果为"3 红 2 绿"，在不计算手续费的情况下，盈亏点数分别为：+5、+1、-2、+1、-2，总计盈利 3 个点。虽然这段行情整体呈上升趋势，而且交易方向是正确的，但没能获得多少利润。其中一个主要原因在于设置了偏紧的跟踪止损——初始止损幅度为 2 倍 ATR 并且加速因子为 0.6。第一笔交易中，从阶段高点回落的两根长阴线直接击穿了止损线，在一定程度上打乱了后面的操作节奏，后面的双均线金叉进场位置并不十分有利。

如果恢复到偏宽松的止损，采用图 10-4 中的参数设置，在同样的行情中会有怎样的表现呢？调整参数后的交易信号如图 10-8 所示。

在策略属性设置中，将进场 K 线初始止损 ATR 倍数由"2"修改为"3"，将加速因子由"0.6"修改为"0.5"，然后点击"确定"。再看调整参数后的行情图，局面似乎一下子变得明朗起来。面对同样的行情，只出现了一组多头交易信号，这次持仓过程贯穿整个上涨行情，吃到了大部分波段行情，一共获得 27 个点的利润。位置 1 和位置 6 分别是进场和离场 K 线。位置 2 到位置 5 是图 10-7 中前 4 次交易触发止损的 K 线，它们正好对应着 4 次调整，每次调整都挑战了一次止损线，最低收盘价均不同程度地靠近了止损线，但都没有形成向下突破，在止损线上方似乎有一个缓冲垫在保护持仓。

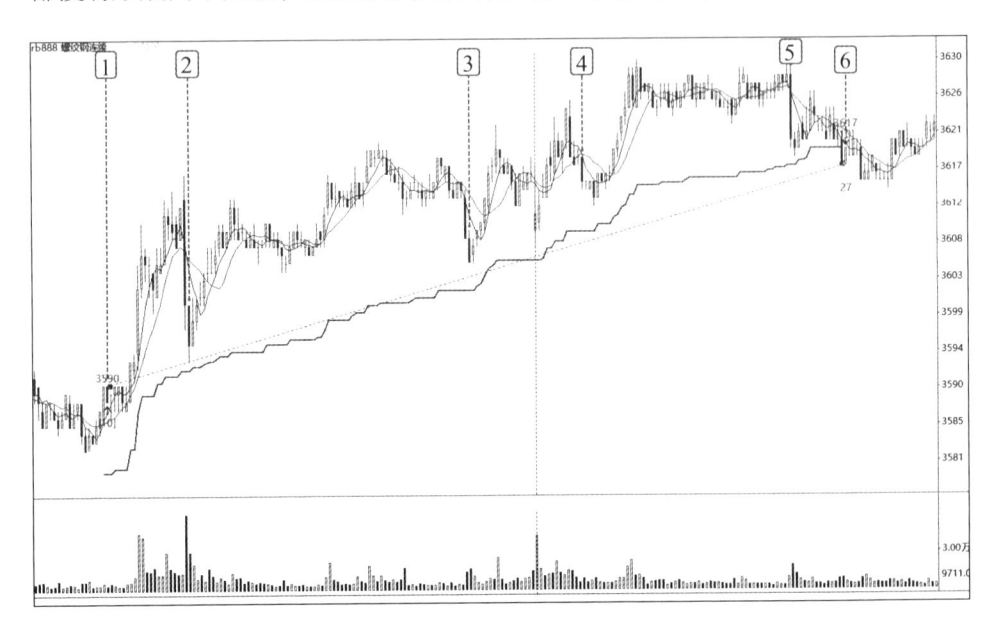

图 10-8　螺纹钢连续（RB888）3 月 21 日 1 分钟线变速吊灯止损策略

对比以上两幅图，交易者可能会认为偏宽松的止损更好，但对比前面的图 10-3 和图 10-5，还可能认为偏紧的止损更好。这是每个交易者都要深思熟虑的两种选择，它们各有利弊。偏松的止损能够应对宽幅波动行情，但有可能失去较多头部利润；偏紧的止损能够保护更多头部利润，但更容易被迫离场，导致更多的交易次数和更高的手续费。

这是一个没有标准答案的问题，不能"既要、又要"，鱼和熊掌只能取其一。这次遇到了宽幅振荡行情，下次可能遇到头部 V 型反转。这里建议根据经验、测试结果、交易记录来设置一组合适的参数，无论是这次讲到的变速吊灯止损策略，还是其他策略，可能都会面对一些类似的选择题。你编织的鱼网网眼大小，取决于你想捕捉多大的鱼。

10.6 案例分析 4：得到市场奖励"屠大龙"

有炒股经验的交易者都知道，在牛市中捂股才能赚到钱，越是频繁换股，越可能踏错市场节奏。运用交易策略也是同样的道理，就像你不能追逐市场热点一样，你也不能追逐当前市场的波动特性。你需要坚守一个板块，坚持一个既定策略。在不利行情中付出了"成本"，在后面的有利行情中会得到补偿，甚至是惊喜。如果转换策略，那么很可能会付出新的"成本"。下面就是市场给坚持策略的人带来惊喜的一个案例。

图 10-9 是螺纹钢连续合约 2024 年 2 月 26 日的 1 分钟 K 线图。变速吊灯止损策略在这波长单边上升趋势中产生了一组多头信号，吃尽了涨幅，持仓达 190 根 K 线。如果对这段行情持续的时间没有概念的话，可以想象一下日线上的情况，这相当于持续一年的牛市，交易者可以从年初持有到年末，并且市场在这一年大部分时间中不断创出新高。

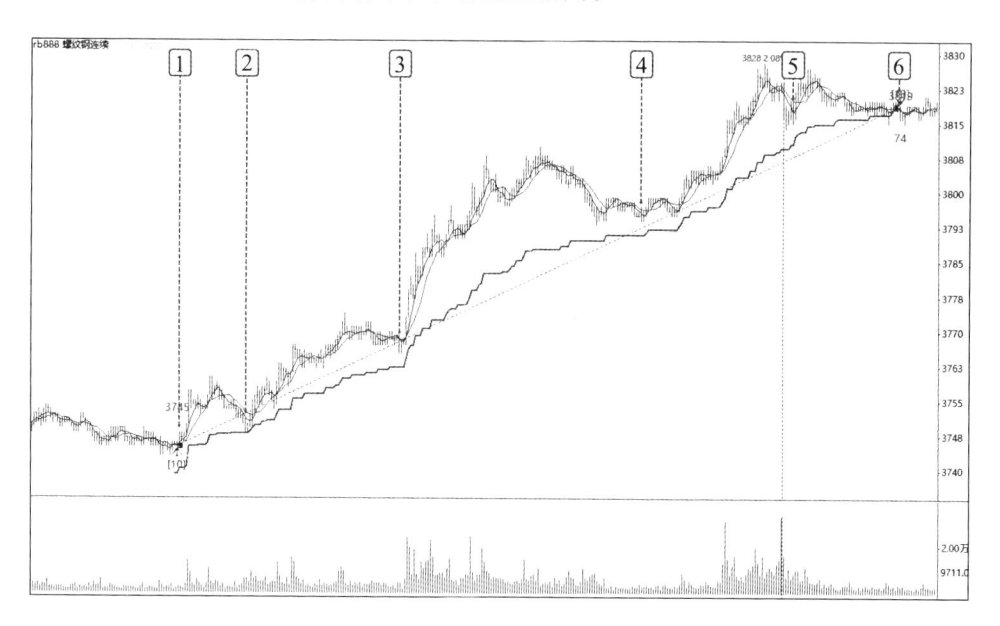

图 10-9　螺纹钢连续（RB888）2 月 26 日 1 分钟线变速吊灯止损策略

趋势策略：跟随聪明资金一起进场、离场

从图中可以看出，虽然是整体向上的一波行情，但其中仍然发生了几次不同深度的回调。吊灯止损线呈阶梯状不断跟随价格向上移动，同时又保持着适当的距离，这给了价格调整的余地。位置 2、位置 3 和位置 4 都属于较大级别的调整，主观交易者通常很难持仓到这种大趋势的末端。对于机械操作者和量化交易者来说，这是趋势跟踪策略的理想状态，行情与策略十分契合，不带情绪地执行既定策略，就会得到市场的奖励。

参数名称	参数类型	参数说明	参数值
FirstBarMultp	数值型	进场K线初始止损ATR倍数	3
N	数值型	三级变速浮盈ATR倍数	5
Length	数值型	平均真实波幅周期	14
Acceleration	数值型	加速因子	0.6
FastLength	数值型	短期均线周期	5
SlowLength	数值型	长期均线周期	10

图 10-10　变速吊灯止损策略参数

这次交易的进场价格为 3745 点，初始止损为 3739 点，止损幅度为 6 个点，以小博大，最终得到 74 点利润，这次交易的盈亏比超过了 12:1。熟悉波浪理论的交易者，可以把这次进场位置看作第 3 上涨浪的起点（3-1 浪）。第 3 浪是一个延长浪，可以再细分出 5 个次级别波浪。位置 2 和位置 3 分别对应两个次级调整浪末端（3-2 浪、3-4 浪），位置 4 对应第 4 调整浪末端，位置 6 是完成第 5 上涨浪后的右侧离场位置。同级别的调整浪（3-2 浪、3-4 浪）以及大级别的调整浪（第 4 浪）都未能触发止损。看到深幅调整一次又一次地几乎擦着跟踪止损线上沿而过，有没有一种大船顺利通过运河船闸的畅快感觉？

围棋中有个术语叫"屠大龙"，捕捉到这种带有延长浪的整个大波段，无疑相当于屠大龙。一个交易策略需要具备大赢的能力，交易者要打开盈利端，让利润奔跑起来。

第 11 章
自动扶梯止盈策略

赚钱的秘诀就是,当人们都在寻找买家的时候买进,当人们都在寻找卖家的时候卖出。

——本间宗久(Honma Munehisa)

交易要像壁虎一样,平时趴在墙上一动不动,蚊子一旦出现,就迅速将其吃掉,然后恢复平静,等待下一个机会。

——詹姆斯·西蒙斯(James Harris Simons)

11.1 自动扶梯止盈策略介绍

将吊灯止损线看作一个通道线的下轨,那么对应的上轨线就是一条止盈线,这里赋予它一个形象的名字——自动扶梯止盈。这是一个离场策略,逻辑很简单,鉴于上升浪末端会出现倍量长阳线,浮盈超过一定范围之后,当最高价向上突破最近 20 根 K 线的最高价(或最高收盘价)加上一定倍数的 ATR 时,止盈多单。

自动扶梯止盈表达式:

多头自动扶梯止盈 = 一定周期的高点 + 乘数 ×ATR

空头自动扶梯止盈 = 一定周期的低点 – 乘数 ×ATR

自动扶梯止盈公式:

$LongStopProfitLine = HighValue[1] + N \times StopATR[1]$

$ShortStopProfitLine = LowValue[1] - N \times StopATR[1]$

其中,LongStopProfitLine 表示多头止盈线,HighValue 表示最近 20 根 K 线的最高价,默认周期为 20,"[1]"表示前一根 K 线的数值。同样地,ATR 指标值也用到了前一根 K 线的数值,这样做的目的是避免触发止盈的数值随着当前价格不断变化,也就是采取一个确定的数值。倍数 N 的默认值为 3 倍,可以根据需要修改,通常为 2~4 倍,并且可以不是整数值。不难理解,ShortStopProfitLine 表示空头止盈线,LowValue 表示最近 20 根 K 线的最低价,空头止盈线由 LowValue[1] 减去 3 倍的 StopATR[1] 得到。

11.2 自动扶梯止盈策略 TBQuant 公式源码

```
//------------------------------------------------------------
// 简称：Escalator
// 名称：自动扶梯止盈
// 类别：公式应用
// 类型：用户应用
// 输出：
//------------------------------------------------------------
//  ----------------------------------------------------------//
// 策略说明：
//   （1）此为范例策略，仅用于说明算法语法，交易者需根据自身经验和需求，经
//   过调整、测试之后再实际应用；
//   （2）以短期与长期均线金叉作为进场信号，可适当增加过滤条件；
//   （3）采用分批离场策略，每次达到止盈条件则平掉当前持仓量的一半，如果触
//   发跟踪止损则一次清仓离场；
//   （4）所用到的参数均可调整，需考虑交易品种的波动性、风险承受能力。
//  ----------------------------------------------------------//
Params
    Numeric ATRLength(20);       // 平均真实波幅的周期
    Numeric HighLength(20);      // 最高点的周期
    Numeric LowLength(20);       // 最低点的周期
    Numeric FastLength(5);       // 短期均线的周期
    Numeric SlowLength(10);      // 长期均线的周期
    Numeric N(3);                //ATR 的倍数
```

```
Vars
    Series<Numeric> LongStopLossLine;        // 多头止损线
    Series<Numeric> ShortStopLossLine;       // 空头止损线
    Series<Numeric> LongStopProfitLine;      // 多头止盈线
    Series<Numeric> ShortStopProfitLine;     // 空头止盈线
    Series<Numeric> StopATR;                 //ATR
    Series<Numeric> AvgValue1;               // 短期均线
    Series<Numeric> AvgValue2;               // 长期均线
    Series<Numeric> Knum;                    // 持仓K线数量
    Series<Numeric> HighValue;               // 一定周期内的最高价
    Series<Numeric> LowValue;                // 一定周期内的最低价
    Series<Numeric> MyEntryPrice;            // 进场价格
    Series<Numeric> MyExitprice;             // 离场价格
    Series<Numeric> Profit;                  // 平仓盈亏值

Events
    OnBar(ArrayRef<Integer> indexs)
    {
        Range[0:DataSourceSize() - 1]
        {
            // 双均线开仓策略
            AvgValue1 = AverageFC(Close,FastLength);
            AvgValue2 = AverageFC(Close,SlowLength);
            PlotNumeric("MA1",AvgValue1);
            PlotNumeric("MA2",AvgValue2);
            // 多头开仓
            If(CurrentContracts == 0 And AvgValue1[1] > AvgValue2[1])
            {
                Buy(10,Open);
```

```
    MyEntryPrice = LastEntryPrice;
}
// 空头开仓
If(CurrentContracts == 0 And AvgValue1[1] < AvgValue2[1])
{
    SellShort(10,Open);
    MyEntryPrice = LastEntryPrice;
}


// 平仓策略 吊灯止损 + 自动扶梯止盈
StopATR = AvgTrueRange(ATRLength);
Knum = BarsSinceEntry;            // 持仓 K 线数量
LowValue = Lowest(Low,LowLength);  // 一定周期内的最低价
HighValue = Highest(High,HighLength);   // 一定周期内的最高价
// 多头吊灯止损与自动扶梯止盈
LongStopLossLine = HighValue - N*StopATR;   // 吊灯止损线
PlotNumeric("LongStopLossLine",LongStopLossLine);
If(MarketPosition == 1)
{
    LongStopProfitLine = HighValue[1] + N*StopATR[1];
    // 前一根 K 线的数值
    PlotNumeric("LongStopProfitLine",LongStopProfitLine);   // 自动扶梯止盈线
}
// 空头吊灯止损与自动扶梯止盈
ShortStopLossLine = LowValue + N*StopATR;   // 吊灯
```

止损线

```
PlotNumeric("ShortStopLossLine",ShortStopLossLine);
If(MarketPosition == -1)
{
    //PlotNumeric("ShortStopLossLine",ShortStopLo
    ssLine);     // 在持仓时显示吊灯止损线
    ShortStopProfitLine = LowValue[1] - N*StopATR[1];
    // 前一根K线的数值
    PlotNumeric("ShortStopProfitLine",ShortStopPro
    fitLine);    // 自动扶梯止盈线
}


// 多头平仓
If(MarketPosition == 1 And BarsSinceEntry > 1 And High
> LongStopProfitLine)    // 分批止盈
{
    Sell(Round(CurrentContracts*0.5,0),RoundDown
    (LongStopProfitLine,0));
    MyExitprice = RoundDown(LongStopProfitLine,0);
}
If(MarketPosition == 1 And BarsSinceEntry > 1 And
Close[1] < LongStopLossLine[1])    // 平多
{
    Sell(0,Open);
    MyExitprice = Open;
}
Profit = MyExitprice - MyEntryPrice;
Commentary("LongProfit:"+Text(Profit));    // 在当前K线注
释平仓盈亏
```

```
//空头平仓
If(MarketPosition == -1 And BarsSinceEntry > 1 And
Low < ShortStopProfitLine)    //分批止盈
{
    BuyToCover(Abs(Round(CurrentContracts*0.5,0)),
    RoundUp(ShortStopProfitLine,0));
    MyExitprice = RoundUp(ShortStopProfitLine,0);
}
If(MarketPosition == -1 And BarsSinceEntry > 1 And
Close[1] > ShortStopLossLine[1])    //平空
{
    BuyToCover(0,Open);
    MyExitprice = Open;
}
Profit = MyEntryPrice - MyExitprice;
Commentary("ShortProfit:"+Text(Profit));    //在当前K
线注释平仓盈亏
    }
}

//----------------------------------------------------------
// 编译版本  2024/6/6
// 版权所有  lingbo
//----------------------------------------------------------
```

以上为该策略的源码，其中对主要语句均做了注释，交易者仔细通读一遍代码，应该能够对该策略形成一个大致的了解。这里仍然以简单的双均线交叉策略来产生进场信号。在实际交易中，交易者可以采用自己的开仓模块，仅在离场策略中根据需要加入自动扶梯止盈模块。这次的离场策略更加完备，采用分批离场策略，如果行情朝着有利的方向发展，则每次达到止盈条件时平掉当前持仓量的一半。无论是否产生止盈信号，只要触发跟踪止损，则一次性地清仓离场。

在"公式管理器"中的"新建公式应用"，将以上源码复制到公式编辑器并进行编译，然后在 K 线行情窗口"插入公式"，就可以得到指标线和交易信号。选中指标线并点击右键，在"[Escalator] 属性设置"中可以修改策略参数值，同时也要注意核对默认的参数值与自己希望设定的数值是否一致。

11.3　案例分析 1：多头分批止盈信号

将编译好的公式加载到 K 线行情上，就可以看到交易信号，如图 11-1 所示。

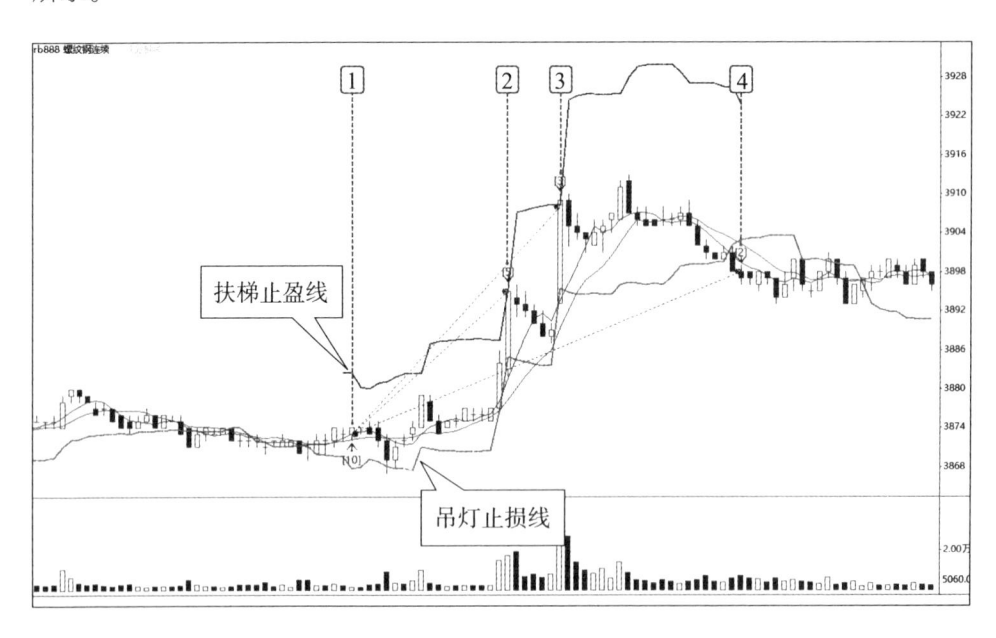

图 11-1　螺纹钢连续（RB888）2024 年 1 月 12 日 1 分钟线自动扶梯止盈信号图

图 11-1 是螺纹钢连续合约 2024 年 1 月 12 日的 1 分钟 K 线图，自动扶梯止盈策略产生了一组多头交易信号。自动扶梯止盈线位于 K 线上方，其形态类似于在商场中见到的扶梯，随着价格上升而不断向上"滚动"。吊灯止损线悬挂在价格下方并随着价格向上移动。图中在产生交易信号的 K 线上方标出了序号，以下是对这几个位置的简要说明。

（1）均线 MA5 向上穿越 MA10 形成金叉，产生多头开仓信号，开仓 10 手，价格为 3873 点。

（2）价格向上突破自动扶梯止盈线并触发止盈信号，平仓当前持仓数量 10 手的一半，即止盈 5 手，价格为 3895 点，盈利 22 点。

（3）再次产生止盈信号，止盈 3 手，价格为 3908 点，盈利 35 点。

（4）前一根 K 线收盘在吊灯止损线下方并触发离场信号，清仓 2 手，价格为 3898 点，盈利 25 点。

细心的交易者会注意到，自动扶梯止盈线与吊灯止损线的显示范围并不一致——止盈线仅在有持仓时显示，而止损线却始终显示。指标线的输出效果可以通过编辑公式代码来进行控制，交易者可以根据需求来修改代码，以呈现不同的指标线输出效果。

为了方便观察 K 线的相对位置，这里保留了 MA5 和 MA10。有的交易者喜欢看上去更加"清爽"一些的行情界面，他们已经完成了对策略的测试，没有必要再实时分析行情，能够做到按照交易信号机械操作或者实现自动交易，这时可以不显示均线。去掉均线的方法很简单，一种方法是在公式编辑器中将"//"符号加到输出均线的语句前面，注释掉这一行，然后点击"编译公式"使修改生效。另一种方法是在"属性设置"——"线型"中，将其线型设置为"隐藏"。

来看一下在这次交易中采用分批止盈策略对整体盈利产生的影响。对比两次止盈的位置与最终离场位置，在位置 2 处止盈 5 手，比在位置 4 处离场每手少赚 3 个点（3895-3898 点），5 手则一共少赚 15 个点；在位置 3 处止盈 3 手，比在位置 4 处离场每手多赚 10 个点（3908-3898 点），3 手则一共多赚 30 个点。总体来看，比在位置 4 处一次性离场多赚 15 个点（30–15 点），因此对整体盈利产生了正面影响。

采用自动扶梯策略实现在相对高位止盈带来好处，不仅仅体现在绩效上，通常认为，即使在同样盈亏的情况下，早离场也要优于晚离场。在市场报出令人难以拒绝的高价时兑现利润，这其中还隐藏着一种"机会收益"，为一些更敏捷的短线交易者提供了做短差的机会。不管是手动交易还是程序交易，在波段行情末端，都可能出现做短差的获利机会。当价格大幅偏离正常水平时获利了结部分仓位，在盈利的基础上进一步操作，这在主观心理上和客观趋势上都存在优势。

有的交易者会注意到第二次止盈时的数量，这是一个细节。第二次止盈时持仓数量是 5 手，按照止盈一半的原则应该是 2.5 手，但这不是一个符合规范的下单手数，应该使用整数，在程序中用到了 Round 函数来四舍五入取整，所以这次止盈数量是 3 手。

虽然自动扶梯止盈线上的价格是离场的好价格，但如果进场之后的几根 K 线很快触发止盈，从整体行情发展来看，这个位置可能是短期的相对高位，中长期的相对低位。为了解决可能过早止盈离场的问题，还可以限定最低止盈价格，例如，只能在盈利达到 15 点或者 5 倍 ATR 以上时止盈。当然，交易者也可以接受较低的止盈价格，在后面价格回落时再补仓，这里存在很大的自由发挥空间。

11.4　案例分析 2：多头长波段止盈信号

图 11-2 是螺纹钢连续合约 2024 年 2 月 7 日的 1 分钟 K 线图，自动扶梯止盈策略产生了一组多头交易信号。图中在关键 K 线上方标出了序号，以下是对这几个位置的简要说明。

（1）均线 MA5 向上穿越 MA10 形成金叉，产生多头开仓信号，开仓

10手，价格为3818点。

（2）收盘价接近但未向下突破止损线，未触发止损信号。

（3）收盘价接近但未向下突破止损线，未触发止损信号。

（4）价格向上突破自动扶梯止盈线并触发止盈信号，平仓当前持仓数量10手的一半，即止盈5手，价格为3843点，盈利25点。

（5）前一根K线收盘在吊灯止损线下方并触发离场信号，清仓5手，价格为3835点，盈利17点。

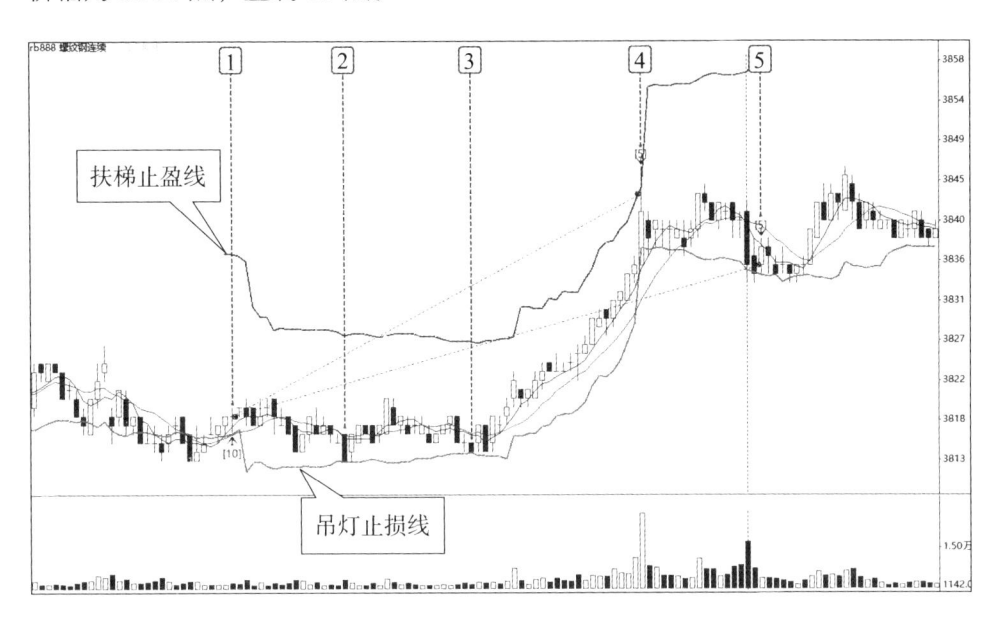

图11-2　螺纹钢连续（RB888）2024年2月7日1分钟线自动扶梯止盈信号图

这次多单进场之后，价格没有马上形成突破，而是进入横盘整理，在这期间有两次靠近止损线。位置2和位置3处，K线收盘价几乎正好压在止损线上，但没有低于止损线，因此未触发止损信号，得以继续跟踪趋势。位置5处，前一根K线的收盘价稍微跌破跟踪止损线，触发了止损信号。为了防止出现类似的噪音信号，可以在离场条件中加入一个缓冲距离，例如，当收盘价向下突破止损线的距离超过0.5才触发止损，即Close[1] < LongStopLossLine[1] − 0.5，这样可以过滤掉噪音信号，避免微幅跌破止

损线随即又回到止损线上方的情况。

位置 3 之后，价格开始拉升，吊灯止损线悬挂在 K 线下方，逐级向上移动，自动扶梯止盈线在 K 线上方不断向上滚动。这时手里的多单像坐上了扶梯一样，乘着上升趋势前行。直到位置 4 处，螺纹钢走出一根带长上影的长阳线，同时放出倍量，这是市场给出的一个让人难以拒绝的报价。当价格向上突破止盈线时，逢高减仓。交易者在市场中经常会听到逢高减仓这个术语，但只有在对相对高位和相对低位进行了严格定义的情况下，它才真正有意义。

均值回归是市场价格的一种特性，价格偏离均值之后，都有很高的概率向均值移动。这里的均值可以近似地看作平均价格或经过成交量加权之后的平均价格。在该策略中，我们是在近 20 周期最高价的基础上加上 3 倍 ATR 得到的止盈线，有经验的交易者应该能够看出来，这是一个偏高的止盈位置，因为它是高点之上的高点。

严苛的止盈条件会降低触发频率。如果将止盈线设置在更加偏离均值的位置，则需要市场具备更大的动能，才能驱动价格在冲顶时达到止盈目标位。这种止盈位不容易被触及，但一旦达到，就会收获一个好价格。需要注意的问题是，不能只想着收割极端行情，那种行情很难遇到，所以需要一个恰到好处的止盈位置，既要满足利润足够丰厚，又要满足偶尔能触及得到。

在这次交易中，采用分批离场策略的结果显然是有利的，因为止盈位置高出清仓位置 8 个点，这要比持仓 10 手直到位置 5 时一次清仓的方式多获得 40 点利润。

再换个角度来理解多获得的利润。通常来说，可以认为当盈亏比达到 3∶1 时，就有很大概率能实现稳定盈利，这是一个策略需要达标的一项绩效指标。1 分钟 K 线图中，螺纹钢在当前价位并处于平稳波动状态时的 ATR 数值集中在 2～3 之间，假设长期平均值为 2，那么由止盈多获得的 8 个点的利润就相当于 4 倍 ATR。这笔交易以 3818 点开仓，止损线最低值为 3812 点，止损距离为 6 个点，相当于 3 倍 ATR。要想使盈亏比达到 3∶1，这笔交易需要获得 9 倍 ATR 的利润，而在位置 5 处离场时获得 17 点利润（8.5 倍 ATR），基本达到盈利目标。在位置 4 处止盈的 5 手持仓，相当于多获得了 1 倍止损以上的利润（4 倍 ATR/3 倍 ATR），使得盈亏比超过了 4:1。

如果仔细观察进场之初的几根 K 线对应的止损线和止盈线，会发现有一个不太合理的地方，交易者不妨先思考一下是哪里以及为什么？在下一个案例中，将对该策略进行完善。

11.5 案例分析 3：空头止盈信号

来看一个空头市场的案例，如图 11-3 所示。图中显示的是螺纹钢连续合约 2024 年 3 月 14 日的 1 分钟 K 线图，自动扶梯止盈策略产生了一组空头交易信号。

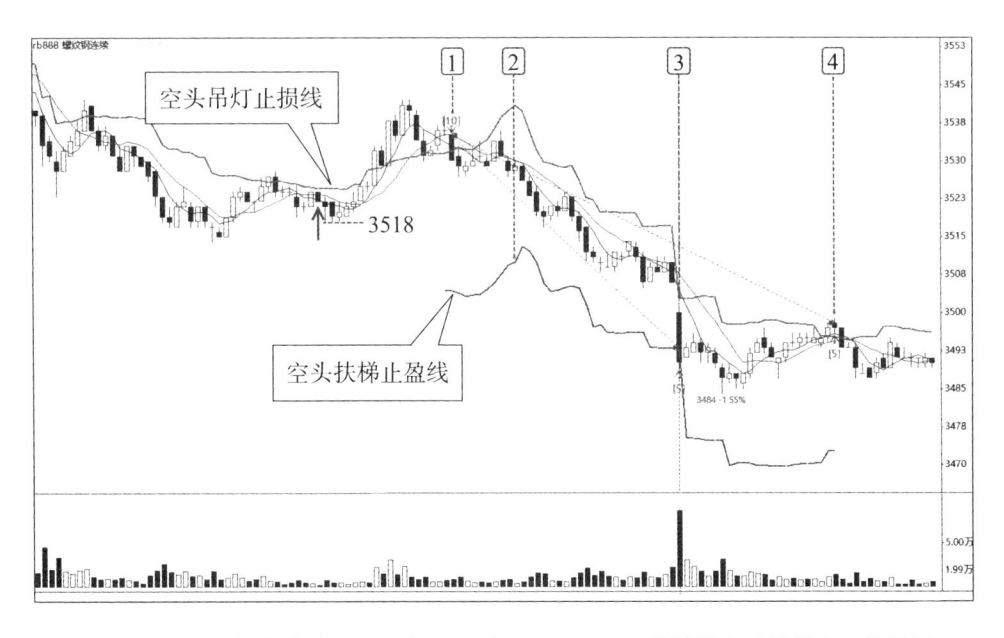

图 11-3 螺纹钢连续（RB888）2024 年 3 月 14 日 1 分钟线自动扶梯止盈信号图

空头自动扶梯止盈线位于 K 线下方，随着价格下降而不断向下"滚动"，空头吊灯止损线位于价格上方并随着价格向下移动。图中在关键 K 线上方标出了序号，以下是对这几个位置的简要说明。

（1）均线 MA5 向下穿越 MA10 形成死叉，产生空头开仓信号，开仓 10 手，价格为 3535 点。

（2）止损线与止盈线向上移动一段距离。

（3）价格向下突破空头自动扶梯止盈线并触发止盈信号，平仓当前持仓数量 10 手的一半，即止盈 5 手，价格为 3493 点，盈利 42 点。

（4）前一根 K 线收盘在空头吊灯止损线上方并触发离场信号，清仓 5 手，价格为 3498 点，盈利 37 点。

11.6　案例分析 4：利用持仓 K 线数量优化策略

在 11.4 节多头案例的结尾处提到，该策略的止损线和止盈线有一个不太合理的地方，这在 11.5 节空头案例中显得更为明显，不知道交易者是否看出来了？

在位置 1 进场之后，交易者可以观察一下止盈线和止损线的位置。止盈线在 K 线下方并远离 K 线的位置，而止损线却位于空单开仓价格之下。幸好随后几根 K 线没有收盘在止损线之上，否则这次能抓住一波空头行情的交易将被扼杀在初始阶段。

从位置 1 到位置 2，止损线从低于进场价的位置向上移动，这就是不合理的地方。止盈线虽然在 K 线下方较远的位置，但向上大幅移动同样不合理。导致这种情况的原因是什么呢？是因为两条指标线在计算中用到了最近 20 根 K 线的最低价（LowValue），而这次空单进场时该最低价在开仓价下方较远的位置，即使再加上 3 倍 ATR，得到的止损线仍然低于开仓价。图 11-3 中用向上箭头标出的 K 线，就是进场时最近 20 根 K 线中的首根 K 线，可以看到，最近 20 根 K 线的最低价在 3518 点持续了 4 根 K 线，然后该最低价开始上移，从而使得两条指标线开始向上移动。直到进场之后的第 10 根 K 线，两条指标线开始趋于正常,这是因为最近 20 根 K 线的最低价来到了进场之后的 K 线最低价。因此,对该策略的修改就是将 LowValue 的数值由 "近 20 根 K 线的低点" 替换成 "持仓以来的低点"。

了解指标构造原理,在此基础上才能更好地运用指标。通过以上分析,交易者应该能够更加深刻地认识到这句话的真正含义。止盈线、止损线的位置与一定周期内最低价的基准以及进场时的价格形态息息相关。

如何修改策略代码呢?只需将求最低值、最高值的周期参数分别替换成 Knum,前面已经在策略代码中声明并赋值过这个变量,它表示持仓 K 线数量。以下为修改前后的求最低值、最高值的语句。

```
//LowValue = Lowest(Low,LowLength);        // 一定周期内的最低价
LowValue = Lowest(Low,Knum);               // 持仓以来的最低价
//HighValue = Highest(High,HighLength);    // 一定周期内的最高价
HighValue = Highest(High,Knum);            // 持仓以来的最高价
```

完成修改之后,对策略代码进行一次编译,以使修改生效。修改后的指标线如图 11-4 所示。

可以看出,空头吊灯止损线与自动扶梯止盈线均呈阶梯状向下移动。将 "近 20 根 K 线的低点" 替换成 "持仓以来的低点" 之后,两条指标线从直观来看,都会显得更加 "舒服" 一些。再从数值上来看,位置 1 处的初始止损,开仓价格为 3535 点,当前的持仓最低价为 3530 点,ATR(20)为 4.70。根据计算公式,初始止损为 3530+3×4.70=3544.10 点,取整数为 3544 点,这与图表上止损线的输出值一致。止损线与开仓价之间有 9 个点的距离,稍微高出在技术上有意义的前一个波峰(3542 点)2 个点。从第 2 根持仓 K 线开始,一直到位置 2,止损线都一直在 3542 至 3541 点之间徘徊,这是一个合理的止损距离。位置 2 之后,价格进一步创出新低,止损线跟随价格向下移动。

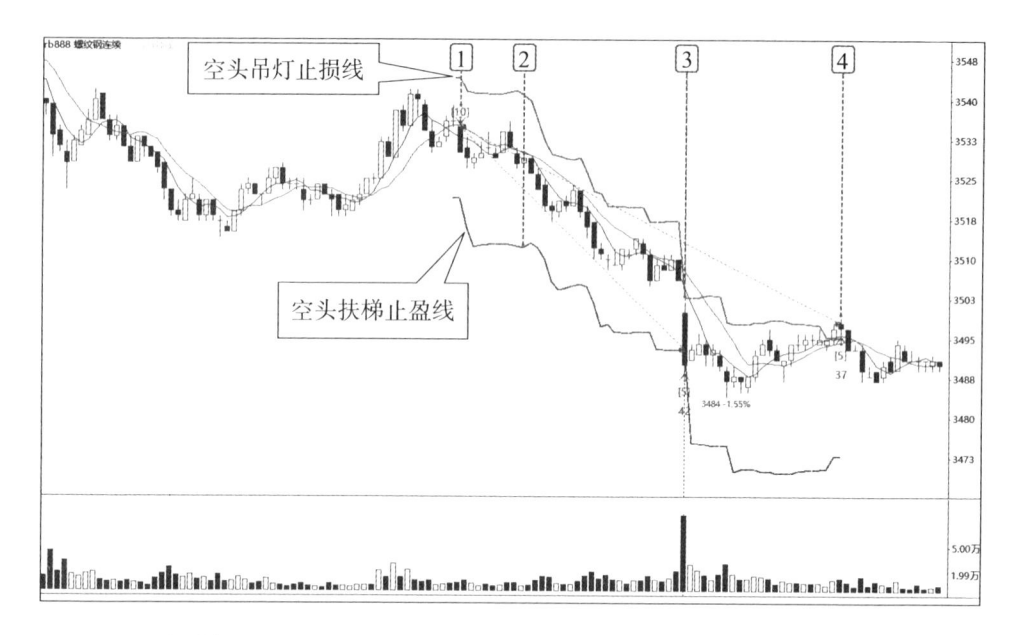

图 11-4 螺纹钢连续（RB888）2024 年 3 月 14 日 1 分钟线自动扶梯止盈信号优化图

再来看空头扶梯止盈线，注意计算止盈线用到的是前一根 K 线的最低值和 ATR（20）数值。根据计算公式，初始止盈为 3535-3×4.55=3521.35 点，取整数为 3521 点，这与图表上止损线的输出值一致。止盈通常发生在行情末端，随着时间的推移，最近 20 根 K 线的最低点会与持仓期间的低点达到一致，因此，与修改策略代码之前相比，止盈线只在开仓之初的几根 K 线有变化，而最终的止盈位置并没有发生变化。

从图 11-4 中可以看出，我们对该策略还做了两处小修改，止损线与止盈线均在持仓期间显示指标线，并且在平仓 K 线下方显示盈亏点数。在位置 3 处止盈，每手盈利 42 个点，盈亏比达到 4.7∶1；在位置 4 处清仓，每手盈利 37 个点，盈亏比达到 4.1∶1。这次做空交易获得了一个不错的盈亏比，而且分批止盈位置比最终清仓位置更低，分批止盈为这次交易增加了收益。由此也可以看出，一个策略可以随着磨合时间的增长变得愈加完善和便利。

图 11-2 的多头案例在策略修改之后的效果如图 11-5 所示，开仓初始阶

段的扶梯止盈线和吊灯止损线都变得更加合理了。

交易策略有太多值得深入探讨的细节，由于篇幅所限，只能在以后的讨论中再继续。交易者通过自己动手编辑、测试自动扶梯止盈策略，一定能加深对此类策略的理解。有时候交易者只需要一个契机来打开新世界的大门，看过以上有关交易策略的探讨之后，希望能让大家产生足够大的动力，来构建属于自己的行情"收割机"。

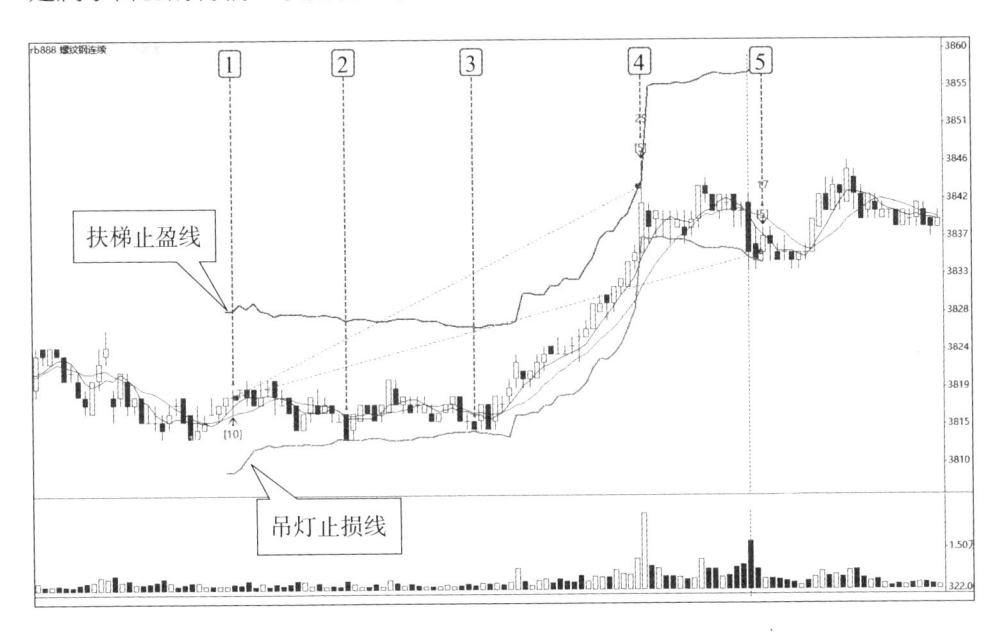

图 11-5　螺纹钢连续（RB888）2024 年 2 月 7 日 1 分钟线自动扶梯止盈信号图

本节以及前面几节讲到的止损策略、止盈策略，为交易者提供了一种很好的离场策略构建理念，交易者可以把它当作一个策略框架，然后不断加入并优化能够提升其整体性能的"零件"，最终将其打造成为一台带有个性风格且有优势、有效率的赚钱"机器"。

11.7 应用交易策略需注意的一些细节

随着对交易策略的研究不断深入，交易者会注意到越来越多的细节问题。俗话说，万事开头难。开了头就会发现，后面更难。不过，一旦建立起一套好用的策略，就能享受它带来的诸多好处。最大的好处就是彻底告别人工不智能的操作，即使手动操作也能保证交易的一致性。不干预既定策略，往往能取得更好的交易成绩。

对于一些细节问题，最要紧的地方在于，如果交易者不能明确它们，那么在复盘的时候，就会倾向于朝着对结果有利的方向来理解，而在后面的交易遇到同样的情况时，又可能采取另外一种处理方式。这会导致交易者既难以形成一套固定的策略，又难以评估它的绩效，成为影响交易成功的重要因素。

除了需要明确一些细节之外，有时还需要添加一些细节，以使策略更加完备，或者剔除一些细节，以使策略更加简洁高效。如果交易者想以此为契机进一步研究交易策略，不妨从以下几个方面来考虑。

（1）进场策略。双均线交易策略是一种简单、常用的范例策略，交易者可以按照自己的想法加入限定条件，来提高策略对行情的区分度，从而提高进场成功率。例如，引入更长周期的均线来判断趋势方向，限定开仓时的均线形态、K线与均线的相对位置、均线交叉的K线数量等。交易者尽可发挥自己的想象力和逻辑能力。除此之外，还可以利用其他指标来建立进场策略，将本节的止盈策略作为一个离场模块。

（2）自动扶梯止盈策略的每个要素都是可替换的。例如，在调整多头止盈线时，将"近20根K线的高点"替换成"持仓以来的高点"，那么替换成以最高价计算的EMA21均线行不行？当然可以！只要能找到一个在这种情况下合适的 ATR 倍数。

（3）自动扶梯止盈策略的每个参数都是可调整的。这里不仅包括公式代码参数声明部分的参数，例如，计算最高价的周期值、ATR 的倍数等，还包括计算公式中的数值，例如，持仓以来的高点，可以是用"High"计算的最高价，也可以是用"Close"计算的最高收盘价。

（4）可以根据自动扶梯止盈线和吊灯止损线的思路来构造其他跟踪止损线，只需要一条基准线以及一个反映波动率的指标。

（5）时、空、价、量都是关键因素，不必只盯着价格。

（6）开仓与平仓价格多数用到的是开盘价，这是一个比较容易成交到的价格。在测试交易策略时要考虑到滑价，止损时不要计较一两跳的价位，应以尽快离场为最高优先级。

（7）止损和止盈都要考虑价格波动性，这与交易品种和交易周期有关。

（8）进场、离场条件的组合可以看作是一个行情的筛子，用它来筛选出符合条件的 K 线。例如，自动扶梯止盈策略就是筛选出大幅偏离均值的 K 线，筛子的网眼大小要合理，网眼过小会导致选出的交易信号质量偏低，网眼过大会导致选出的交易信号变少。

（9）既然可以采用分批离场策略，那么也同样可以采用分批进场策略，在一波行情的前半段可以加仓，在一波行情的后半段应以减仓为主。好的仓位管理策略能使绩效大幅提升，这是进阶之路。

（10）尽量使策略保持相对客观，保持初始理念和风格，防止过度拟合。每种策略都有它的盲点，如果试图完全消除盲点，很可能同时失去它的优势。策略优化是一种妥协的艺术。

第 12 章
分批进场策略与加仓位置选择

我们很乐意花钱,但一定要找到合适的标的。希望风险能够足够小,而且回报能够很大,否则我们不会出手。

——沃伦·巴菲特(Warren E. Buffett)

重大的机会、属于我的机会,只有少数几个,关键要让自己做好准备。当少数几个机会到来的时候,把它们抓住了。

——查理·芒格(Charlie Munger)

第 12 章 分批进场策略与加仓位置选择

仓位管理是提高利润和控制风险的一种最直接的手段。以前讲过几种常用的加仓方式，例如正金字塔、倒金字塔、等比例和等金额。这里建议采用正金字塔式加仓，并且坚持只在盈利的仓位上加仓这条基本原则。以前讲 MACD 指标系统的时候，介绍过加仓方法，不少交易者经常问到一个类似的问题，应该在哪个位置加仓？本章以上证指数创出 5178 点的上涨行情来说明加仓位置的问题。交易者可以把下面讲到的几种加仓模式作为范例进行研究。这几个案例均以 ATR 棘轮止损策略的优化版本作为基础策略，配合了不同的加仓思路。

12.1 主要趋势起始位置进场

5178 点是交易者熟悉的一个历史顶点。图 12-1 加载了前面讲过的固定启动点的 ATR 棘轮止损策略，初始止损为进场 K 线低点减去 2 倍 ATR，加速

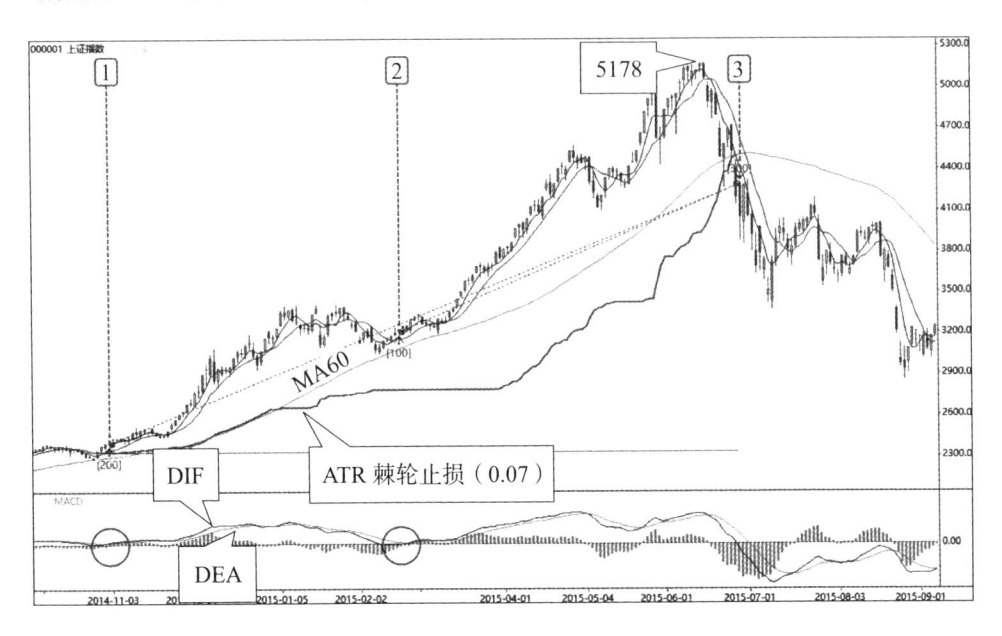

图 12-1 上证指数（000001）日线 ATR 棘轮止损

因子为 0.07。这里仍然做了进一步优化，能看出止损线与之前有什么不同吗？这里遵循一般的止损设置原则，让止损线只能向上移动，所以图中的 ATR 棘轮止损是不断提高的，没有任何回撤。

图中可以看到两个进场位置，分别是初始开仓位置 1 和加仓位置 2，初始开仓数量为 2 手，加仓数量为 1 手。注意这里用的是股市中的开仓数量，100 股为 1 手。这当然符合在盈利仓位上加仓的原则，并且采用了正金字塔式加仓，低位开仓数量大，随着价格升高，逐渐减少开仓数量。

为什么选择这两个位置进场呢？

熟悉这段行情的交易者应该能看出这两个进场位置的相似之处，它们属于同级别上涨浪的初始位置。从波浪理论来讲，就是某级别的第 3 浪和第 5 浪的初始位置（也有可能是第 3-5 浪和第 5 浪）。

如果不熟悉波浪理论也没关系，可以观察副图 MACD 指标两条指标线的位置。两个进场位置均符合同样的指标特征：经过一定调整之后，DIF 线与 DEA 线在 0 轴附近发生金叉，图中用两个圆圈标出了它们的位置。积累了足够的看盘经验之后，就可以达到一眼看出行情发展阶段的程度。

图中的两个进场位置分别对应第 3 浪和第 5 浪起点。假设在图表左侧未显示的区域还有第 1 浪，利用同样的逻辑，如果在第 1 浪的初始位置开始进场，那么就有了 3 个同级别上涨浪的初始位置（第 1、3、5 浪），可以分 3 次进场，比如按照 3:2:1 的仓位比例进场。这是一种很清晰的加仓思路，每次开仓都在一波主要趋势的起始位置，从客观上拉开了进场的时间和空间。

在离场时，仍然遵循之前的策略原则，当收盘价向下突破 ATR 棘轮止损时，以下一根 K 线的开盘价离场，最终在位置 3 清仓离场。这次交易成功地捕捉到了大波段，两次开仓位置处在行情的前半段，离场位置处在行情反转的初始阶段。离场之后，MA60 开始向下移动，DIF 线开始进入 0 轴下方的空头市场。

12.2 次级趋势起始位置进场

趋势级别是技术分析不可避免的一个概念，著名的道氏理论、波浪理论都讲到了趋势级别。道氏理论将三种由大到小的趋势形象地比作潮汐、波浪和涟漪，而波浪理论则将一段趋势细分成次一级别的波浪，并按照一定的数浪原则对每个级别的波浪进行标记。例如，一个第 3 浪有可能细分出 3-1 浪、3-2 浪、3-3 浪、3-4 浪和 3-5 浪，其中每一个波浪还可以分解成更低一级别的波浪。

加仓策略同样可以应用到各种趋势级别中，只要能做到"看山是山"，看 K 线是 K 线，任何周期都可以套用同样的交易逻辑。图 12-2 显示的仍然是 5178 点前后的行情，这次聚焦在第 5 浪，将同样的交易策略应用到次一级别的趋势当中。

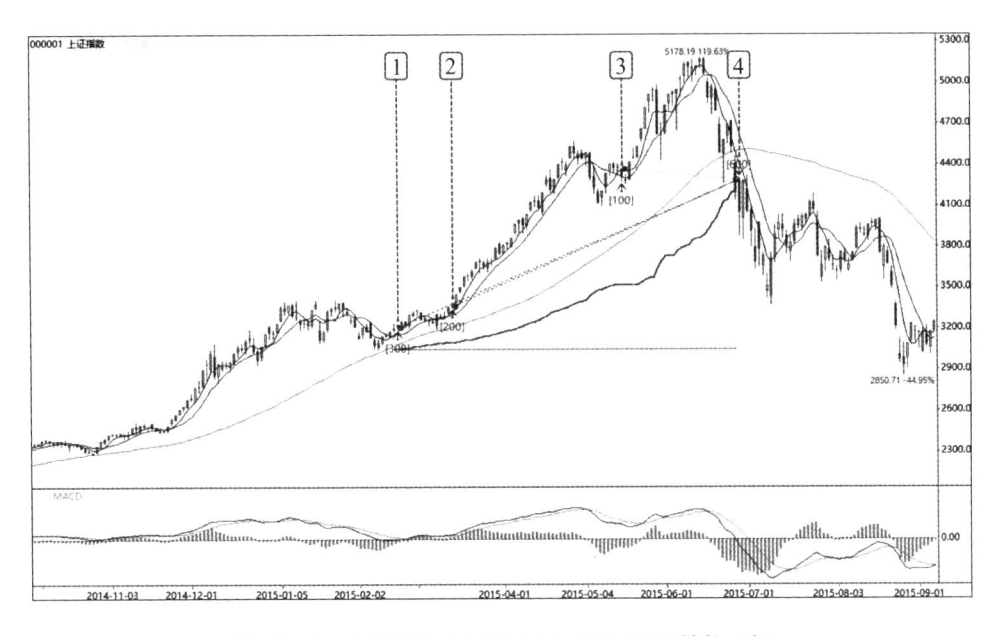

图 12-2　上证指数（000001）日线 ATR 棘轮止损

通常会将均线金叉作为上升趋势起点。图12-2中的3个进场点都有一个共同特征,是金叉区间的第2根K线,并且以开盘价格进场。熟悉波浪理论的交易者可以看出,这段顶部行情可以称得上是一个5浪上涨结构的范本,3个金叉对应3个进场点,分别对应5-1、5-3、5-5浪的起始位置,而2个死叉则分别对应调整浪5-2、5-4浪。

如果把图中的顶部行情放大来看,也就是在操作上缩小周期,那么5-3浪和5-5浪正好对应图12-1中的第3浪和第5浪,在起始位置的开仓数量都是200股和100股。在图12-1中没有显示第1浪,但如果有第1浪的话,我们会开仓300股,对应着本例中的位置1,也就是第5-1浪的起始位置。

可以看出,这笔交易的进场成本集中在这个上涨波段的初始阶段,初始开仓数量为300股(位置1),第一次加仓数量为200股(位置2)。随后价格走出了一波流畅的主升浪,在这期间积累了大量的利润。再次出现进场信号时,第二次加仓数量为100股(位置3),符合正金字塔式加仓原则,越往上,加仓数量越小。虽然最后一次加仓捕捉到了一波上涨行情,也就是第5-5浪,但按照整体操作节奏,在行情反转后离场(位置4),离场价位低于加仓价位,这次加仓最终以小亏离场。由于在相对低位已经有了丰厚的底仓,500股的大盈远超过100股的小亏,所以这次交易整体上获得了可观的利润,这就是正金字塔式加仓的好处。

为了看起来更直观,表12-1中列出了两个级别的趋势划分和开仓比例。注意,趋势的级别是相对的,但这种进场和仓位管理思路完全适用于所有趋势级别。在主要趋势的第3浪,同样有可能划分出次级趋势的3个上升浪3-1浪、3-3浪和3-5浪,仍然适用按照3:2:1的仓位比例进场。当然,如果采用更小的操作周期,例如60分钟、30分钟、15分钟、5分钟、1分钟图表,波浪还可以继续细分下去,这种进场模式同样适用。

表 12-1　同级别趋势仓位配比

主要趋势划分	1 浪	3 浪	5 浪
第 5 浪的次级趋势划分	5-1 浪	5-3 浪	5-5 浪
开仓数量	300	200	100
开仓比例	3	2	1

12.3　次级趋势起始位置进场并采用偏紧的跟踪止损策略

有人喜欢做中长线并采用宽松的止损，也有人喜欢做中短线并采用偏紧的止损。假设有一位交易者使用偏短线的策略，只在相对低位开仓两次，采用以进场 15 根 K 线为启动点的 ATR 棘轮止损策略优化版本（加速因子为 0.05），将得到如图 12-3 所示的交易信号。

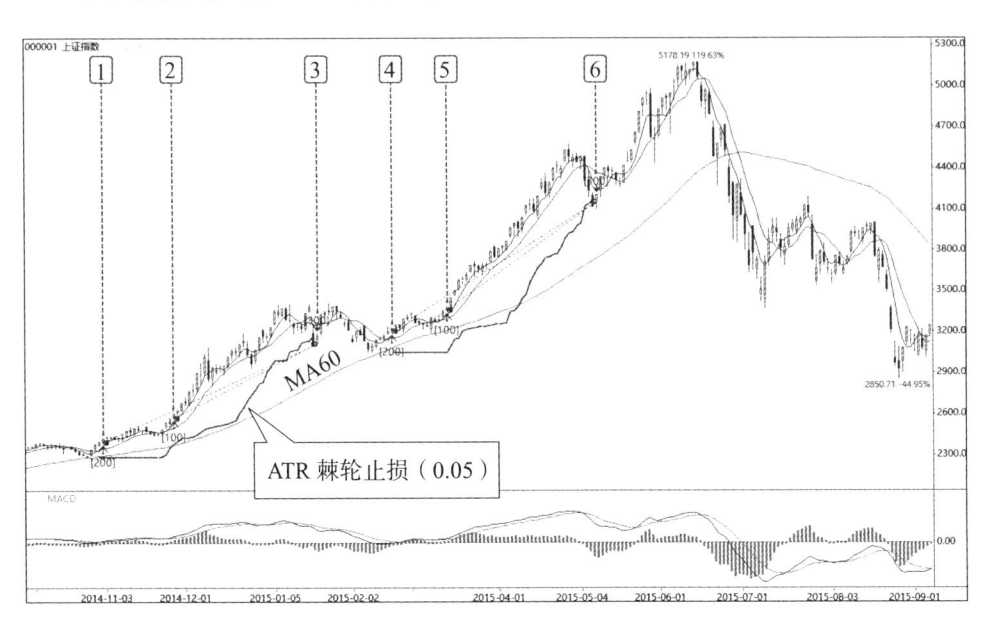

图 12-3　上证指数（000001）日线 ATR 棘轮止损策略优化版本

这位交易者面对同样的行情，给出了不一样的操作方式。图 12-3 显示的仍然是上证指数创出 5178 点的上涨行情。前面的案例中把这段上涨行情定义为某个级别的第 3 浪（或者第 3-5 浪）和第 5 浪。这次一共出现了两组做多信号，每组信号包括两个进场信号和一个离场信号。

虽然这位交易者采用了偏紧的跟踪止损策略，可以明显看出止损线与价格之间的距离更近了，但他的核心逻辑与前面两个案例是相似的。先看第二组交易信号，它与前面案例的区别在于少了一次在第 5-5 浪的开仓，并且在第 5-4 浪的时候已经退出这笔交易。中短线交易者如果能抓到最强势的一个上升浪，就是成功的操作，这通常是上涨幅度最大的某个级别的第 3 浪。有了前面的分析经验，应该很容易看出第二组交易信号的两个进场位置属于波浪理论中的哪一浪，它们是 5-1 浪和 5-3 浪。

第一组信号与第二组信号就像一个模子刻出来的一样，它的两个进场位置分别对应 3-1 浪和 3-3 浪的起始位置。两组信号首次开仓数量均为 200 股，加仓数量均为 100 股。在相对低位以 2:1 的比例分两次进场，这是短线交易者经常采用的一种方式。当然，以 1:1 的仓位比例进场也可以，这没有标准答案，但最好坚持在盈利仓位上加仓的原则。

不管是 3-1 浪和 3-3 浪，还是 5-1 浪和 5-3 浪，都是同级别上涨浪的初始位置。如果想让交易策略在一波行情中开仓 3 次，那么第 3 个进场信号有可能出现在 3-5 浪、5-5 浪（符合预期的情况下），也可能出现在更低一级别趋势的一个均线金叉位置。交易者要始终坚持一条原则，就是以一个或两个主升浪为操作目标。

从最终的交易结果来看，第一组信号抓住了 3-1 浪、3-3 浪和 3-5 浪，第二组信号抓住了 5-1 浪、5-3 浪，全部成功抓住了主升浪。第二组信号在 5-4 浪末端离场，错过了 5-5 浪，实战中可以对策略进行适当优化，让它尽量接近完美，也可以坚持"吃鱼吃鱼身，把头尾留给别人"的原则。有所欠缺的交易策略并不总是坏的，它同时也降低了暴露风险的机会。当策略达到较优的平衡状态之后，合理优化与过度拟合之间的界限会开始变得难以把握。

12.4　主要趋势与次级趋势起始位置进场

如果采用中长线策略，进场信号跨级别了，该如何操作呢？

以上三个案例中出现的进场信号，均属于同级别的进场位置。当采用宽松的跟踪止损，同时又在一波主要趋势的低位首次进场时，策略可能既出现主要趋势进场信号，又出现次级趋势进场信号，如图 12-4 所示。面对如此富裕的优质进场信号，这里给出了一种仓位配比策略。

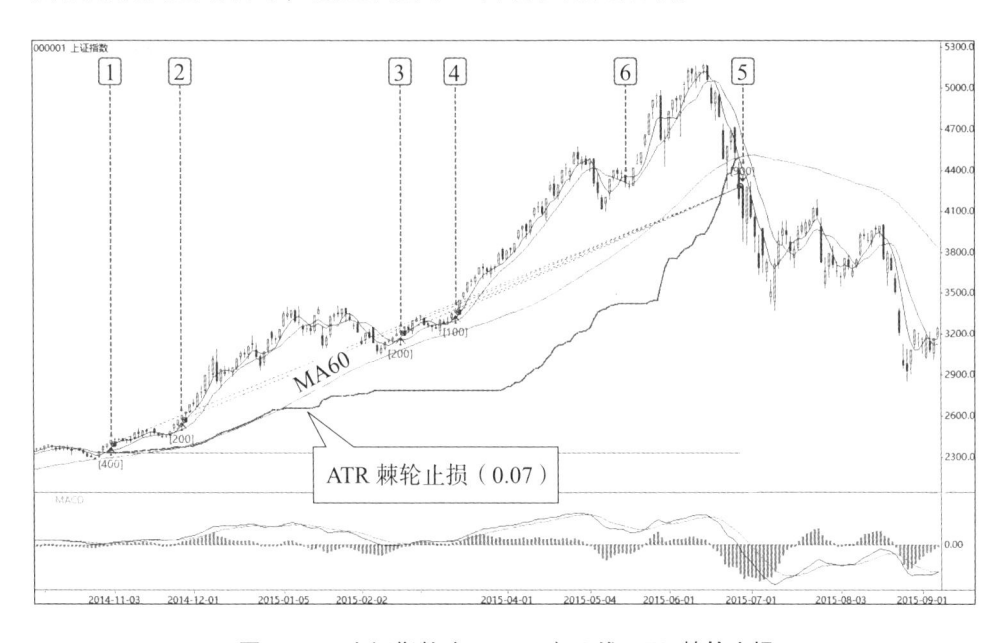

图 12-4　上证指数（000001）日线 ATR 棘轮止损

这次宽松的止损策略使得上一个案例中的两笔波段交易合并成了一笔波段交易，趋势中途没有出现离场信号，直到趋势反转才出现离场信号。图中采用的是固定启动点的 ATR 棘轮止损策略，加速因子为 0.07，止损线只能向上移动，与图 12-1 案例的策略相同。

仓位管理原则始终是在盈利的仓位上加仓，采用正金字塔式加仓，从相对低位到相对高位的开仓数量逐渐减少。图中标出的 4 根进场 K 线分别对应 4 个上涨浪的起点，交易者应该已经记住了它们的浪级：3-1 浪、3-3 浪、5-1 浪和 5-3 浪，开仓数量分别为：400、200、200 和 100 股。为了看起来更直观，这里把这些数据总结到一张表格上，如表 12-2 所示。

表 12-2　跨级别趋势仓位配比

浪级	开仓数量	浪级	开仓数量
3-1 浪	400	5-1 浪	200
3-3 浪	200	5-3 浪	100
3 浪	600	5 浪	300

第 3 浪的两个次级趋势 3-1 浪和 3-3 浪的仓位比例是 2:1（400:200）；第 5 浪的两个次级趋势 5-1 浪和 5-3 浪的仓位比例是 2:1（200:100）；将次级趋势的仓位加起来，得到两个主要趋势第 3 浪和第 5 浪的仓位比例仍然是 2:1（600:300）。三个仓位比例都是 2:1。参照这种思路，可以发挥自己的想象力，按照一定的比例关系，在每个趋势级别的同等位置分 2~3 次进场。

有的交易者会注意到，位置 6 也满足进场条件，而且与其他进场位置相似，同属于次级趋势起点，但没有出现进场信号。5-5 浪处于接近顶部的相对高位，这不是一个一定要出手的位置。在实际操作中，遇到这种相对较高的进场位置时，可以选择不做或轻仓。另外，缠论中的"三买"也会出现在相对高位。同样，如果判断出当前市场处于上升趋势末端，则可以选择不做。在风险高的区间，宁可错过，也不做错，这句话一定不会错。

12.5 主要趋势与次级趋势起始位置进场并以新进价格为跟踪止损基准

加仓时的新进价格如果距离跟踪止损价格过远,会导致承担过多风险,尤其是新进仓位比例较大的时候。这时可以将每次加仓视为一次新的开仓,止损线重置为以新进价格为基准的止损价格。这样一来,每次加仓的风险都可以得到更好的控制。

可以看出,图 12-5 中的棘轮止损线在 3 个加仓 K 线(位置 2~4)都有明显提升。虽然加仓的数量逐渐减少,但如果加仓之后就发生回调并触发止损,而止损线又距离较远,无疑会失去很多利润,甚至产生亏损。回顾图 12-4 中的位置 6,试想一下,如果在那里加仓 200 股,而加仓 K 线就是随后行情的最高 K 线,直到最终触发离场信号,那么很可能吞噬掉从位置 3 开始

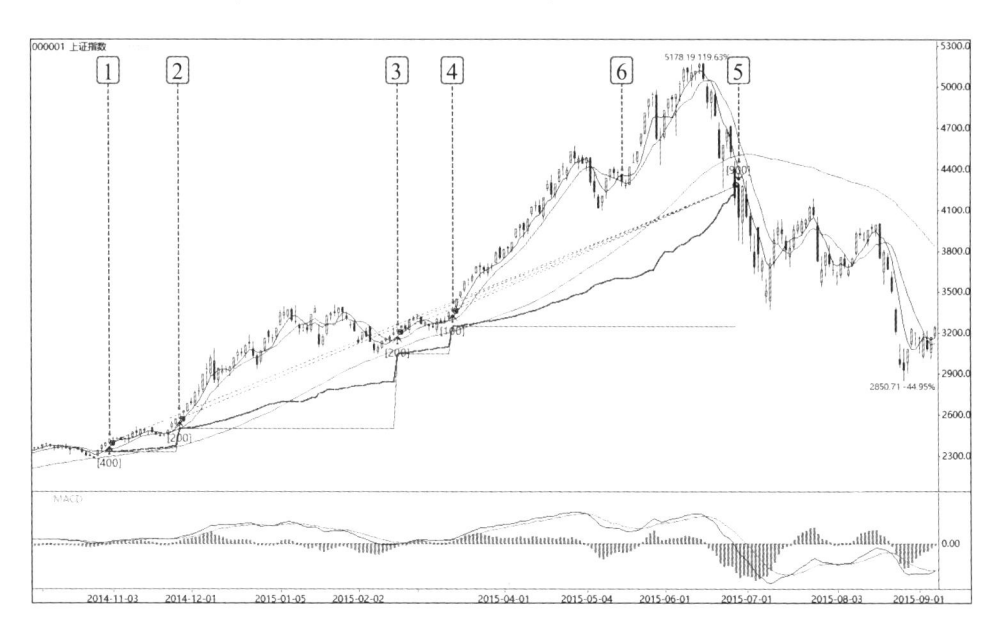

图 12-5 上证指数(000001)日线 ATR 棘轮止损以加仓价格重置止损

加仓所产生的利润。如果在位置 6 以新进价格为基准重新生成跟踪止损,见图 12-6,那么即使遇到立即回调的情况,也能保住大部分利润。

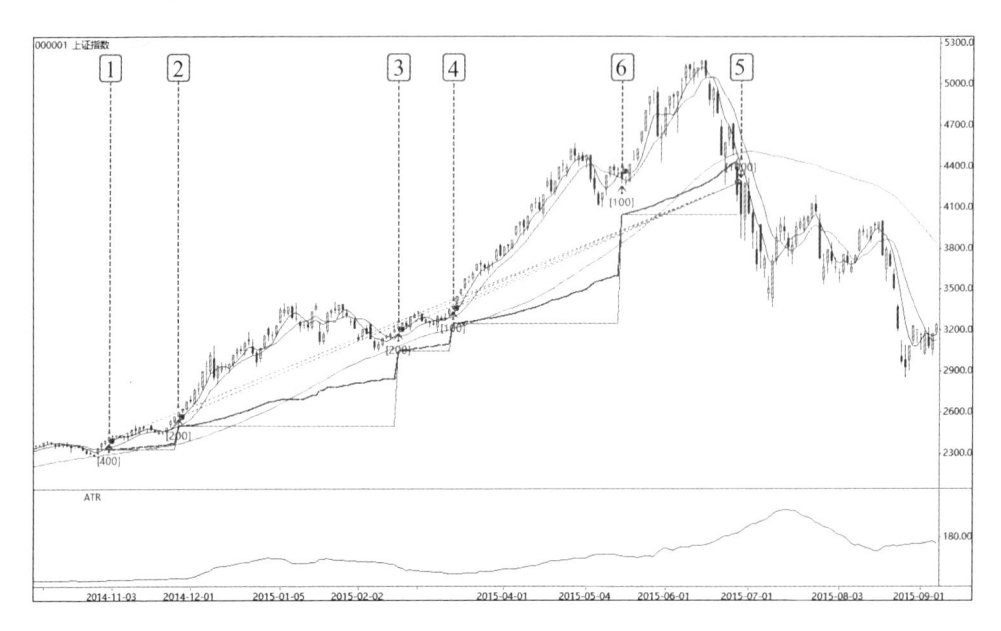

图 12-6 上证指数(000001)日线 ATR 棘轮止损

熟悉 TB 软件的交易者,可以将之前讲过的几个优化版本的 ATR 棘轮止损放到同一个策略里,利用参数来控制采用哪个版本的策略,验证它们在不同行情上的表现,最终选择一套适合自己的策略。这种思路也可以运用到选择进场或离场条件上面,除了通过绩效指标来判断不同限定条件的优劣,还可以通过直观的图形来对比它们所产生的效果。

有的交易者也许会想到,在进场时可以采用分批进场,离场时是否也可以采用分批离场呢?当然可以。通常选择右侧离场方式,在利润达到预期目标之后,也可以采用左侧离场方式,也就是说,在冲顶时先行兑现一部分利润。离场的批次最好和进场一样,控制在 2~3 次左右。对于分批离场的问题,这里不再展开讨论,只为交易者提供一种启发性的思路。

12.6 第 5-5 浪值得进场参与吗

图 12-4 和图 12-5 中都标出了位置 6，也就是第 5-5 浪起点的位置，但都没有动手。无论是上升趋势末端还是下降趋势末端，往往都伴随着剧烈波动，ATR 指标值达到相对高位，说明多空分歧加大，市场合力即将消散，这时的市场风险更高。

仓位管理是控制风险的一种最直接手段，不同的行情阶段可以分配不同权重的仓位。如果交易者认为一个位置风险过高，那么可以把这个位置的仓位直接降到最低，甚至是 0，也就是不参与。通过以加仓价格设置初始止损，可以把风险控制在可以接受的范围之内，再使用较小的仓位，则可以进一步降低风险。图 12-6 显示了在位置 6 加仓 100 股的情况。

可以看出，在位置 1 首次开仓 400 股之后，ATR 棘轮止损有了第一个初始止损。从位置 2 到位置 4，每一次加仓时都根据新的开仓价格设置初始止损。位置 6 也是如此，棘轮止损大幅向上移动，这是因为再一次设置了初始止损，止损价格为当前 K 线的最低价减去 2 倍 ATR。即使遇到失败的 5-5 浪，也不会使这笔交易产生过大的亏损。

位置 6 加仓之后，价格再次创出新高，形成一波上涨。在触发止损前，棘轮止损线移动到了最后一次加仓价格之上。与图 12-5 相比，虽然止损线向上提高了一根长 K 线的幅度，但最终的离场 K 线和价位没有变化。这次加仓带来了小幅亏损。

在图中的行情和参数下，位置 6 的加仓没有带来收益。如果该策略的加速因子更小，或者形成头部的时间更长，将会是另外一种结果，这种情况下由位置 6 进场产生的新止损线，相比原有止损线将更靠近价格（两条止损线的差距会加大），将会保护更多头部利润。这是由新的止损线设置方法和更高的加仓位置带来的一个潜在优势。

第 13 章
市场顶底实战研判

不论何时，只要耐心等待市场到达我所说的"关键点"之后才动手，我的交易总能获利。

——杰西·利弗莫尔（Jesse Livermore）

只有当潮水退去，你才知道谁在裸泳。

——沃伦·巴菲特（Warren E. Buffett）

13.1　成功预测 2021 年市场顶部

良好的盘感和敏锐的洞察力，能帮助交易者发现市场反转迹象。好的交易者就像有经验的猎手一样，经常能够通过猎物留下的踪迹准确地判断出它的各种信息。技术分析者对图形拥有很好的识别能力，经常被称为形态猎手。好的形态猎手当然要具备一定的盘面嗅觉，一旦捕捉到了好的进场信号并顺利乘上趋势，应该选择在合适的时机收网，兑现利润，不要让猎物逃脱。然而，乘上了趋势却总是过早或过晚地离场，这是困扰很多新手交易者的一个问题。

本节将和交易者一起复盘股票市场最近的一次牛市行情，重点讨论在上升趋势末端对离场位置的选择问题。毋庸置疑，一个好的离场点不仅有助于保护浮动盈利，避免收益缩水，还能为交易者赢得休整时间，为下次出手做好准备。

说到牛市，很容易让人联想到牛市旗手、市场普涨、板块轮动、连创新高、万亿成交……这些令人欢欣鼓舞的词语。如果每天收盘后，市场还在为当天的涨跌找理由，那一定不是牛市，牛市的理由只有一个——资金流入！

这次讨论的牛市从 2019 年初开始，一直持续到 2021 年初，有的板块甚至持续到了 2022 年初，这是一轮长达 2 年以上的牛市，在 A 股已经算是长牛行情。通常，每 10 年能遇到 2 次持续 1~3 年的牛市，如果能把握好这两次机会，有可能使年均收益率达到 30%~40%，也就是说，每轮牛市都有使本金翻两倍的机会。注意，这里说的是大概率和可能性，不是要押中极少数强势个股才有机会达到的收益水平，因为牛市呈现普涨格局，即使购买基金，也能获得不错的收益。

当然，交易者也要知道，如果在顶部没能及时离场，那么利润很容易在回撤中流失。如果没有合理的仓位管理策略，在高位补仓，甚至可能在回撤时面临亏损。所以，在牛市中获利看似轻松，但要想持仓到趋势尽头并保住利润，实际上并不是一件容易做到的事情。对于多数人来说，至少需要一个完整的牛市和熊市循环来积累操作经验，然后逐渐形成一个交易策略，才能在以后的牛市中用经验换钱。值得一提的是，良好的资金管理能让交易者向市场少付一些学费，并且在后续的操作中从市场多赚一些收益。

13.1.1 本轮长期上升趋势

下面分析从 2019 年开始的这轮牛市行情，如图 13-1 所示。

图 13-1 深证成指（399001）周线图

由于这轮牛市持续的时间较长，为了看清行情全貌，这里使用了深证成指的周线图。图中标出了上升趋势的起点和终点，从 2019 年 1 月 4 日的最低点 7011 点，到 2021 年 2 月 19 日的最高点 16293 点，一共持续了 110 根周 K 线，时间长达两年之久，区间最大涨幅达 120.48%。当指数翻倍时，个股由于放大效应，通常会有更大的涨幅，后面会讨论到个股。

依据价格走势的形态和比例，再配合成交量来判断，图中标出了一种符合波浪理论的浪形。第 1 浪突破 MA60，第 2 浪回测 MA60，第 3 浪走出明显的延长浪，先后放量突破第 1 浪顶点和前期高点，第 4 浪高位调整，第 5 浪创出阶段新高，在高位发生了量价背离和 MACD 指标背离，预示趋势可能发生反转。

13.1.2 市场顶部形态和三个离场点

本小节重点关注进入第 5 浪末端以及随后的价格走势，为了看清楚细节，下面进入更短周期的 K 线图，一起来看顶部的日线图，如图 13-2 所示。

图 13-2 深证成指（399001）2021 年顶部日线图

在第 5 浪末端，发现了一个不经常见到的价格形态——扩散三角形，这是一种顶部反转形态。通过长 K 线和长影线，可以看出当时的市场情绪有多么激烈，在上升趋势末端，市场弥漫着追涨杀跌的投机氛围。该形态可以看作头肩顶的一种变形，左肩、头部、右肩依次抬高，并处在一条向右上方倾斜的直线上，连接回落低点，可以画出一条向右下方倾斜的颈线。当价格跌破颈线时，可以确认形成反转。

再来看扩散三角形的右上角，位于右肩顶点的长阴线（2021年2月18日，第一个向下箭头标出的K线），与前一根K线组成了乌云盖顶形态，这时MACD指标形成了顶背离，表明反转的可能性在增加。交易者可以打开自己的行情软件，显示出深证成指并放大观察这根K线前后的盘面，应该会发现一些见顶迹象。首先，前面创新高的阳线明显缩量，而2月18日的长阴线明显放量。当天大幅跳空高开，收盘价回落到前面阳线的半分位以下，两根K线组合在一起是一个看跌形态——乌云盖顶形态。然后，2月19日走出了一根低开并带有长下影的阳线，收盘在前面长阴线的收盘价附近，这是回补行情。下一根K线，2月22日收出一根光头光脚的长阴线，伴有巨量放出，价格跌破MA10，MACD指标确认形成顶背离，这是进一步看空信号。

价格跌破扩散三角形的下沿——颈线时，MA60开始转为向下移动，随后该指数走出一波反弹，可以沿着若干个波谷低点画出一条上升趋势线。这波反弹的最高点发生在2021年7月22日（第二个向下箭头标出的K线）。注意后面的三根阴线（23日、26日、27日），有"断头铡刀"的意味，截断了上涨的气势。"断头铡刀"跌破了上升趋势线，同时跌破了MA60。随后，该指数反弹回测上升趋势线，直到2021年8月13日，一根阴线同时向下穿越MA5、MA10和MA60三条均线，并且收盘在MA60下方，这是顶部右侧第一离场点。

该指数在MA60之下形成三个波谷，但仍未脱离"断头铡刀"的控制区间。虽然判断牛市接近尾声，但板块轮动还没有结束，个别板块仍在上涨，所以大盘指数仍在高位振荡。随后，该指数又走出一波反弹，可以再次画出一条上升趋势线。仔细观察两次反弹的图形会发现，第二次反弹好像是历史在重演，只是相比第一次反弹的规模变小了一些。第二波反弹止步于前高之下，几乎达到相同高度，然后又是两根长阴线截断这波反弹，同时跌破上升趋势线和 MA60。当价格回测上升趋势线时，交易者不禁会产生这样一种想法，这次会不会在回测不过阻力线之后，出现另一个离场点呢？果然，2022 年 1 月 5 日又出现了"一阴穿三线"形态，一根长实体阴线同时跌破 MA5、MA10 和 MA60 三条均线，而且成交量明显放大，这是顶部右侧第二离场点。

从此，市场开始快速回落。在后面相当长的时间里，第二离场点都是最高 K 线，直到现在仍然如此。值得一提的是，"断头铡刀"的控制区间直到 2022 年 1 月 21 日终于被跌破，这三根长阴线的幅度足足用了 120 根 K 线才最终突破。

图 13-2 中一共用 4 个向下箭头标出了 4 个波峰的顶点 K 线，分别对应着一些板块轮动见顶的时间。例如，2021 年 2 月 18 日，运输指数、白酒、食品饮料和医药生物见顶；2021 年 9 月 13 日，有色金属、金融指数见顶；2021 年 12 月 13 日，制造指数、300 工业指数见顶。除此之外，更早前的 2020 年 7 月 14 日，也就是深证成指走出第 3-3 浪顶点时，文化指数、IT 指数见顶，它们在这轮牛市中的表现较弱。

总结一下三个离场点的时间和形态特征。

（1）顶部离场点。2021 年 2 月 18 日，扩散三角形的第 5 浪末端，乌云盖顶看跌形态，MACD 指标顶背离。

（2）顶部右侧第一离场点。2021 年 8 月 13 日，价格对阻力线（原上升趋势线）回测不过，再次跌破 MA60，MA5 与 MA10 死叉，MACD 指标在 0 轴下首次死叉。

（3）顶部右侧第二离场点。2022 年 1 月 5 日，价格对阻力线（原上升趋势线）回测不过，再次跌破 MA60，MA5 与 MA10 死叉，MACD 指标的 DIF 线在 0 轴下对 DEA 线回测不过。

13.1.3 强于大盘的个股表现

前面已经提到，由于一些板块在创新高，所以大盘在见顶之后仍在高位振荡，振荡时间长达一年之久。

下面来看一个在此期间表现强于大盘的典型个股，如图13-3所示。

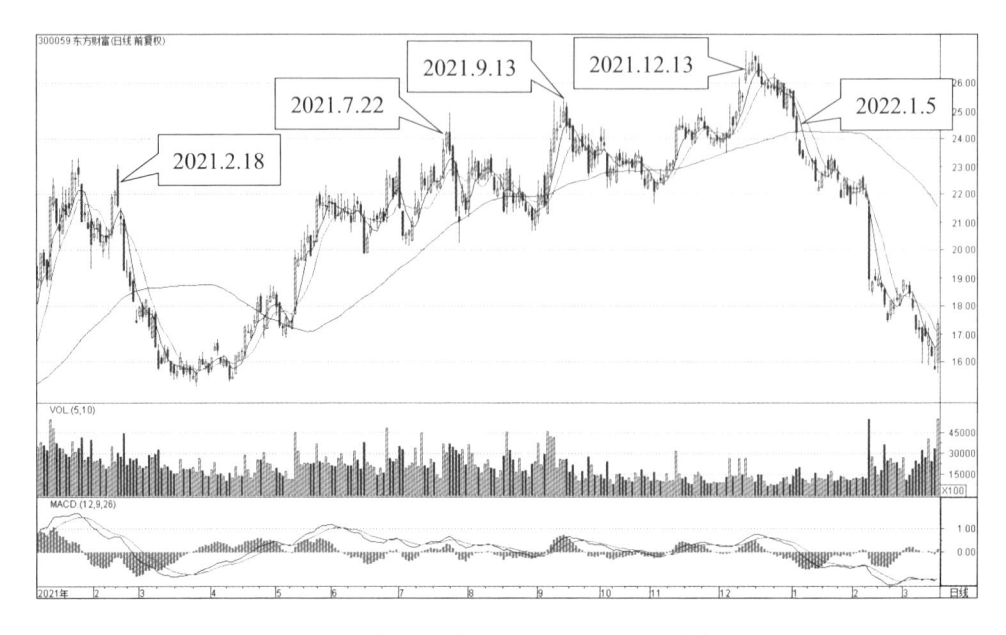

图13-3　东方财富（300059）日K线走势图

图13-3是东方财富从2021年2月到2022年3月的日线图。该股从2019年1月4日到2021年2月18日的最大涨幅为393.93%，同期深证成指的涨幅为122.41%。2021年大盘高位振荡期间，该股又有3次创出新高，每个波峰均对应大盘同期未创新高的一个波峰。这就是强势个股的上涨逻辑，利用大盘上涨时间窗口拉升，拉升的幅度大于大盘涨幅，有的极强势个股甚至会走出类似于主升浪的行情。

2022年1月5日，对应大盘的右侧第二离场点，将这只个股与大盘对比来看，就不难理解为什么说这个位置是一个好的离场点了。因为在这之前，虽然大盘没有继续创出新高，但强势个股还在利用一切机会上涨，属于它们的牛市还没有结束。直到2022年1月5日，正是股神巴菲特所说的"在别人贪婪时我恐惧"的位置，整个市场大部分板块的上涨轮动已经结束，开始统一步调进入下降趋势。右侧第二离场点之后，该股最大回撤超过35%。

13.1.4 与大盘同步的个股表现

再来看一个完全跟随深证成指同步上涨的案例,如图 13-4 所示。

图 13-4　北新建材(000786)周 K 线走势图

图 13-4 是北新建材从 2018 年 9 月到 2022 年 1 月的周 K 线图。可以看出,该股与深证成指的见底和见顶时间完全一致,最低 K 线发生在 2019 年 1 月 5 日,最高 K 线发生在 2021 年 2 月 19 日。在上升趋势中,该股的涨跌节奏与大盘基本保持同步,区别在于该股放大了上涨幅度,深证成指的涨幅超过 120%,而该股上涨超过了 400%。见顶之后,该股并没有像大盘那样在高位长时间振荡,而是逐波回落,在 2021 年最大回撤超过 50%。在顶部右侧,该股相对于大盘来说更加弱势。但也要注意到,该股前期有更大幅度的上涨,很难将股价维持在如此高的位置。

一些在当时恰逢有炒作题材的板块,在大盘高位振荡期间继续创出新高。还有一些后发制人的股票,在大盘表现强势时没有拉升,却在大盘涨不动时开始发力上攻。而多数股票与大盘保持同步,在顶部离场点之后就先行开始了下跌过程,它们没有利用大盘不跌的时间窗口上涨,而是支撑不住已经大幅上涨的股价，开始派发筹码。

这是个股与指数的区别所在，指数代表"鱼群"的整体动向，而个股是单个"鱼"的动向，它有时游在鱼群前列，有时落在鱼群后面（换种思路，也可以把活跃个股当作市场先行指标，它在两个趋势方向都有领先表现）。从大盘指数到行业指数，再到行业中的个股，它们保持着一种散乱中的秩序，在趋势明显时，它们的趋向更加统一，而在趋势末端，它们的方向开始分化。

在这轮牛市期间，值得一提的是白酒板块，泸州老窖（000568）是股票池里表现最好的个股之一，在此期间上涨1000%。同期间的贵州茅台（600519）上涨450%。贵州茅台在2020年6月登顶A股市值榜首，并在此后一直保持着榜首位置，直到2024年6月，工商银行才重新夺回A股"市值老大"的地位。

13.1.5　大盘关键点位分析

像上证指数的3000点和深证成指的10000点这种整数点位，都是重要的技术关口和心理关口。市场有心理共振现象，关键点位和当前价格有时像磁铁的正负极一样具有相吸或相斥作用。当市场参与者的心中都有一个共同目标价位的时候，市场倾向于自我实现这一预期。不过，一旦目标价位得以实现，就像利好或利空消息得到兑现一样，价格会迅速发生反转。

图13-5中深证成指的7000点和16000点就是两个重要整数关口。在低位7000点附近，价格形成了两个波谷，位于波谷低点的K线都有较长的下影线，始终没能形成向下突破，该点位表现出了对价格的支撑作用。指数与下方的关键点位就像两块磁铁的正极遇到一起，一旦靠近就会产生较强的排斥作用。其背后的原因可能是有大资金在低位收集筹码，一旦靠近7000点，他们就认为价格足够低，便开始低价扫货，从而使得这个点位产生了支撑作用。指数在7000点上方附近形成底背离之后开始放量上涨，最终形成一轮牛市的底部。

图 13-5　深证成指（399001）周线图关键点位

再看高位的 16000 点，当市场连续成功突破 14000 点和 15000 点之后，下一个整数关口似乎成了市场的共同目标。这是前面讨论过的扩散三角形发生的位置，价格产生了三个波峰，向 16000 点发起三次进攻，一次比一次更加接近目标，最终在第三次上攻时成功突破了这一整数关口。"一鼓作气，再而衰，三而竭"，而这正是"三而竭"的位置。市场似乎竭尽全力以向上跳空的方式突破这个整数关口，达到目标之后迅速发生转向，最终形成了一轮牛市的顶部。

市场前期的主要高点或低点也经常成为阻力位或支撑位。市场创出 7011 点低点的那波下降趋势，其起始高点为 11714 点，这个点位成了后面上升趋势的一个阻力位。从图 13-5 中可以看到，3-3 浪的顶点为 11869 点，这波上涨恰巧止步于这个阻力位，经过 3-4 浪调整之后，才最终在 3-5 浪成功突破这个阻力位。另外一个阻力位是顶部右侧的两波反弹，第一波反弹的顶点为 15290 点，第二波反弹距前高仅有 2 个点的差距，止步于 15288 点。涨不上去就下跌，没能突破该阻力位后，该指数开始回落。15290 点和 15288 点这两个顶点间隔 22 根周 K 线，而前两个顶点 11714 点和 11869 点相隔 117 根周 K 线（两年多的时间），由此可见，市场对关键点位有着很好的记忆力。

看到图 13-5 中以 15290 点和 15288 点为顶点的两波反弹，大家会不会有一点似曾相识的感觉？我们曾经讨论过类似的顶部右侧图形，它与 2008 年顶部之后的 B 浪反弹非常相似，注意是上证指数日线图中的图形。由于篇幅所限，这里不再赘述，有兴趣的交易者可以自行将两者进行比较。

周线图上用两个箭头标出了与日线图（图 13-2）相对应的右侧第一离场点和第二离场点，两根 K 线均处在 MA5 与 MA10 即将形成死叉的位置。在周线图上，第二离场点所在 K 线仍然形成了"一阴穿三线"形态，这是一个看空形态。不仅如此，这根 K 线所在的时间窗口还表现出了更多看空迹象，价格跌破 MA60，MA5 与 MA10 即将形成死叉，MACD 指标出现绿柱线，市场反转的概率在不断增加。大家要知道，周线图上的交易信号比日线图上的更加可靠。

2022 年 1 月，当时市场还沉浸在一片多头氛围中，在讨论基金行情时曾经提到，很多板块出现了见顶迹象，这轮牛市很可能已经结束。随后，深证成指长时间运行在 MA60 之下，最大回撤达到 30%，后续行情印证了当时的判断。

13.1.6　利用变盘窗口操作 ETF 基金

如果交易者不是很擅长选股，那么 ETF 基金是一个不错的选择，不仅可以选择以 A 股指数为标的的 ETF 基金，还可以在适当的时候选择以纳指、标普指数为标的的 ETF 基金。ETF 是一种指数型基金，主要采用完全复制法跟踪标的指数的表现，具有与标的指数以及标的指数所代表的股票市场相似的风险收益特征。经验丰富的交易者一般已经建立起了自己的股票池，经常能成功押注强势个股，获得超额收益。而有的交易者认为选股和盯盘太消耗时间，这时就可以换一种方式来参与市场交易，操作 ETF 基金不仅更加省时省力，还可能获得超过市场平均水平的收益。

下面以一只跟踪深证100指数（399330）的ETF基金——深证100ETF（159901）为例，来说明在指数出现交易信号时对ETF的操作。交易者在股票软件中输入"SZ100"，可以选择查看深证100指数、深证100成份股，以及多种以该指数为标的的基金。经常盯盘的交易者还可以从深证100成份股中挑选股票加入自己的股票池，它们是相对优质的股票。

图13-6是深证100ETF从2017年11月到2022年5月的周线图。图13-7是该基金从2020年12月到2022年2月的日线图。现在看到这两幅图的形态，交易者一定不会感到陌生，它们分别与图13-1和图13-2中的深证成指几乎完全同步。交易者可以通过周线图看到该ETF的整体形态，它的见底、见顶时间，还有波浪形态，与深证成指高度一致。由于它选择了深圳市场中的100只优质股组成一篮子股票，所以它的表现更好，最大涨幅达到174.85%，超过了深证成指的120.48%。交易者还可以在日线图中看到顶部细节，这里采用了与指数相同的分析方法，标出了相应三个离场点的时间和收盘价。

图13-6　深证100ETF（159901）周线图

图 13-7　深证 100ETF（159901）日线图

深证 100ETF 与指数相对应的三个离场点时间、价格和形态特征如下。

（1）顶部离场点。2021 年 2 月 18 日，收盘价为 4.425，扩散三角形的第 5 浪末端，看跌吞没形态（这是比指数上的乌云盖顶形态更加看空的一种形态），MACD 指标顶背离。

（2）顶部右侧第一离场点。2021 年 8 月 13 日，收盘价为 3.906，价格对阻力线、MA60 回测不过，再次跌破 MA60，MA5 与 MA10 死叉，MACD 指标在 0 轴下首次死叉。

（3）顶部右侧第二离场点。2022 年 1 月 5 日，收盘价为 3.823，价格对阻力线、MA60 回测不过，再次跌破 MA60，MA5 与 MA10 死叉，MACD 指标的 DIF 线在 0 轴下对 DEA 线回测不过。

以 2019 年 1 月 4 日的开盘价为起点来计算三个离场点对应的区间涨幅，分别为 2.806（173.32%）、2.287（141.26%）和 2.204（136.13%）。如果采取偏保守的进场策略，等到价格站上 MA60 再进场，仍能大概率获得 120% 以上的利润。

牛市顶峰时，市场的平均市盈率可以飙升到 60 倍以上，而熊市低谷时，这个数值可以低到 15 倍以下。去泡沫的过程意味着大幅的价格回落，所以在顶部离场的重要性不言自明。随后的一波下跌，回撤幅度达到 30%，而最终的回撤幅度超过了 45%。我们经常说，交易者要具备多空思维。试想一下，如果把上面的行情图翻转过来，变成底部做多的图形（在以前的分析中经常这样做），交易者看到图中的三个位置，一定会认为它们是好的进场做多时机。所以，在面对实际的顶部图形时应该怎样做呢？相信交易者心中已经有了答案。对于散户来说，没有最低持仓要求，可以在空头趋势中降低仓位，甚至空仓。千万不要经常抱有担心踏空的心态，这是交易心理不成熟的一种表现。

再来看一些市场数据。统计显示，2020 年，深证成指累计上涨 38.73%，公募基金业绩排名前 20 名的基金收益均超过 120%，年内收益超过 100% 的基金多达 90 只。看到这样的牛市基金业绩，不禁让人感叹趋势的力量！

再来看最近的 2023 年，深证成指累计下跌 13.54%，主动权益类基金全年平均回报率为 -12.01%，6558 只该类基金中，仅有 767 只基金获得了年内正收益，占比仅 11.70%。收益达到 35% 的基金能排进股票型基金的前 10 名。

牛市行情不是每年都会出现，在整体市场表现不佳的年份，交易者应该坚持保守策略。公募基金有最低持仓比例要求，一般要求不低于 60%，在下降趋势中也不能空仓。所以，长期来看，只要空仓躲过熊市，你的收益就能超过多数基金。

2006 年的牛市起点时，市场共有 1300 多只股票，这轮牛市上证指数最终创出历史高点 6124 点。后面两轮牛市的起点 2014 年和 2019 年，股票数量分别达到 2500 只和 3700 只。到了 2024 年，这个数字已经超过 5300 只。可选股票数量大幅增加，无疑会加大选股难度，另一方面，要想推动牛市，将需要更大的资金量。还有一点，最近 ST 股票的退市数量开始增多，这是交易者需要特别注意的一项风险。

13.1.7　顶部更容易出现明显的反转 K 线形态

由于顶部的价格波动幅度大并且速度快，因此在这个区域经常走出具有明显顶部特征的 K 线形态，包括单根 K 线形态、K 线组合形态和一定规模的 K 线形态，例如射击之星、长腿十字线、乌云盖顶、看跌吞没、双重顶、头肩顶等。如果配合均线、成交量，还能找到更有技术意义的标志性 K 线，例如，图 13-2 深证成指在 2021 年 2 月 18 日形成的乌云盖顶形态，在 2021 年 2 月 22 日、2021 年 8 月 13 日和 2022 年 1 月 5 日形成的"一阴穿三线"形态。

早期的日本交易者有很多实用的市场哲学，这些市场哲学在随后的几百年里转化成了分析技术。现在使用的 K 线源于两个半世纪以前日本江户时代酒田地区的大米现货市场。著名的传奇"相场师"本间宗久（Honma Munehisa）在大米市场上呼风唤雨，江户街头曾经传唱着这样一首民谣："酒田晴，堂岛阴，江户藏前雨飘零。"这首歌谣的意思是说，当酒田的稻米赶上好年成的时候，大阪堂岛大米市场的价格就会下跌，而江户藏前大米市场的价格将暴跌。

本间宗久在研究米市行情过程中发明了 K 线，并且总结出了一百多条交易心得。后来的研究者为之配上图形，逐渐发展出了更丰富的意义。人们为了纪念这位传奇的大米交易商，以他的家乡酒田为名，将 K 线分析方法称为"酒田战法"。

从单根 K 线形态到 K 线组合形态，再到长期价格形态，这些市场碎片在二百多年以来的各类市场中反复出现，这些形态反映了不同年代的市场参与者在一次又一次的市场循环中展现出的相似的交易心理，也成为后来交易者可以借鉴的一种市场规律。

13.2　成功预测 2024 年市场底部

上涨不言顶，下跌不言底。然而，有时候市场会给出即将反转的信号，颇有一些"山雨欲来风满楼"的感觉。对于中长线交易者来说，日线上的一个市场底部可能要等待几个月甚至几年的时间。如果能通过技术分析来确定一个大致的底部区域，在时间和空间上对底部进行定位，那么在后面的操作中无疑将占有很大优势。本节将和交易者一起复盘对 2024 年底部的成功预测过程。

13.2.1　本轮长期下降趋势

深证成指在 2023 年 2 月形成了一个反弹高点，然后呈现出向下推动浪，一浪低似一浪，如图 13-8 所示。该指数先向下跌破 MA60，然后再回测 MA60。当该指数于 2023 年 4 月 19 日再次跌破 MA60 时，MA60 开始转为向下移动，这是一个中长线空头信号。紧接着，3 个交易日之后，MACD 指标的 DIF 线向下突破 0 轴，这是另一个中长线空头信号。通常，这两种指标的反转信号会发生在一个小的时间窗口之内，有时甚至发生在同一根 K 线。下降趋势期间置身市场之外，是非常明智的做法。

MA60 持续向下移动，价格一直运行在该均线下方，直到 2023 年 8 月 3 日，MA60 短暂改变方向，向上移动 4 根 K 线，然后再次转为向下移动。这个位置没有形成有效的突破，价格很快再次跌破 MA60，恢复到下降趋势。随后这波跌破 10000 点的下跌浪，先后向下跌破此前形成的 3 个不同级别的调整低点：10648 点（2023 年 6 月 8 日）、10301 点（2022 年 10 月 31 日）、10087 点（2022 年 4 月 24 日）。接连跌破下面的关键点位，当然是市场弱势的表现，这些点位会成为以后上涨时的阻力位。

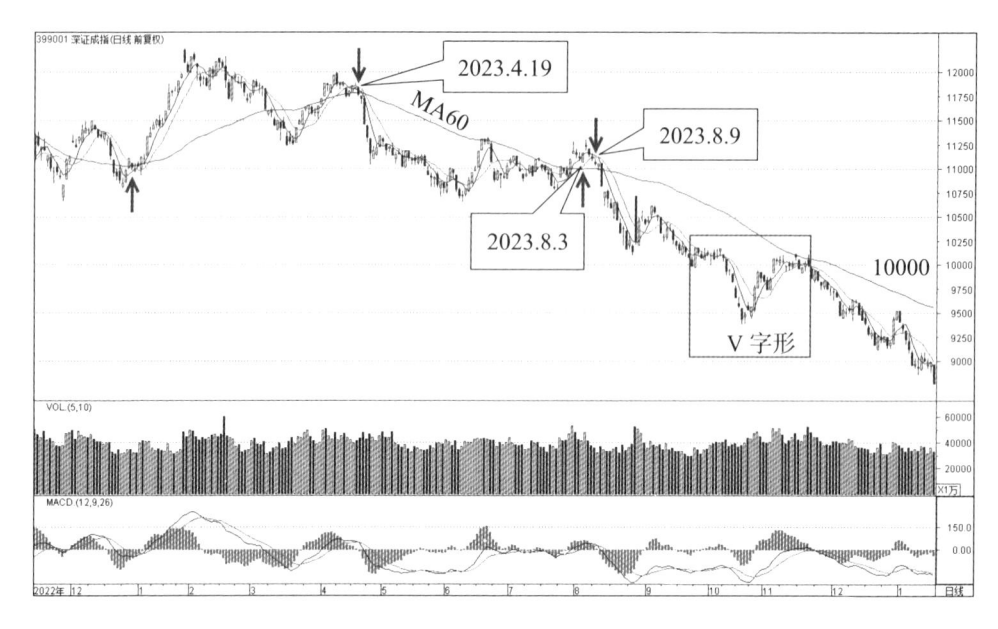

图 13-8 深证成指（399001）2023 年下降趋势

可以看到，10000 点到 9000 点之间有一次小型的 V 字形走势，这是对万点整数关口的突破和回测。指数反弹到 MA60 附近时，再次受到中长期均线的压制，继续形成向下推动浪。下降势头看上去连绵不绝，但这时的盘感告诉我们，市场距离底部已经不远了。

13.2.2　由前三次下降趋势的周期来定位本轮底部位置

图 13-9 是深证成指从 2005 年到 2024 年的月线图，图中标出了前 3 次市场调整的低点和周期，低点分别为 5577、6959 和 7011 点，周期分别为 12 个月、40 个月和 43 个月。最近的这次调整已经持续了 35 根月 K 线，调整低点来到 8759 点，距离前低 7011 点已经不算很远。如果穿过前面两个调整低点画出一条略微向上倾斜的趋势线，那么这次调整低点最终可能落到这条趋势线附近。

通常我们不注重预测，而是跟随趋势，坚持右侧交易原则，跌到哪里由市场说了算，确认反转之后再考虑进场。但是，如果测算市场底部区间的话，

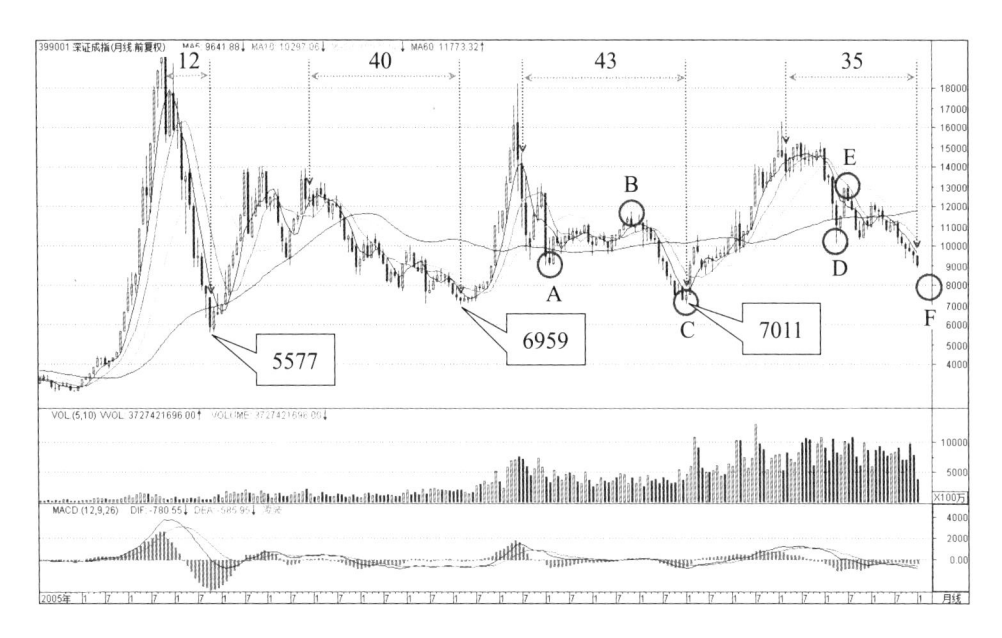

图 13-9 深证成指（399001）月线图关键低点

市场似乎有迹可循。大家知道，市场会表现出一定的非周期对称性，也称为自相似性。如果注意观察前面一次市场调整的关键点位，即图中 A、B、C 三个位置，就会发现，它们和这次调整有着相似的模式，即图中 D、E、F 三个位置。从大致点位上来看，上次是从 9000 点反弹到 12000 点，然后再跌破 9000 点并下落到 7000 点，这次是从 10000 点反弹到 13000 点，然后再跌破 10000 点，最终会下落到哪里呢？从这两次调整过程围绕关键点位 9000 点和 10000 点的上下波动幅度来测算，这次大概率会下落到 8000 点。

这里还有一个细节需要注意，从 A 到 B 持续了 23 个周期，而从 D 到 E 仅持续了 4 个周期，虽然空间上相同，但时间上相差较多，这可能恰恰体现了非周期对称性。

无论如何，从风险回报比来看，在 F 位置进场是相当合算的，当然这是对于长线交易者来说。虽然这时大家不知道下降趋势最终会到哪个点位停止，但从前面的市场节奏来看，7000 点已经是一个极限下跌点位。如果以前高 16000 点作为上涨目标位，那么止损空间为 1000 点（8000-7000），而止盈空间为 8000 点（16000-8000），这个位置的盈亏比有可能达到 8:1 左右。

13.2.3　预测底部右侧关键点位

我们还预测了后市可能的价格形态并且用向上箭头标出了需要重点关注的两个位置，如图 13-10 所示。

图 13-10　深证成指（399001）日线图右侧关键点位

图 13-10 是深证成指从 2023 年 9 月到 2024 年 1 月的日线图，图中左侧的 K 线截至 2024 年 1 月 17 日，右侧是预测的价格走势。我们推崇右侧交易，但仍然预测了一个最终低点的落脚位置——稍微跌破 8000 点。

这次的预测是否准确呢？后面会有对比分析。

对于图中用两个向上箭头标出的位置，交易者应该比较熟悉它们在技术上的意义。第一个箭头是价格向上突破 MA60 之后回测均线的位置，随后价格应该带动均线改变方向，转为向上移动。第二个箭头是突破前高之后回测支撑线的位置。这两个位置是趋势反转之后可靠的多头进场点。

13.2.4 预测走势与实际走势对比

图 13-11 是在预测图 13-10 的基础上，标出了实际转折点发生的时间和点位，例如"2.5 7683"，表示 2 月 5 日创出最低点 7683 点。

图 13-11　深证成指（399001）预测走势图

图 13-12 是深证成指从 2023 年 9 月到 2024 年 4 月的日线图，实际走势图中标出了与预测图相对应的关键点位。两幅图中的向下箭头标出的是发生在 1 月 17 日的同一根 K 线。该指数跌到 8402 点走出一小波反弹，然后形成最后一波下跌，并创出本次下降趋势的最低点 7683 点。最后这个三浪下跌的形态和点位与之前的预测如出一辙。实际走势的最低收盘价为 7964 点，与预测位置相符。

在 1 月 17 日，本轮调整低点到达 8759 点，预测走势图提前 1000 多点判断出了最终底部位置。跌破 8000 点之后，就是股神巴菲特所说的"别人恐惧时我贪婪"的位置，这甚至可以说是一个非常精确的位置，只有很小的一个区域。通过对比可以发现，底部左侧的价格形态和关键点位与预测几乎完全相符，底部右侧的形态与预测基本相符，反弹的高度比预期要高。

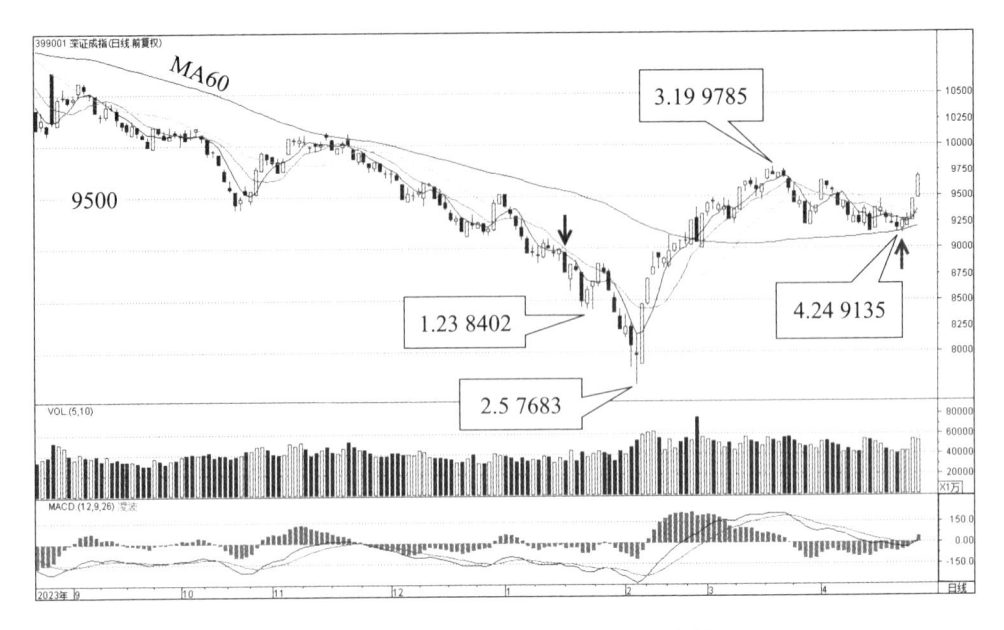

趋势策略：跟随聪明资金一起进场、离场

图 13-12　深证成指（399001）实际走势图

预测图中的第一个向上箭头表示价格向上突破 MA60 之后回测均线的位置，发生在 4 月 24 日。由于第一波反弹较高，所以 MA60 已经改变方向。图中最右侧的 K 线发生在 4 月 29 日，当天 MACD 指标在 0 轴附近出现第一根红柱线，这是一个看多信号。

指数的整数点位通常都是重要的心理关口和技术关口，该指数在跌破 8000 点之后如期反弹，反弹的强度超出了预期。复盘来看，穿过 5577 点和 7011 点这两个大级别下降趋势低点画出一条趋势线，最终的低点 7638 点正好落在这条趋势线上。深证成指从 2 月 5 日到 3 月 19 日这波反弹的涨幅为 20%，振幅为 27%，而一些强势个股的涨幅高达 30%～60%，其中文化、IT、人工智能、制造、采矿、有色、黄金等板块表现强势。

市场底部进场点、底部右侧第一进场点都已经按照预期出现，底部右侧第二进场点会出现吗？继续跟踪深证成指的表现，如图 13-13 所示。

图 13-13 是深证成指从 2013 年 11 月到 2024 年 6 月的日线图。可以看出，4 月 24 日开始的这波上涨强度不如预期，5 月 9 日小幅突破前高之后便

开始回落,直到 6 月 20 日跌破前低。到这里,指数上的底部右侧第二进场点已经错失了可利用的时间窗口。

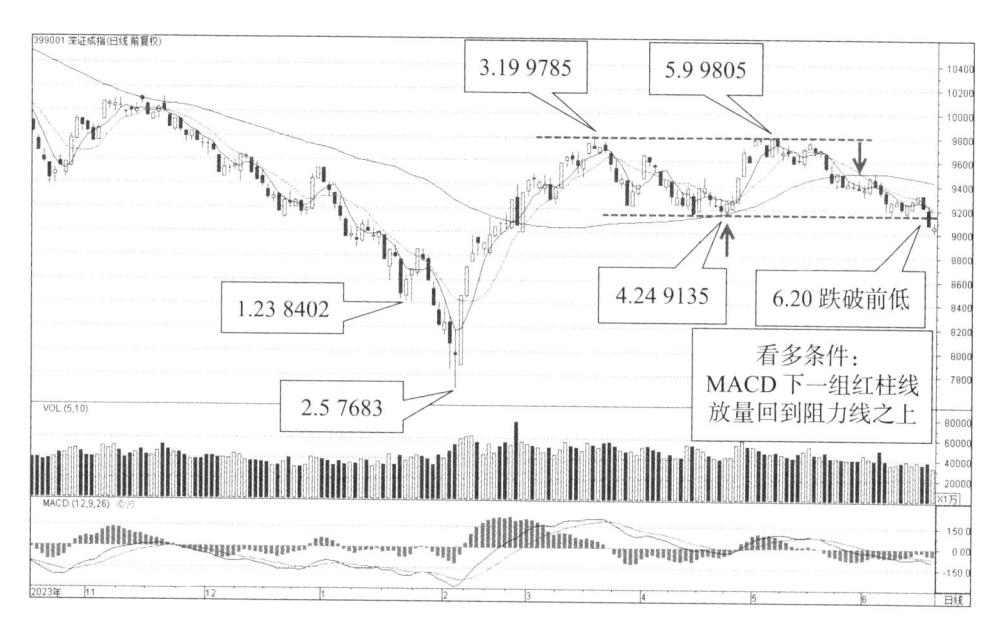

图 13-13 深证成指(399001)6 月 20 日跌破前低

13.2.5 强势板块底部右侧第二进场点

指数代表整体市场走势,而各个板块之间经常会出现强弱分化现象。虽然深证成指没有出现右侧第二进场点,但强势板块却走出了我们预期中的图形,如图 13-14 所示。

图 13-14 是采矿指数从 2013 年 11 月到 2024 年 6 月的日线图,可以明显看出,该板块要比大盘更强势。将图 13-14 与图 13-11、图 13-13 对比来看,采矿指数与深证成指基本保持同步的涨跌节奏,二者大部分波谷与波峰发生的时间点相同,不同的是二者的涨跌幅度。例如,在 1 月 23 日、2 月 5 日、3 月 28 日、4 月 24 日,二者均形成了波谷。区别在于,采矿指数的后两个波谷是逐步抬高的,而深证成指是逐步降低的。正是由于采矿指数更强势,它在 3 月 28 日形成了底部右侧第一进场点,在 4 月 24 日形成了底部右侧第

二进场点。

从 2 月 5 日的最低波谷到 5 月 20 日的最高波峰，采矿指数上涨 35%，而强势板块中的强势个股有的涨幅达 80% 以上，极强势的个股涨幅达 100% 以上。这是典型的自上而下的做股方法，从判断大盘进入多头区间，到选择强势板块，再到选择龙头股。

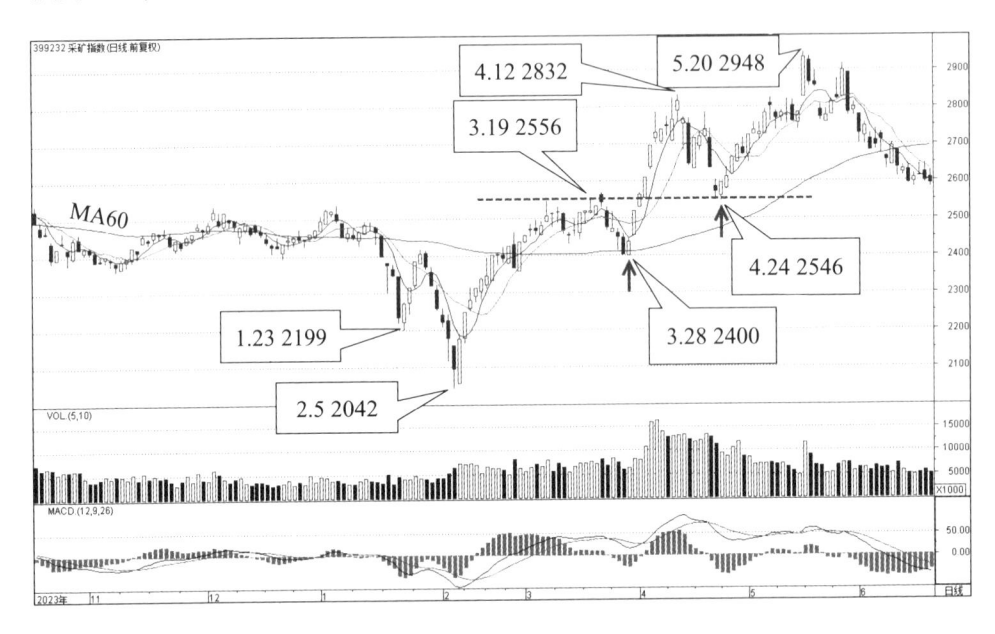

图 13-14　采矿指数（399232）日线图

13.2.6　强势个股底部右侧第二进场点

最后来看两只强势个股在上涨时间窗口的表现，如图 13-15、图 13-16 所示。

图 13-15 是湖南黄金从 2023 年 11 月到 2024 年 6 月的日线图。可以看出，该股是强势板块中的强势股，与大盘指数、行业指数保持同步涨跌节奏。在 2 月 5 日、3 月 28 日、4 月 24 日形成了 3 个波谷，回踩的落脚时点相同，但强势股的上涨浪更长。

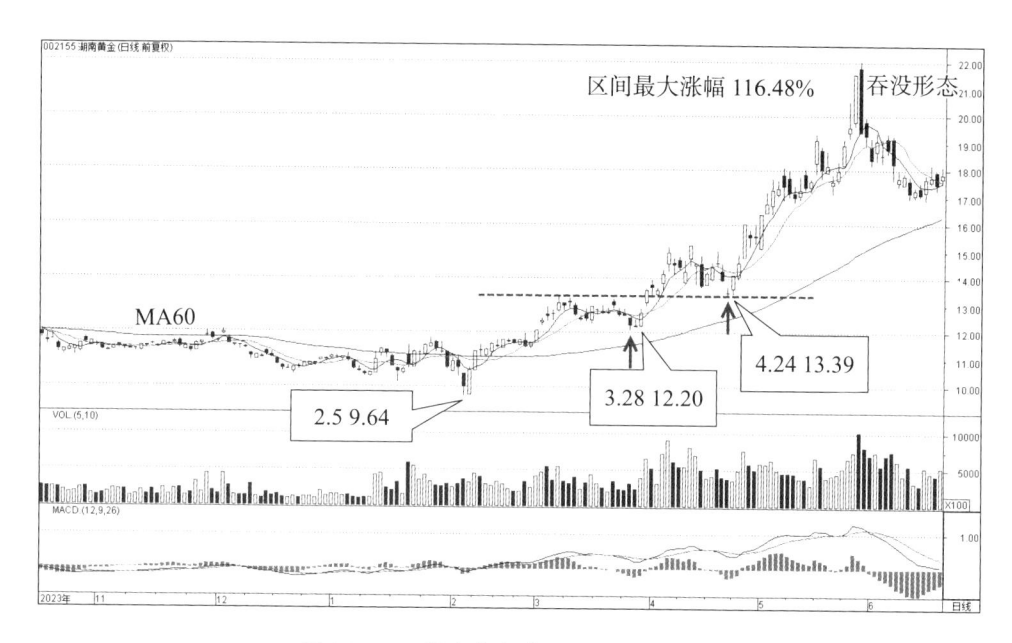

图 13-15　湖南黄金（002155）日线图

这 3 个波谷对应着 3 个上涨浪的起点，而第 3 个波谷正好回测第一个上涨浪的高点，这是前面提到过的右侧第二进场点。第 3 个上涨浪涨幅达 60%，而整个上涨浪涨幅达 116.48%，远高于深证成指 20% 以及采矿指数 35% 的涨幅。

当大盘指数打开做多窗口之后，强势股和普通股就像两个不同的物种，虽然都经历同样的生长季节，但生长速度却有很大差异。在上升趋势区间，只要趋势没有走坏，或者说只要大盘不大跌，强势股都会找理由、找机会上涨。

通过以上对大盘、板块和个股在同一个上涨区间的分析，交易者应该能够理解做多时间窗口的重要性以及龙头股的价值。

不同的强势股对做多时间窗口的利用并非完全同步，黄金板块中的另一只龙头股山东黄金，利用大盘在 3 月 28 日开启的第 2 个上涨时间窗口走出了主升浪。

另外值得一提的是，黄金指数从 2022 年 10 月开始就一直处在上升趋势，并于 2023 年 5 月突破 454 点创出历史新高，然后一直在 450～480 点之间徘徊。直到 2024 年 3 月开始强势上攻，从 480 点上涨到最高 589 点，只用了 30 个交易日。这是一段历史级别的行情。

图 13-16 是有研粉材从 2023 年 11 月 18 日到 2024 年 6 月 21 日的日线图。图中标出了该股在深证成指和采矿指数形成波谷时的时间和低点。从 2 月 5 日开始，该股借助大盘做多时间窗口发动了一波行情，涨幅达 60%，是同期深证成指涨幅的 3 倍。3 月 28 日，该股形成了一个波谷，但随后与同期大盘一样没有突破前高。4 月 16 日，该股回踩 MA60，这与大盘的涨跌节奏基本保持同步。4 月 24 日，深证成指形成了又一个波谷，这也是采矿指数出现右侧第二个进场信号的位置。这时该股的 MA60 开始向上移动，该股利用这个做多时间窗口再次发动了一波行情，区间最大涨幅达 53%，而同期深证成指的最大涨幅不到 7%。这个案例再次说明了强势股与普通股在同一做多时间窗口内操作价值上的差异。

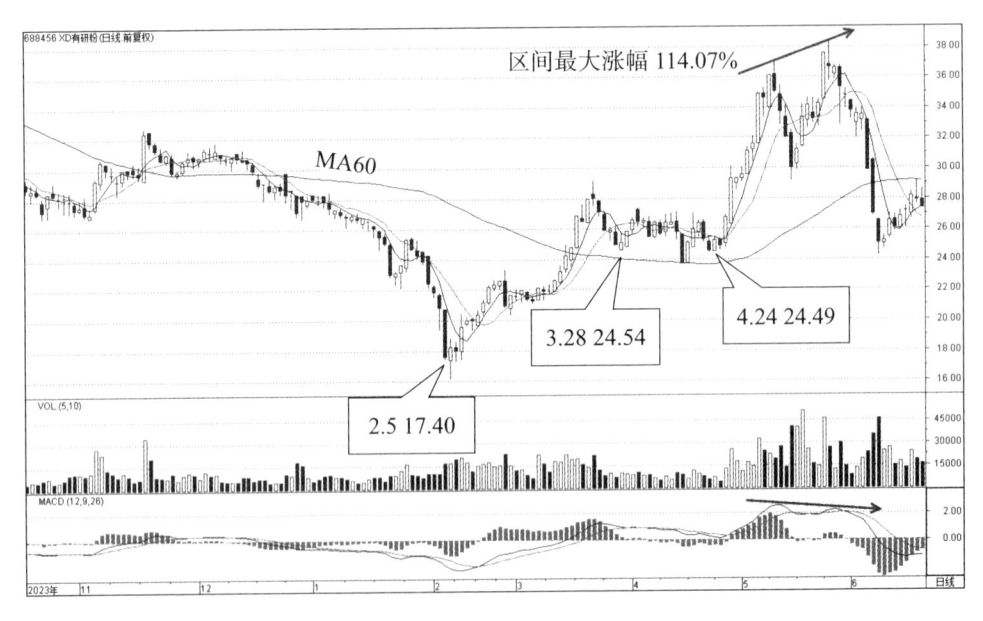

图 13-16　有研粉材（688456）日线图

最终，该股在高位走出了一个 M 头形态，并且形成了顶背离，这是一个见顶信号。如果在 2 月 5 日深证成指跌破 8000 点时进场，然后坚持拿到高位离场，那么有机会在该股实现翻倍的利润。前期的交易计划能为后面的操作提供很大帮助，因为我们提前对关键点位、可能的价格形态有了一个清晰的路线图。

到此为止，就完成了对成功预测 2024 年市场底部的复盘，相信以上分析会对交易者以后的操作具有重要的借鉴意义。市场每一轮牛市与熊市循环都有相似性，市场本身会为我们提示答案。我们偶尔会做预测，但要建立在大量实战分析基础之上。盘感不会凭空出现，只有大脑对足够多的图表留下印象之后，才有可能形成盘感。这与足球比赛中的意识有一些相似之处，高水平运动员能够对一定局势下双方球员以及足球的运行趋势形成良好的判断。

我们还经常提到这样一句话——对策比预测更重要。对策能尽可能地消除偶然因素，让交易者的操作从过程到结果都更加稳定可靠。

孔子说"不占而已矣"，后来荀子总结为"善为易者不占"，而交易市场中还有一种说法，就是"不测而测"。在交易中的意思就是说，你掌握了市场波动规律，不必利用分析工具去做预测，只需跟随当前的趋势做出合理的行动。如果你能真正读懂市场，洞悉每一处关键节点的强弱，就可以踏准市场节奏。如同顺水行舟，你能感知水流，不用借助任何仪器和工具就能到达彼岸。

第 14 章
股票市场的上帝指纹
——分形结构

无边的奇迹源于简单规则的无限重复。

——伯努瓦·曼德尔布罗（Benoit Mandelbrot）

我的剑传给能挥舞它的人。

——查理·芒格（Charlie Munger）

第 14 章 股票市场的上帝指纹——分形结构

一生二，二生三，三生万物。

单根 K 线生成蜡烛图，多根 K 线生成价格形态，众多 K 线生成价格趋势，价格碎片经过无数次复制，最终形成了整个市场。K 线由一定周期内的价格生成，通常是以交易日为周期，不过这个周期可以短到小时、分钟、秒级别，也可以长到周、月、季、年级别。1 根年线可以展开，生成一张由 240 多根日线组成的图表，而 1 根日线又可以展开生成一张由 240 根分钟线组成的图表。

无论在哪种周期的 K 线图上，都经常能发现一些形态相似的结构，这就是分形结构，它们是客观存在的市场碎片。说到分形结构，交易者最先想到的可能是波浪理论中的"五上三下"模式。我们可以认为这是一种最基本的形态，但是当把外观相似的图形放大来看的时候，就会发现，其实它们有着细微的差别。这一点与雪花的分形十分相似，雪花通常是六边形结构，每一瓣雪花与整片雪花形态相似。将雪花放到显微镜下观察的时候，会发现很多种不同的雪花结构。有趣的是，研究发现，雪花在一定层次上的分类有 39 种，而初学波浪理论的人可能都见过一张手绘的浪形图，叫"42 浪图"，这两个数字相差不多。雪花的形态与大气云层的温度、湿度和风速有着密切的联系，而价格形态与市场的炽热程度、人们的心理活动和价格波动速度有关。一定周期内具有同样特征的价格形态，就是一个种类的"雪花"，交易者能在市场各个级别的趋势中见到同类"雪花"的存在。

本节将带交易者了解股票市场中的分形结构，这对于理解趋势级别、K 线周期、波浪理论和缠论中的区间套都会有很大帮助。真正的价格波动规律也许就藏在这些价格碎片当中。

14.1 第一级别趋势：周线整体 5 浪结构

对于日线交易者来说，周线行情应该是需要观察的最高行情级别。首先来看一段上证指数的周线图，如图 14-1 所示。

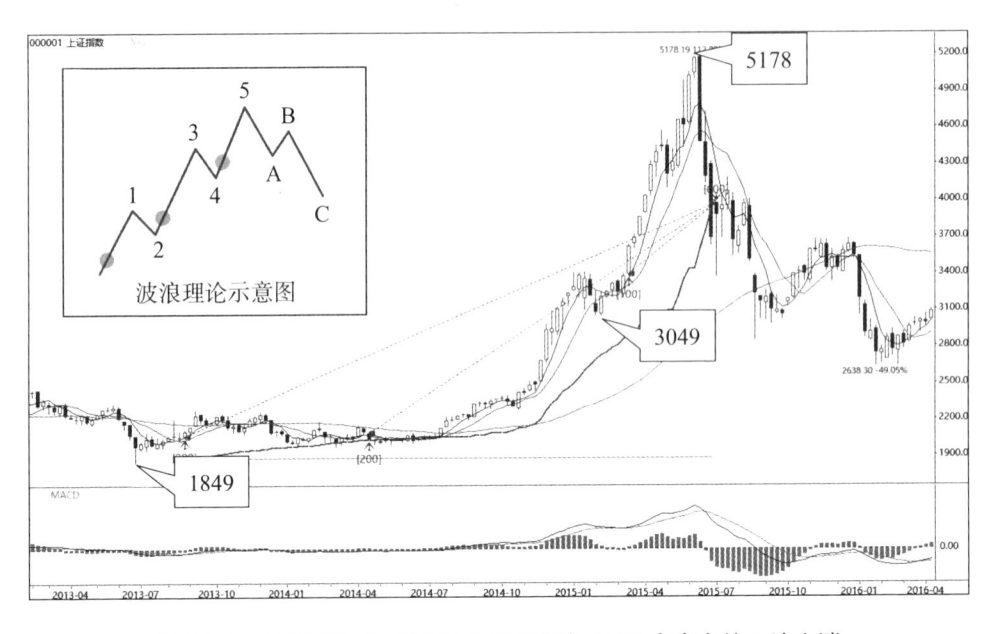

图 14-1 上证指数（000001）周线创出 5178 点高点的 5 浪上涨

图 14-1 是上证指数从 2013 年 4 月到 2016 年 4 月期间的周线图。每根周 K 线由 5 个交易日合成（有一周少于 5 个交易日的情况），以 2015 年为例，一年一共生成 52 根周 K 线。这段行情的最低点为 1849 点，最高点为 5178 点，这是创出历史第二高点的上升趋势的起始与终止点位。历史第一高点 6124 点对应着低点 998 点，这些都是交易者熟悉的点位。

再来看图中的交易信号。为了看清楚符合波浪理论的 3 个进场位置并连续持仓，我们对 ATR 棘轮止损策略做了优化。3 个进场位置分别处在第 1 浪、第 3 浪和第 5 浪的起始位置，开仓数量分别为 300、200 和 100 股，交易数据如表 14-1 所示。可以看到图中左上角方框中的波浪理论主要浪型示意图，这就是典型的"五上三下"模式。图中用圆形阴影标出了 3 个上涨浪的起始位置，它们对应着行情图中的 3 个进场位置。

我们发现，如果仔细观察创出 5178 点高点的各级别行情，从周线级别开始，它们的第 5 浪都可以在更低一级别的行情中划分出 5 个小浪。也就是说，在一个行情枝杈中可以看到它的分形结构。图中标出了最大级别趋势中第 5 浪的起点 3049 点和终点 5178 点，第 5 浪由 18 根周 K 线组成，其中大部分都是阳线，只有 4 根阴线。其中第 1 根阴线、第 2～3 根阴线是两个次级别的回调位置，能隐约看到这两次回调可以把第 5 浪分割成一个次级别的 5 浪结构。

下面将围绕各种周期下的 5178 点顶部行情展开讨论，把它们逐一放到显微镜之下，不断缩小 K 线周期，从日线、小时线、30 分钟线、15 分钟线、5 分钟线和 1 分钟线，来观察价格走势神奇的分形结构。

表 14-1 周线交易数据

交易序号	交易方向	交易时间	交易价格	交易数量
1	多头开仓	2013.8.26	2061.42	300
2	多头开仓	2014.4.21	2085.98	200
3	多头开仓	2015.3.16	3391.16	100
4	多头平仓	2015.7.6	3975.21	600

表 14-2 第 1 浪至第 5 浪数据

浪级	K 线周期	起始时间	终止时间	K 线数量	最低价	最高价
最大级别第 1～5 浪	1 周	2013.6.24	2015.6.8	103	1849.65	5178.19

14.2 第二级别趋势：日线第 5 浪

这次将观察视角放大一个级别，将周线图中从 3049 点到 5178 点的第 5 浪放到日线周期来观察，如图 14-2 所示。这是最常用的 K 线周期，1 个交易日对应 1 根日 K 线，以 2015 年为例，一年包括 244 根日 K 线。

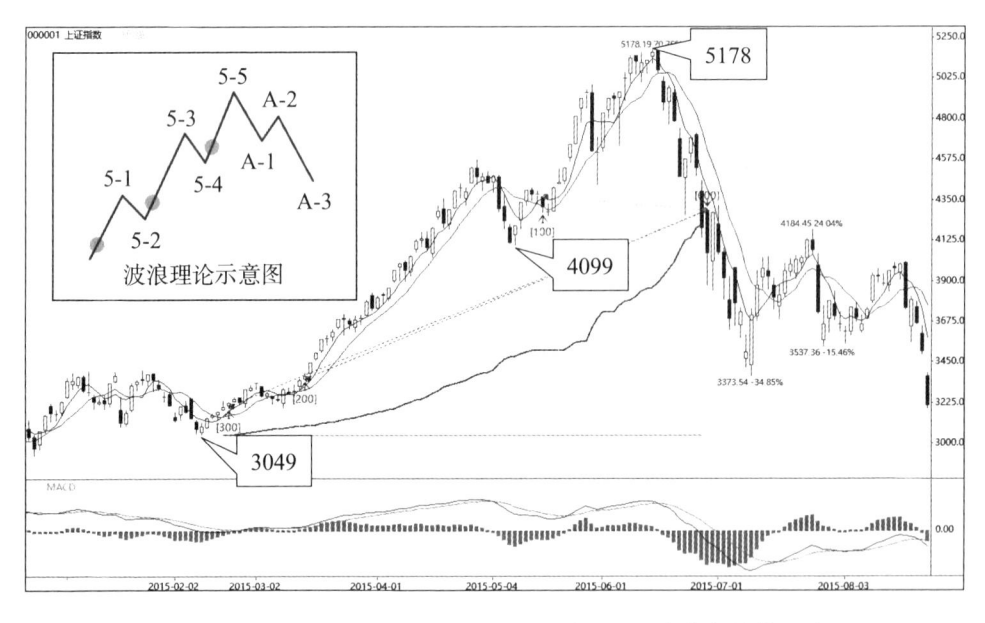

图 14-2　上证指数（000001）日线创出 5178 点高点的第 5 浪

在这个第 5 浪区间，MA5 与 MA10 形成了 3 次金叉，ATR 棘轮止损策略相应发出了 3 个进场信号。第 5 浪被细分成了 5 个小波浪，前面周线图上的 1 根周 K 线回调，在这里变成了 5 根日 K 线回调；周线图上的 2 根周 K 线回调，在这里变成了 10 根日 K 线回调，日线图上的调整看上去更加明显。这里与周线图的交易模式相同，3 个进场位置分别处在次级别 3 个上升浪第 1 浪、第 3 浪和第 5 浪的起始位置，即 5-1 浪、5-2 浪和 5-3 浪，开仓数量分别为 300、200 和 100 股，交易数据如表 14-3 所示。在图中的左上角，仍然画出了这个级别的浪型示意图,并在图中用圆形阴影标出了 3 个上涨浪的起始位置,对应着行情图中的 3 个进场位置。

可以用不同级别的符号来表示或标注浪级,例如最高浪级的上涨浪用罗马数字Ⅰ~Ⅴ表示,下跌浪用小写字母 a~c 表示,次级别的用①~⑤、Ⓐ~Ⓒ表示,再往下的几个级别分别用(1)~(5)、(A)~(C);1~5、A~C;ⅰ~ⅴ、ⓐ~ⓒ表示。依据以上规则,从 4099 点到 5178 点的第 5 浪可以表示为 V-⑤浪。由于本节将要拆解的波浪级别众多,为了简便起见,所有级别的第 5 浪都用数字 5 来表示,所以这个第 5 浪表示为 5-5 浪。再次提醒注意,本节重点分析的是各个级别的第 5 浪。

注意观察示意图中对波浪浪型的标注,即使交易者以前没有接触过波浪理论,现在也应该能够领会到波浪理论的分级逻辑。第一级别中的上升趋势可以划分成一个 5 浪结构,而其中的第 5 段上升趋势在第二级别中又可以细分成一个 5 浪结构,这就是价格走势的自相似性。一段分支走势与整段走势具有相似的结构,一瓣雪花与整片雪花具有相似的结构。那么,将第 5-5 浪(4099~5178 点)再次放到显微镜下,放大一定倍数,是不是可以观察到更低一级别的 5 浪结构呢?后面的图 14-4 将会揭晓答案。

表 14-3 日线交易数据

交易序号	交易方向	交易时间	交易价格	交易数量
1	多头开仓	2015.2.16	3206.14	300
2	多头开仓	2015.3.13	3359.49	200
3	多头开仓	2015.5.15	4366.83	100
4	多头平仓	2015.6.29	4289.77	600

表 14-4 第 5 浪数据

浪级	K 线周期	起始时间	终止时间	K 线数量	最低价	最高价
第 5 浪	1 日	2015.2.9	2015.6.12	83	3049.11	5178.19

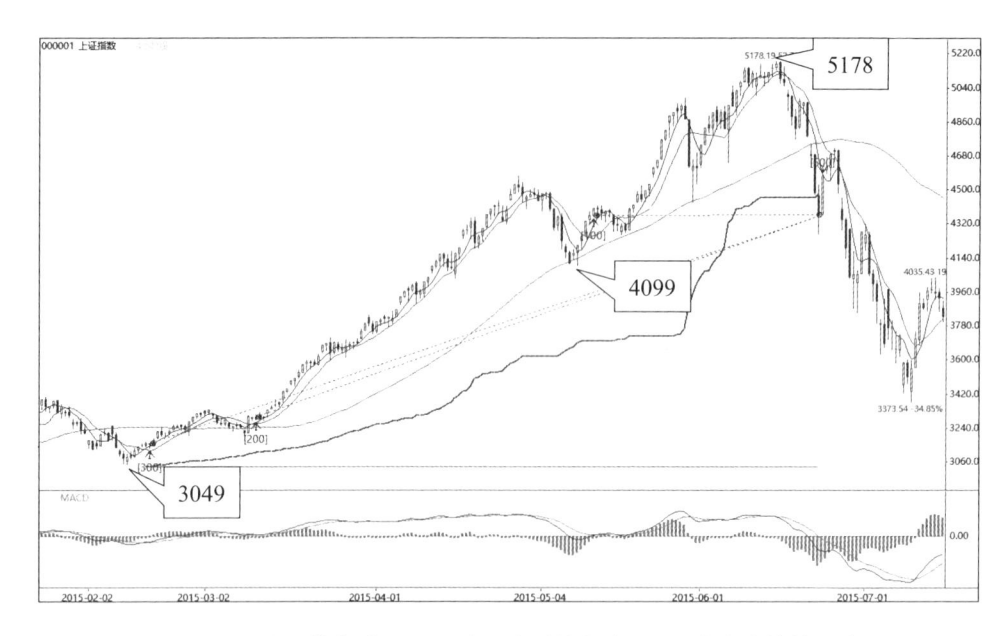

图 14-3　上证指数（000001）4 小时线创出 5178 点高点的第 5 浪

继续观察第 5 浪从 3049 点到 5178 点的行情，这次放大到 4 小时周期来观察，如图 14-3 所示。1 个交易日被分成了 2 根 4 小时线，以 2015 年为例，一年包括 488 根 4 小时线。

在这幅图中，MA5 与 MA10 在三个上涨浪的起始位置仍然形成了 3 次金叉，ATR 棘轮止损策略相应发出了 3 个进场信号，交易数据如表 14-5 所示。与前一幅图相比，由于 K 线数量增加了 1 倍，所以交易信号的精细度得到了提升，进场价格更低，而离场价格更高。这一点对实际操作很有意义。仔细观察第 5-5 浪会发现，这段行情又形成了 3 个均线金叉，也就是说，它可以进一步细分成一个 5 浪结构，3 个金叉对应着 3 个上涨浪的起始位置。

表 14-5　4 小时线交易数据

交易序号	交易方向	交易时间	交易价格	交易数量
1	多头开仓	2015.2.12 8:00	3157.96	300
2	多头开仓	2015.3.10 12:00	3299.62	200

第14章 股票市场的上帝指纹——分形结构

（续表）

交易序号	交易方向	交易时间	交易价格	交易数量
3	多头开仓	2015.5.12 12:00	4362.40	100
4	多头平仓	2015.6.23 12:00	4368.44	600

表14-6 第5浪数据

浪级	K线周期	起始时间	终止时间	K线数量	最低价	最高价
第5浪	4小时	2015.2.9 8:00	2015.6.12 12:00	166	3049.11	5178.19

下面把第5-5浪（4099~5178点）单独拿出来放到显微镜下，进一步放大倍数进行观察，如图14-4所示。

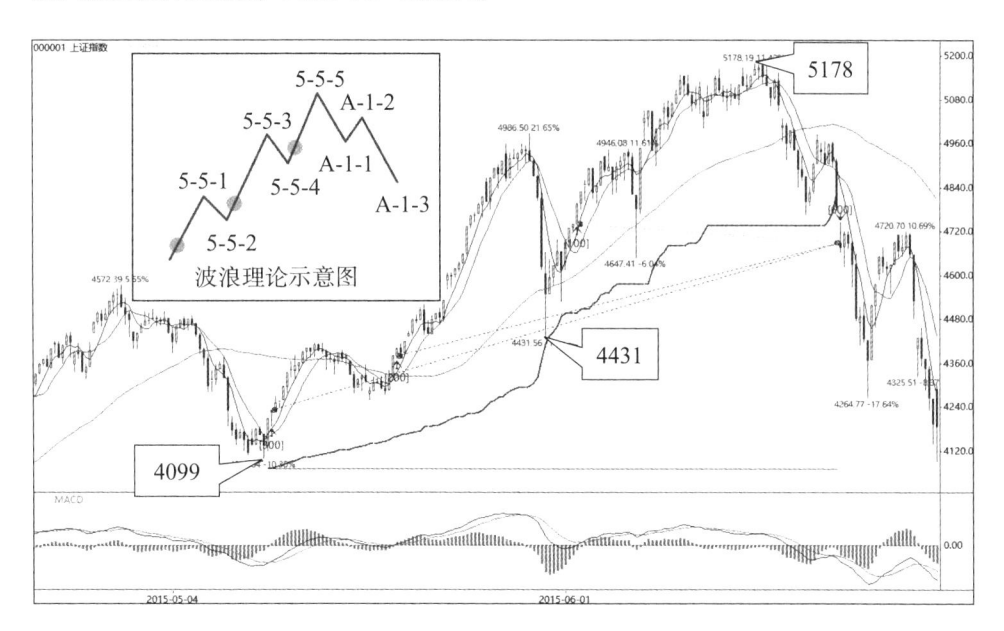

图14-4 上证指数（000001）1小时线创出5178点高点的第5-5浪

14.3　第三级别趋势：1小时线第5-5浪

将第5-5浪（4099~5178点）放大到1小时线，在该级别，1个交易日被分成了5根1小时线，以2015年为例，一年包括1220根1小时线。这里需要注意不同软件的K线生成规则，股市从9:30开盘，每日一共交易4个小时，有的软件从9点开始以自然时间生成K线，1个交易日有5根1小时线；有的软件从9:30开始以交易时间生成K线，1个交易日有4根1小时线。

在这个第5-5浪区间，MA5与MA10形成了3次金叉，ATR棘轮止损策略相应发出了3个进场信号。第5-5浪再次被细分成了5个小波浪，价格走势又一次表现出了自相似性。与上一个级别（日线）相同，3个进场位置分别处在次级别3个上升浪（第1浪、第3浪和第5浪）的起始位置，开仓数量分别为300、200和100股，交易数据如表14-7所示。在图中的左上角，仍然画出了这个级别的浪型示意图，并在图中用圆形阴影标出了3个上涨浪的起始位置，它们对应着行情图中的3个进场位置。3个进场位置分别对应3个上升浪，它们应该记作5-5-1浪、5-5-3浪和5-5-5浪。

表14-7　1小时线交易数据

交易序号	交易方向	交易时间	交易价格	交易数量
1	多头开仓	2015.5.11 9:00	4231.27	300
2	多头开仓	2015.5.19 11:00	4379.70	200
3	多头开仓	2015.6.1 13:00	4739.50	100
4	多头平仓	2015.6.19 9:00	4689.93	600

细心的交易者会发现，这个级别的第5浪仍然出现了3个均线金叉，再一次出现5浪结构，自相似的"套娃"模式仍在继续（似乎进入了无限循环）。将第5-5-5浪（4031~5178点）放到显微镜下，放大一定倍数，以便更清

晰地呈现更低一级别的 5 浪结构，如图 14-5 所示。

值得一提的是，这种局部图形与整体图形相同或相似的概念，也会出现在日常生活的场景之中，这一概念被称为德罗斯特效应（Droste effect[注]）。有些著名的商品广告或者电影都曾用过德罗斯特效应，例如，周杰伦音乐专辑《叶惠美》的封面，还有著名导演克里斯托弗·诺兰（Christopher Nolan）的电影《盗梦空间》（*Inception*）中的"镜子场景"。

表 14-8　第 5-5 浪数据

浪级	K 线周期	起始时间	终止时间	K 线数量	最低价	最高价
第 5-5 浪	1 小时	2015.5.8 13:00	2015.6.12 13:00	126	4099.04	5178.19

虽然我们把着眼点放在第 5 浪，但在第 1 浪和第 3 浪也可能发现呈 5 浪模式的分形结构，而且可以找到 3 个进场位置（即次级别的 3 个上升浪起始位置）。只要是类似于第 5 浪这种呈延长浪模式的行情，都可以运用这种交易模式。如果进一步缩小观察周期，进入 30 分钟、15 分钟、5 分钟，甚至 1 分钟 K 线图，还能够不断细分出更小级别的波浪。想象一下在电子地图上不断放大观察视角的情形，可以按照"国家—省份—城市—街区"的顺序逐步看清更多道路细节。

分形结构后半部分的讲解开始进入日内级别，短周期 K 线上的进场与离场信号有可能发生在同一个交易日之内，尤其是在进场不久就出现止损信号的时候，这就涉及到了交易规则。期货市场是 T+0 交易（Transaction plus 0 days，当日回转交易），所以在期货市场可以实现当日平仓。而 A 股市场目前是 T+1 交易，不能当日卖出。我们经常听说的 T+0，实际上分为交易规

注：德罗斯特效应（Droste effect）是一种递归的视觉形式，指的是一幅图像中包含了该图像的缩小版本，而这个缩小版本又包含了更小的缩小版本，如此循环往复，形成无限重复的镜像。这种效应最初源自荷兰著名可可粉品牌德罗斯特（Droste）的包装盒设计，其图案是一位护士拿着一个有杯子及包装盒的托盘，而包装盒上的图案与整张图片相同。这种设计从 1904 年起开始使用，并成为一个家喻户晓的概念。

则和结算规则。2024 年有两个市场的结算规则发生了变化，印度股市采用机构 T+3、散户 T+0 的交易规则，并于 2024 年试行 T+0 结算规则。美国股市采用 T+0 交易规则，在 2024 年将结算规则由 T+2 改为了 T+1。有市场观点认为，更快的结算过程将有望降低市场风险，提高交易资本效率和流动性，因为交易者可以更快地获得资金和证券。

14.4　第四级别趋势：30 分钟线第 5-5-5 浪

图 14-4 讲到了 1 小时线创出 5178 点高点的第 5-5 浪，从图中已经能够看出更低一级别的 5 浪结构，起始低点为 4431 点，而终止高点仍然是 5178 点。将第 5-5-5 浪（4431～5178 点）放大到 30 分钟线级别，如图 14-5 所示。在该级别，1 个交易日被分成了 8 根 30 分钟线，以 2015 年为例，一年包括 1952 根 30 分钟线。

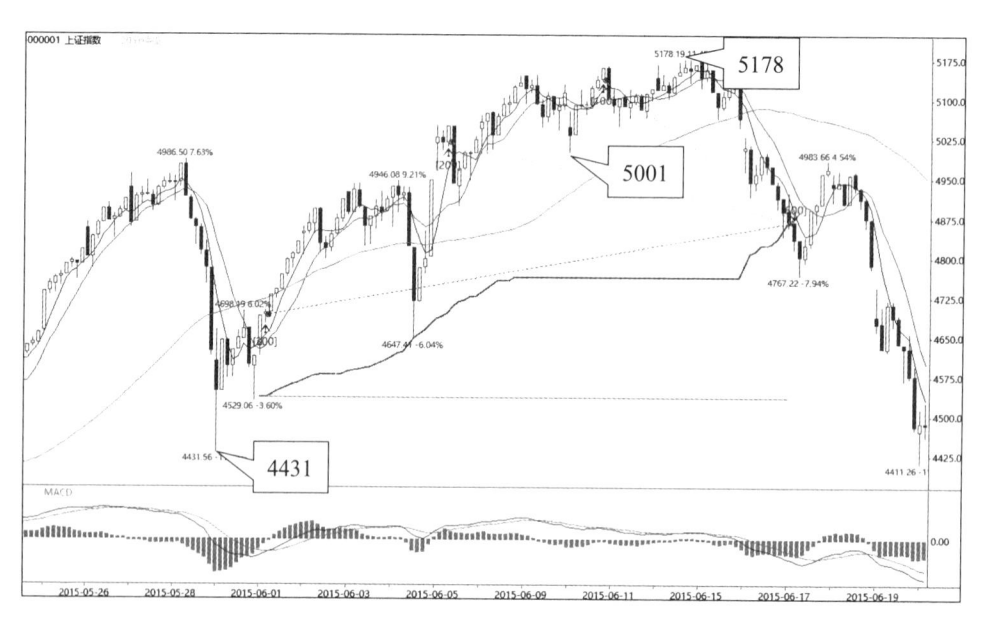

图 14-5　上证指数（000001）30 分钟线创出 5178 点高点的第 5-5-5 浪

对同一波上升趋势，这次利用两种K线周期来进行分析，一种是30分钟线，另一种是周期更短的15分钟线，如图14-6所示。在15分钟线，1个交易日被分成了16根15分钟线，以2015年为例，一年包括3904根15分钟线。

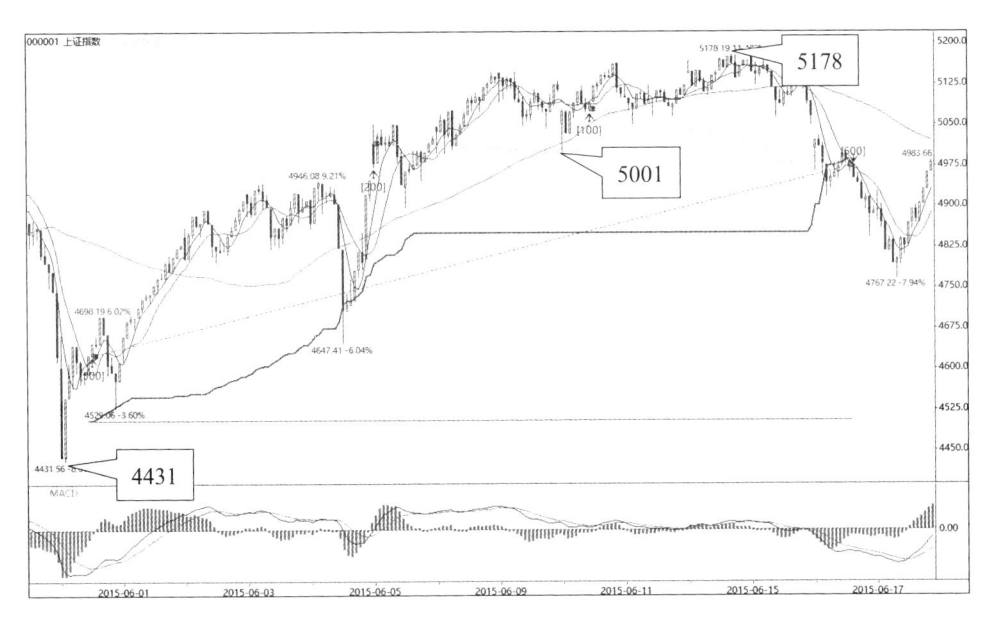

图14-6 上证指数（000001）15分钟线创出5178点高点的第5-5-5浪

为什么要用15分钟线呢？这样做的理由在上一节已经提到过，可以先对比一下表14-9和表14-10中的交易数据，就能明白这样做的好处了。通过对比能够发现，进场和离场的时间都有所提前，进场的价位更低而离场的价位更高，最终将获得更多利润。在短周期K线图中，行情被切割得更精细，交易者能够对交易点位把握得更精准。

但是交易者会发现，在短周期K线图中，MA5与MA10的交叉次数明显增多，更低一级别的趋势已经开始显现，如果没有在长周期图中判断出进场时间窗口，将很容易被冗余的交叉信号所干扰。这就是采用两个周期或多个周期图表的意义所在，在三重滤网交易方法中，也用到了这种交易思路。

可以把 30 分钟线定义为分析周期，把 15 分钟线定义为操作周期，"看大做小"是一种常用的方法。那么应该如何选择合适的分析周期呢？答案很简单，只要双均线策略的金叉和死叉能够正好划分出一波连续上升趋势就可以了。在 30 分钟线上能够看到，3 个均线金叉正好对应着 3 个上涨浪的起点，并且对应着 3 个进场信号。而在 1 小时线上，这波上升趋势只产生了 3 个金叉，能够更清晰地看出一波趋势的内部结构。3 个进场位置分别对应 3 个上升浪，它们应该记作 5-5-5-1 浪、5-5-5-3 浪和 5-5-5-5 浪。

再来看两幅图的 MACD 指标，对比 3 个上涨浪期间的 MACD 红柱线，第 1 浪和第 3 浪的红柱线数量更多，长度更长（面积更大），说明这两个上涨浪比较强势，而第 5 浪的红柱线数量更少，长度更短（面积更小），说明第 5 浪比较弱势，第 5 浪发生了顶背离现象。

表 14-9　30 分钟线交易数据

交易序号	交易方向	交易时间	交易价格	交易数量
1	多头开仓	2015.6.1 10:00	4690.75	300
2	多头开仓	2015.6.5 10:30	5019.66	200
3	多头开仓	2015.6.10 14:00	5138.94	100
4	多头平仓	2015.6.17 10:00	4869.74	600

表 14-10　15 分钟线交易数据

交易序号	交易方向	交易时间	交易价格	交易数量
1	多头开仓	2015.5.29 13:00	4625.87	300
2	多头开仓	2015.6.5 9:30	5016.09	200
3	多头开仓	2015.6.10 11:15	5078.70	100
4	多头平仓	2015.6.16 13:30	4974.52	600

表 14-11 第 5-5-5 浪数据

浪级	K线周期	起始时间	终止时间	K线数量	最低价	最高价
5-5-5 浪	30 分钟	2015.5.29 9:30	2015.6.12 13:30	86	4431.56	5178.19
5-5-5 浪	15 分钟	2015.5.29 9:45	2015.6.12 13:45	171	4431.56	5178.19

从图 14-6 来看，这个级别的第 5 浪看上去既像是 3 浪结构，又像是 5 浪结构，这个第 5 浪走得要相对更加凌乱一些。将第 5-5-5-5 浪（5001～5178 点）放到显微镜下，来看更低一级别的波浪结构，如图 14-7 所示。

14.5 第五级别趋势：5 分钟线第 5-5-5-5 浪

将第 5-5-5-5 浪（5001～5178 点）放大到 5 分钟线，如图 14-7 所示。在该级别，1 个交易日被分成了 48 根 5 分钟线，以 2015 年为例，一年包括 11712 根 5 分钟线。

图 14-7 上证指数（000001）5 分钟线创出 5178 点高点的第 5-5-5-5 浪

从 5001 点到 5178 点的这段行情一共形成了 3 个波峰，高点分别为 5164、5167 和 5178 点，再结合 MACD 指标 DIF 线的 3 个波峰，能够轻松地将这段行情划分出 5 浪结构。图中的 3 个进场位置对应 3 个上升浪的起始位置，开仓数量分别为 300、200 和 100 股。3 个进场位置分别对应 3 个上升浪，它们应该记作 5-5-5-5-1 浪、5-5-5-5-3 浪和 5-5-5-5-5 浪。

第 3 浪突破第 1 浪顶点时，只是上影线形成了瞬时突破，而第 5 浪突破第 5 浪顶点时，也没有形成持续突破，甚至没有连续 3 根 K 线收盘在前高之上。由于第 3 浪和第 5 浪的长度不够长，所以这段行情的上升角度很小。沿着这段行情的上沿和下沿可以画出两条趋势线，下方趋势线向右上方倾斜的角度更大，整体形成一个向右上方倾斜的楔形，这是一个上攻力道逐渐减弱的形态。随着行情向右侧发展，两条趋势线的夹角空间不断变窄，等到价格运行到楔形右侧并向下突破时，很可能形成反转。

在这个级别上，第 5 浪创出新高时，DIF 线未能同时创出新高，出现顶背离现象。从 1 小时线开始，已经在多个级别上的第 5 浪形成了顶背离。在上升趋势末端经常会出现顶背离，后面将会找到最后一层背离，那将是概率不断叠加后的离场位置。

这次的离场信号出现在顶背离后的右肩位置，在更短周期的 K 线图上，我们没有采用 ATR 棘轮离场策略，而是选择了一个相对高位的右侧离场位置。这段行情同样呈 5 浪结构，但它要更散乱，似乎走得步履蹒跚。要知道，不是所有行情都可以用波浪理论来解释，有时候细浪存在数不清的情况，这时在更大级别上可能更容易数清。K 线周期越短，越趋向于无序状态，有时会呈现流畅而清晰的结构，有时会显得杂乱无序。

表 14-12　第 5-5-5-5 浪数据

浪级	K 线周期	起始时间	终止时间	K 线数量	最低价	最高价
5-5-5-5 浪	5 分钟	2015.6.10 9:30	2015.6.12 13:45	130	5101.49	5178.19

14.6 第六级别趋势：1分钟线第5-5-5-5-5浪

将第5-5-5-5-5浪（5103～5178点）放大到2分钟线和1分钟线，如图14-8、图14-9所示。在2分钟图表中，1个交易日被分成了120根2分钟线，以2015年为例，一年包括29280根2分钟线。在1分钟图表中，1个交易日被分成了240根1分钟线，以2015年为例，一年包括58560根1分钟线。

图14-8 上证指数（000001）2分钟线创出5178点高点的第5-5-5-5-5浪

看过前面的案例，交易者应该已经知道为什么要利用两个周期的图表来分析同一段行情，这是第3次出现这种形式。2分钟线是分析周期，均线形成的3个金叉正好对应3个上升浪，没有多余的交叉信号产生干扰，但由于对行情的划分不够精细，交易信号的位置不够合理，最明显的是第3浪开仓200股的位置偏高。而1分钟线是操作周期，同样的一段行情被分割成了多

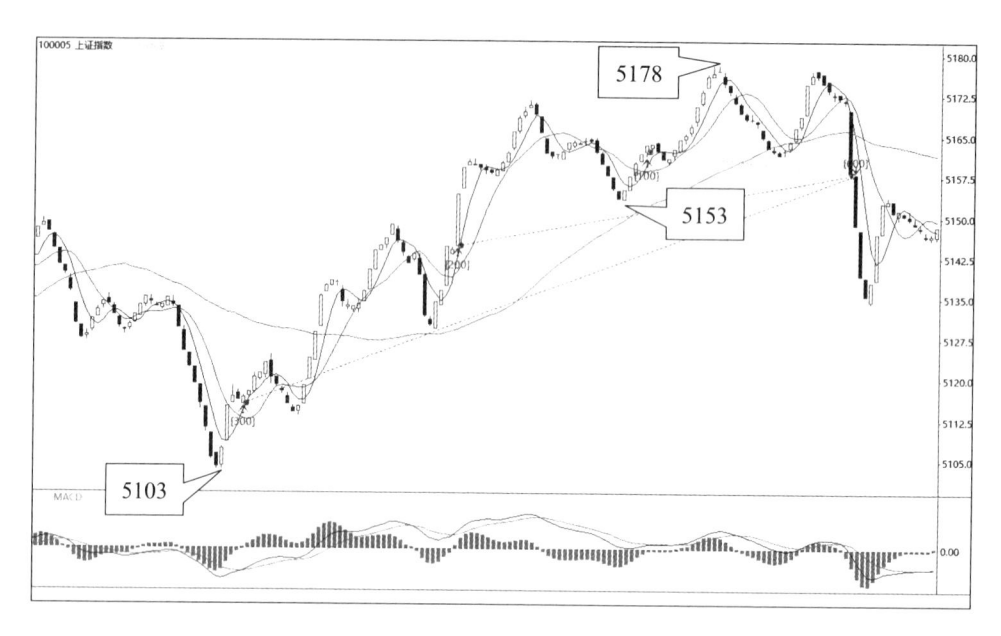

图 14-9 上证指数（000001）1 分钟线创出 5178 点高点的第 5-5-5-5-5 浪

出一倍的 K 线，产生交易信号的位置更加精准。能看到首次开仓 300 股之后，市场又产生了 2 个均线金叉，但没有开仓信号，因为它们是次级别的上涨浪。也就是说，这个级别的第 1 浪是一个延长浪，并且呈 5 浪结构。随后开仓 200 股和 100 股的位置分别对应着与首次开仓同级别的第 3 浪和第 5 浪的初始位置。3 个上升浪应该记作 5-5-5-5-5-1 浪、5-5-5-5-5-3 浪和 5-5-5-5-5-5 浪。

从头开始算起，这已经是第 6 个级别的自相似图形了。通常，1 分钟线是所能观察到的最小级别，我们已经将显微镜的旋钮一拧到底，把图像放大到了最高倍数，但图中的这段行情还不是最小的一个趋势级别。交易者会注意到，我们仍然标出了这个级别的第 5 浪起点 5153 点，后面将在图 14-10 聚焦于最后这波上涨。（它是 3 浪结构还是 5 浪结构呢？）

从两幅图的 MACD 指标来看，价格创出 5178 点时，DIF 指标未能创出新高，出现顶背离现象，预示反转概率增大。随后的一波上涨再次挑战前高，但未能成功。涨不上去就下跌，下跌的速度很快，价格呈自由落体式下跌。

这笔交易的卖点仍然是一个右肩位置，也是价格确认跌破颈线的位置。

周线上，5178 点对应的一个 5 浪结构持续了 103 根 K 线，跨越时间长达两年。而 1 分钟线上，这个 5 浪结构持续了 109 根 K 线，持续时间不到 2 小时。

对于技术分析者来说，历史数据就是你的分析对象。旧数据与新数据具有同样的分析价值，而且年代久远的数据往往需要付费才能得到。普通用户通常只能看到最近 500 天或 200 天的短周期分钟线数据，几乎所有行情软件都不会免费提供 10 年前的 5 分钟或 1 分钟数据。也许你能看到 10 年前的分时线，不过它比分钟线提供的信息量更少，因为分时线只是 1 分钟的收盘价，缺少了开盘价、最高价和最低价。例如，5178 点这个历史高点，在分时线上 2015 年 6 月 12 日 13:47 的价格为 5177.23 点，而在 1 分钟线上同一时点有 4 个价格：开盘价 5176.99 点、最高价 5178.19 点、最低价 5176.98 点和收盘价 5177.23 点。我们一直在说 5178 点，可是在当天的分时线上实际并没有这个价格。

表 14-13　第 5-5-5-5-5 浪数据

浪级	K 线周期	起始时间	终止时间	K 线数量	最低价	最高价
5-5-5-5-5 浪	2 分钟	2015.6.12 10:46	2015.6.12 14:04	55	5103.40	5178.19
5-5-5-5-5 浪	1 分钟	2015.6.12 10:47	2015.6.12 14:05	109	5103.40	5178.19

14.7　第七级别趋势：1 分钟线第 5-5-5-5-5-5 浪

终于来到了最后一个趋势级别，将第 5-5-5-5-5-5 浪（5153～5178 点）在 1 分钟线上放大，如图 14-10 所示。

在周线、日线等较长周期的 K 线图上，可以直接将 5178 点作为某个级别趋势的终点，因为在长周期 K 线上看不到 1 分钟线上的微观世界。在期货市场，1 根 1 分钟 K 线通常包含 120 个左右 Tick 数据（秒周期），那是更微观的交易者需要关注的事情。通常 1 分钟级别的 K 线就是我们所能分析的最小周期。更低级别的秒周期越来越接近跳动而不是波动，所以也就很难谈得上趋势分析了。

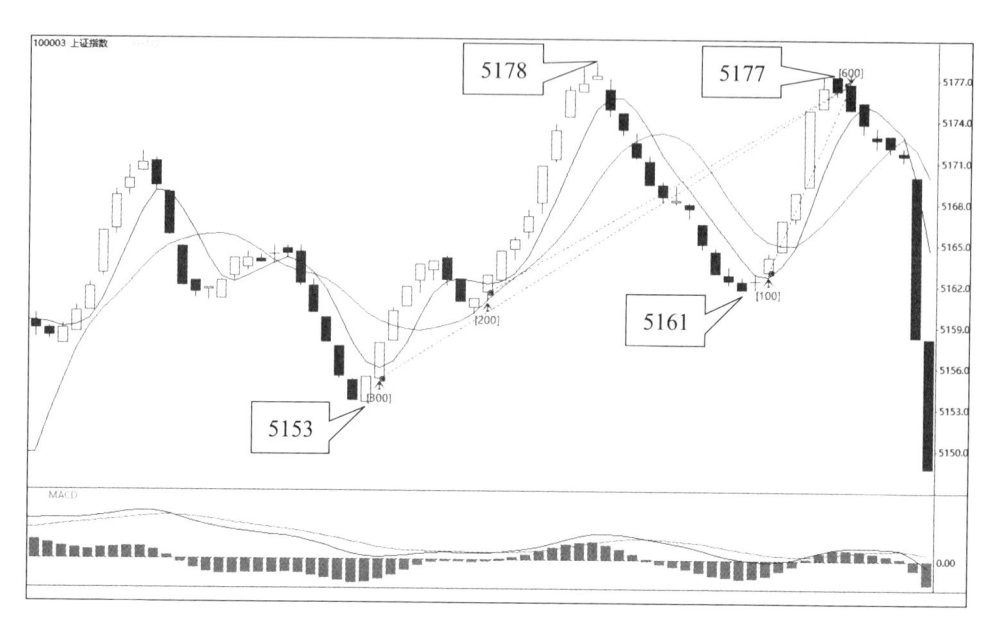

图 14-10　上证指数（000001）1 分钟线创出 5178 点高点的第 5-5-5-5-5-5 浪

在 1 分钟线上，可以看到从 5153 点到 5178 点实际上是 3 浪结构，后面再次挑战前高，只差 1 个点而功亏一篑，最终停留在 5177 点，这正是一个完整 5 浪结构的最后一浪。所以，如果以终点来标注这段行情，它应该被标注为第 5-5-5-5-5-5 浪（5153～5177 点），一共持续了 36 根 K 线。

这就是第七级别的 5 浪上涨，它是我们能观测到的最小、最基本的分形结构，甚至每个上涨浪或下跌浪都由纯粹的阳线或阴线组成。我们一直在关注各级别的第 5 浪，最后一个层级的第 5 浪由 8 根 K 线组成，价格区间为 5161～5177 点。

针对这段行情，只需在第 1 浪、第 3 浪和第 5 浪的起始位置（第 2 根阳线）进场，开仓数量分别为 300、200 和 100 股，并在第 5 浪的终止位置（第

2根阴线）离场，平仓数量为600股，这样就可以完成一次与前面案例有着同样模式的交易。这个级别的3个上升浪应该记作5-5-5-5-5-5-1浪、5-5-5-5-5-5-3浪和5-5-5-5-5-5-5浪。

上证指数第5浪顶点是5177点，由于未能突破前高而形成了失败的第5浪。而同期的深证成指却创出了新高，两个指数相互验证，可以进一步确认5浪结构。这个头部形态既可以看作一个双重顶，也可以看作一个头肩顶（将更前面的一个波峰考虑进来）。最近几个级别的第5浪均表现出了自相似性，它们走得都比较弱势，上涨高度与第3浪顶点接近。

另外提一点，如果某级别的第3浪和第5浪都走出了延长浪，将它们的第5小浪（第3-5浪与第5-5浪）进行比较，虽然这两个第5小浪都容易出现顶背离，但前者通常会更强势一些，因为第3浪整体呈放量趋势，而第5浪整体呈缩量趋势。无论哪个级别的第5浪，都能看到引人注意的动量变化，动量先于价格，趋势反转或新趋势生成，往往始于短期动量的变化。

纵观创出5178点高点的各个级别趋势，基本上全部是第3浪最强，第5浪出现顶背离现象。以上分析还印证了道氏理论、波浪理论、分形理论等多种市场分析理论是相通的，它们是对同一种市场规律用不同形式的表达。"2个苹果加2个苹果是4个苹果""2个桔子加2个桔子是4个桔子""2+2=4"，它们所表达的内涵是相同的。

表14-14　第5-5-5-5-5-5浪数据

浪级	K线周期	起始时间	终止时间	K线数量	最低价	最高价
5-5-5-5-5-5浪	1分钟	2015.6.12 13:30	2015.6.12 14:05	36	5153.40	5178.19

14.8 背离与背驰

在讨论分形结构这部分内容后，有必要再次重提一下背离的概念，因为这种现象在第 5 浪经常出现，通过以上分析可以看到，无论哪个级别都是如此。利用 MACD 指标可以很容易判断顶背离，如果第 5 浪价格创出新高，而对应的 DIF 指标未能创出新高，那么这个级别的第 5 浪就发生了顶背离，表明向下反转的概率增大。相似的是，利用缠论的背驰定义，也能判断出第 5 浪背驰。如果第 5 浪的 MACD 红柱线面积小于第 3 浪的红柱线面积，就形成了背驰，同样意味着反转的可能性增大。

在我们看来，背离与背驰其实大同小异，它们是对同一种现象的不同描述方式。这两个词从根本上是要表达两种指标线的异向、异步运动，比如价格趋势方向向上，而 DIF 线或 MACD 柱线趋势方向向下。与之相对的是同向、同步运动，如果两条指标线同向运行，那么这通常是正常运行状态。比如价格与成交量指标上的"量价齐升""量增价涨"，就是描述量价配合的正常状态。从寻找转折信号的角度来说，这当然不如量价的异向运动——量价背离——更值得关注。

比"同步和背离"这对词语更经常用到的是"收敛与发散"，这是在很多学科都会用到的两个概念，比如数学分析、统计学、经济学、金融学。在英语中，"Convergence"指同步、收敛、聚合、同向运动，而"Divergence"指背离、发散、离散、异向运动。所以 MACD 指标的中文名称叫"指数平滑异同移动平均线"，其中的 C 和 D 就是上面这两个单词的首字母，而其中的 MA 是指移动平均线（Moving Average），也就是常说的均线。也许，这样能更好地理解"同步和背离"这两个概念的由来。

背离可以表现为两种情况，一种是指标线上表现出来的背离，一种是量能、势头上表现出来的背离。如果明白了背离的内涵，通过任何一种由价、量计算出来的指标,都能判断出背离的意味。以均线为例,均线是最常用的指标之一,但我们很少见到有人用均线来判断背离。在创出新高的连续两波上涨中,如果一个波峰相比前一个波峰距离某一条均线更近,这算是背离吗?再以两条均线来判断,如果一次上涨中由两条均线围成的均线带面积小于前一次上涨,这算是背离吗?当然,这两种情况都是背离。

14.9 由分形树看市场分形结构

分形改变了人们观察世界的方式,小到树木、花草,大到水系、云朵、海岸线,自然界无处不暗含着精致的自相似性。有人称分形结构为"上帝的指纹",这种说法一点也不夸张。"一沙一世界,一叶一菩提",看完以上对股票市场分形特征的验证,相信你会产生一些新的领悟。

价格走势的基本分形结构就像是一截树杈,经过多次迭代之后就会呈现出一棵树的样貌。图14-11中绘制出了由一个顶部带有两个分支的二叉树经过7次迭代生成的分形树模型,这和前面所讲的一个5浪结构从1分钟线到周线的7次迭代过程十分类似。仔细观察这些二叉树就会发现,前一个二叉树就是后一个的一个分支,它们的每一个小树杈都与整体有着相似的结构,

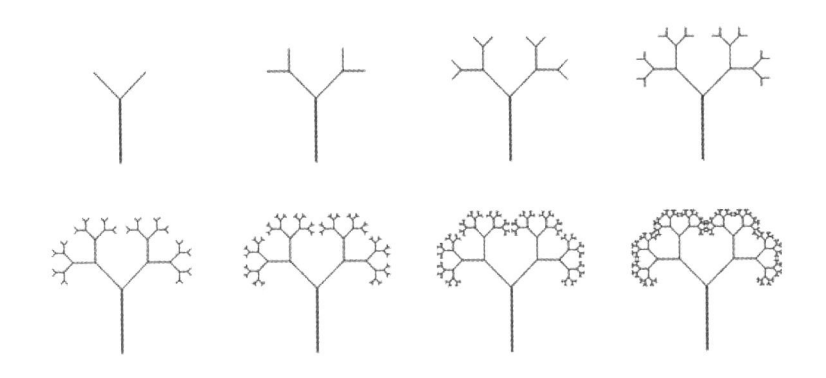

图14-11 分形树模型——对称二叉树

最后一个二叉树看上去枝繁叶茂，它能够重复细分出 7 个更低级别的分形结构。

"分形几何之父"伯努瓦·曼德尔布罗（Benoit Mandelbrot）在一次演讲中曾经说过："如果你切开一朵花椰菜，会看到一样的花椰菜，只是小一点；如果你不断地切，不断地切，你还会看到一样的花椰菜，只是更小一点。"（这种分形在罗马花椰菜上最为明显）。正如曼德尔布罗所言，"无边的奇迹源于简单规则的无限重复"，万物的生长密码或许尽在于此。

后　记

　　不要浪费任何一次危机，同样也不要浪费每一次出手时机。让每一次的试错成本都得到应得的收益，无论得到的是金钱还是经验。如果你能尽量避免犯同样的错误，几年或十几年的经验将足够让你成为一名训练有素的交易者，实现以交易为生。

　　多头与空头之间的博弈亘古不变，市场中的一些定势与几十年以前甚至一百年以前相比似乎并没有多大差别。但是科技进步的速度在加快，通信速度在加快，价格波动速度也在加快，虽然图形还是那个图形，但它们在关键点位的演变速度已经不同以往。有些策略将很难适应快速波动的市场，对于采用这种策略的交易者来说，盈利的难度确实在加大。

　　交易者在创建一种策略的同时，实际上就是在创造一种"游戏"。可是很多人却深陷自己所创造的注定无法通关的游戏而不自知，他们重复做着同样的事情，却期待得到不同的结果。如果你已经对市场有了足够的认知，并且积累了大量的实战经验，然而交易成绩仍然不理想，那么你应该重新审视一下自己当前的游戏模式。有时候，无法通关不是因为你不具备赢得游戏的能力，而是因为你在玩一种必输的游戏。在这种情况下，你需要做的是换一种游戏。这可能让你完成从"不知道自己知道"到"知道自己知道"的重大转变。

　　希望交易者多做有内容的交易，每一次出手都应该是有计划、有思路、有目的的交易。虽说交易策略是一种对策，但其中必然会包含预判成分，好的交易源自好的预判。努力打磨自己的交易策略，使其愈加精准，同时不失个性。

在这本书的写作当中，同样得到了很多交易者朋友的支持和鼓励，感谢你们提出的宝贵建议，希望你们能认可这是一本有干货并且有趣的书。如果你读后觉得有收获，请推荐给身边的交易者朋友。希望我们继续交流与分享，愿你们取得更好的交易成绩！

最后还要感谢参与这本书出版全过程的编辑老师、设计人员等，是你们的辛勤工作让这本书最终呈现在了读者面前。